社　政　文　典

城市社区非正规空间的产生及治理

杜培培◎著

知识产权出版社
全国百佳图书出版单位
—北京—

图书在版编目（CIP）数据

城市社区非正规空间的产生及治理/杜培培著. —北京：知识产权出版社，2021.11
ISBN 978-7-5130-7817-7

Ⅰ.①城… Ⅱ.①杜… Ⅲ.①城市—社区管理—研究—中国 Ⅳ.①D669.3

中国版本图书馆 CIP 数据核字（2021）第 223395 号

责任编辑：江宜玲　　**责任校对**：谷　洋
封面设计：杨杨工作室·张冀　　**责任印制**：孙婷婷

城市社区非正规空间的产生及治理
杜培培　著

出版发行：	知识产权出版社有限责任公司	**网　　址**：	http：//www.ipph.cn
社　　址：	北京市海淀区气象路 50 号院	**邮　　编**：	100081
责编电话：	010-82000860 转 8339	**责编邮箱**：	jiangyiling@cnipr.com
发行电话：	010-82000860 转 8101/8102	**发行传真**：	010-82000893/82005070/82000270
印　　刷：	北京九州迅驰传媒文化有限公司	**经　　销**：	各大网上书店、新华书店及相关专业书店
开　　本：	720mm×1000mm　1/16	**印　　张**：	14
版　　次：	2021 年 11 月第 1 版	**印　　次**：	2021 年 11 月第 1 次印刷
字　　数：	230 千字	**定　　价**：	78.00 元

ISBN 978-7-5130-7817-7

前　言

社区是城市治理的基本单位，也是现代人居的基本单元，因此具有丰富的政治、经济和生活内涵，是多种政治、经济和社会力量共同作用的产物，也是各种利益纠纷和矛盾的多发场域。根据现有研究，基层管理者、城市规划师、开发商等因是城市政治空间和经济空间的主要建构者，被称为“政治和经济权力的实践者”或“权力空间主体”，使用日常生活空间的居民等则被定义为“日常生活权利的践行者”或“权利空间主体”。在城市社区建设、管理与发展中，“权力—权利”空间的多元主体有时因各自立场或对空间某些价值、内涵以及功能的定义和认知不同而发生一些矛盾，进而滋生出若干社区空间问题，如本书所研究的“社区空间非正规化现象”。

社区空间非正规化现象是典型的社区治理难点之一。近年来，尽管各城市积极开展创建全国文明城市的环境整治工作，但在一些住宅小区内（尤其是老旧小区、后单位小区、拆迁再置小区等）违规搭建房屋、私自扩建庭院或门面房、侵占绿地改建停车位、毁绿种菜、乱堆乱放、破墙开店、违规出租、摊贩占道经营等违建违占现象依旧存在，空间“违规”成为困扰社区治理的“脏乱差”难题。这些空间乱象不仅不符合现有相关法律法规的要求，也在一定程度上阻碍了社区治理现代化与法治化进程，因此被称为“非正规空间”或“违规空间”。社区空间非正规化不仅影响社区环境维护，容易引发公共空间争夺及邻里纠纷，造成空间失序，也会影响居住质量，增加治理难度，滋生相关社区空间管理者与违规者间拆违控违整违矛盾。

那么，最易出现违建违占等空间非正规化现象的社区有何共性特征？该现象是否与社会转型及社区变迁有关？此类社区居民进行空间非正规化行动的诱因和根源有哪些，行动逻辑是什么？在非正规空间治理中，相关政府管理主体、市场行为主体和居民是如何进行互动的？非正规空间又如何在“权力—

权利”空间的多元主体互动中产生？本书将针对这些问题展开论述，在分析城市社区违建违占的空间产生机制基础上，为现有社区空间的相关研究做出补充，并为加强和创新新时代城市社区空间治理、改善社区居住环境提供社会学论证。

本书选择N市作为田野调查点。N市作为省会城市，是长三角地区现代化进程中的模范城市，也是历年争创全国文明城市和全国卫生城市的领跑者，然而城市空间违建违占乱象也是其治理难点。调研发现，最易出现空间违规现象的社区通常是老旧小区、后单位小区、拆迁再置小区、转型小区。本书基于N市G区的调研，将该区后单位小区J社区和拆迁再置房H社区选为案例分析点；两者分别代表不同时期（20世纪90年代和2005年后）空间重构的产物。案例社区非正规空间样本颇为丰富，其中有基层政府代表（如居委会）、市场（物业）和社会行动（业委会及居民个体行动）等不同力量，便于笔者进行非正规空间矛盾及冲突发生逻辑的总结与分析。需要说明的是，本书以N市H社区和J社区为研究对象，重点不在于对比分析，而在于有关空间冲突逻辑的共性探寻以及影响空间冲突走势因素的挖掘，并建构出合理的分析模型。

本书借鉴中西方新城市社会学中空间理论的相关成果（如空间生产理论奠基人列斐伏尔的研究等），基于“小社区，大社会”的视角，结合中国社区具体情境，剖析日常生活情境中的空间生产问题，铺设两条线索进行本土化理论建构和实证分析。其中，“权力空间—权利空间—空间冲突”是贯穿始终的明线，论述空间非正规化的逻辑，即地方政府的哪些行为导致居民空间非正规行动的产生，社区民众为何以及如何进行空间非正规化行动？空间非正规化的后果是什么？暗线则是非正规化背后的空间矛盾与冲突。其中既有基层政府部门和市场主体的权力视角，也包含社区居民行为的权利逻辑，力求建构一套自上而下和自下而上相融合的立体框架。本书的创新点包括：①分类创新。将违规空间划分为互惠型违规空间和独享型违规空间，为分析非正规空间冲突类型及各主体间关系做铺垫。②理论创新。提炼出互动型空间冲突模式和非正规空间冲突5阶段理论。

此外，整体而言，结合调研案例，本书发现社区非正规空间产生的逻辑及影响因素包括下列三方面。

（1）历史因素。历史因素导致的老旧小区空间资源匮乏只是社区空间非正规化的部分原因，造成违规空间产生及非正规空间冲突的重要原因或共性原因，是社区空间规划、建设与管理中交换价值与居民日常生活诉求的使用价值间的不平衡。在某些情境中，社区规划、建设主要围绕“政治—经济”价值进行，而居民的某些现实权益却未得到保障，“权力—权利”空间的价值差异成为空间供需失衡的潜在隐患，进而引发居民非正规行为。

（2）权力因素。权力试图用情理逻辑寻求空间冲突治理的缓冲带，可失度的包容产生某种负外部性效应，反而成为部分居民空间违规的机会。调研区域“农转非”空间重构后，社区居民被安置在具有明显转型/过渡印记的同质化且低质性的现代空间中，空间权利贫困感不断发酵，最终在权力间隙地带转化为一种自下而上的能动性——通过空间非正规化来创造新的希望空间，借助空间自治来谋求所需的权利。这种权利外溢和空间建构方式最终引发了居民间和城管等空间管理者与违规者之间的各种冲突和矛盾。

（3）多元主体因素。地方政府、开发商、物业、业委会、本社区居民、外来流动摊贩等主体围绕各自利益不断进行博弈和辩论，其中影响不同社区冲突走势的因素包括居民组织化程度（基础变量）、官民反违联合程度（关键变量）、空间市场化可能性及整违时机（时间因素）等。两个社区遵循相似的冲突逻辑，呈现相似的冲突图示，却因上述因素不同将面临迥异的冲突治理：H社区因空间市场化而重构出新的局部秩序，J社区似乎只能等待再次拆迁的空间重构。

关于社区非正规空间的冲突模式，本书按照类型学视角结合案例进行分析。研究发现，城管、居委会等街区和社区的管理者为维护空间秩序而依据相关法律法规对社区及周边区域进行空间管控，包括分类管理、控制引导、约束禁止等。空间管控方式在日常时期和特殊大事件的运动式治理时期有较大不同，日常管控时期和特殊管控时期交替出现，社区非正规空间“上下分和”，建构出四种不同的空间冲突情形（互惠型违规空间—情理型管控、互惠型违规空间—法理型管控、独享型违规空间—情理型管控和独享型违规空间—法理型管控），违规者、未违规者和管控者三方时而对立、时而相互妥协，生动呈现“权力—权利”空间的张力。冲突生产即情理法博弈，笔者通过各冲突主体的关系及行为分析，提炼出“互动型空间冲突”模式，发现围绕空间争夺的多方博弈遵循“冲突情形定义与辩论—冲突主体互动—冲突边界变动”的脉络。总体而言，违规或非正规空间冲突的生产过程包含5个阶段，分别是：潜在空间交换价值和使用价值的冲突；矛盾被感知并扩大化；社区居民差异化行动；互动型空间冲突出现；冲突走向差异及结果。社区空间冲突为自变量，对社区内部和外部政治发展起着积极和消极的作用，凸显出冲突的建构性功能。

此外，遵循“小社区，大社会”视角，在社区空间重构与冲突分析中，本书也探讨了社会关系的变迁。伴随社区空间转型及空间非正规化同时发生变化的是国家与社区民众之间的关系。总体性社会时期或转型之前，单位大院或乡土社区中的这种关系基本是单向的，即国家依赖单位组织权威或农村长老权威使民众依赖与认同，更倾向于“权威—服从”单向关系。随着社会转型及治理现代化进程推进，在社区转型后的过渡空间中，传统权威逐步让位于现代化法理型权威。在城市社区法治进程中，国家与社会民众逐渐发展为双向互动的关系，双方在情理法交织中推动冲突边界的变化和“权力—权利”空间边界的合理化。需要指出的是，“依法而治”是社区空间管理的最基本依据，而“依理而治”也是相关社区管理者的度量尺。情理法交融增加了社区空间治理难度，而情理逻辑及其负外部性也阻碍了法理空间的成长，甚至在一定程度上削弱了政府的法治权威。如何实现社区空间治理中情理法的平衡，值得学者进一步探讨。

目　录

第一章 绪论

第一节 研究缘起、意义与创新

一、研究缘起

笔者在 N 市[1]社区的调研中发现，无论是 20 世纪 90 年代商品化的后单位社区，抑或是 21 世纪初快速城市化背景下新建的农民拆迁再置房社区，当既有居住空间不能满足需求时，居民往往违法侵占社区公共空间或私自改变建筑用途来满足日常生活实践的需求。而这部分被违法侵占或被违法建筑包围的空间，便是本研究的核心对象——社区“非正规空间”或“违规空间”。

违建违占对空间景观和其他居民的正当权利都会产生消极影响，因此一直受正式制度文本的排斥，具有“非正规性”。从社区公共空间、业主建筑物到居住空间内，制度和法律对公私边界做出了明确的划分，比如《中华人民共和国城市规划法》第四十条、《最高人民法院关于审理建筑物区分所有权纠纷案件具体应用法律若干问题的解释》第十四条和第十五条，都明确规定：对城市公共空间（规划区）内，未取得建设工程规划许可证进行建设的行为进行约束和限制；禁止擅自占用、处分业主共有部分，将违反业主大会、业主委员会依法作出的决定，违建、改建、侵占、挖掘公共通道、道路、场地或者其

[1] 按学术惯例，本书中相关地名和人名均依据学术规范用化名处理。

他共有部分等行为认定为“损害他人合法权益的行为”。《物权法》第六章明确区分业主建筑物专有部分和非专有部分的所有权;《住宅室内装修管理办法》第十二条和第十三条明令禁止室内装饰装修对公共空间的侵占。

尽管被现有法规明文禁止，城市公共空间违建违占的整治效果仍不理想，空间违规始终是困扰社区空间治理的一大难题。以笔者调研对象长三角的副中心城市 N 市为例，尽管在 2008 年“创卫”运动中顺利达标，但城市中各类非正规空间仍是治理难点。次年市容清查运动中，仍有 70 条市容严管路、220 条市容管理规范路部分存在占道经营、马路加工、乱堆乱放、乱搭乱建等现象；各区的整违压力很大，如 B 区强力整治，拆除违法建筑 106 户 2098 平方米；Q 区共拆除违章搭建 16 处近 200 平方米，等等❶。

基于社会学学术训练的敏感性和博士阶段社区调研所得，笔者意识到“违建违占”所构成的“非正规空间”将是研究社区空间冲突治理的一个有力突破口。违规居民五花八门的空间改造或再造方式吸引了我，让我看到空间使用者挖掘空间使用价值的巨大潜力和能动性，同时也让我了解到屡禁不止甚至愈演愈烈的社区空间非正规化行动，引发了多少情理法纠葛在一起的矛盾和冲突。社区空间违规行动往往是个体化的、零散的，然而居民间往往会互相效仿，使非正规空间出现群聚现象，试图借助规模化效应达到“非正规性合理化”的效果；违规居民也能在侵犯公共空间利益的情况下与大部分居民“和平相处”，甚至最终赢得居委会、城管等空间管理者的某种“认可”。

这些日常生活空间的非正规化行为是如何打破既有法规等结构性力量而产生的呢？我们先看下国外相关学者的解读。一般而言，国家权力和市场资本是城市空间的主要形塑者，而居民、摊贩等空间使用者在遵守既定空间行为规则的同时，也会进行某些“空间越轨”尝试（如私搭乱建等空间非正规化）以满足自身诉求。这种日常生活中的“空间越轨”或“非正规行为”其实是一种能动性“结构—反结构”实践，对其阐释可从布迪厄实践理论和吉登斯的结构化理论中找到依据。

布迪厄指出，帕森斯式社会分化过程中产生的社会小世界，有各自运行的

❶ 资料来自 2009 年 N 市市容管理局清查通报数据。

逻辑与规则，形塑着各小场域独有的行为代码，即“入场券”[1]。一方面，场域形塑着行动者的习性，只有那些心照不宣地承认游戏规则的人才有资格缴纳“入场券”，最终习性成了某个场域固有的必然属性。另一方面，场域通过内化外在环境，使约束成为自律，同时场域也参与其与惯习的另一种互动过程：当习性与产生它的客观条件（场域）相适应时，便有助于社会结构再生产；反之，当行动者惯习与场域结构不契合时，便会慢慢“修正”甚至“变革”社会结构。[2] 布迪厄的这种分析与吉登斯的“主体能动性”具有内在一致性。吉登斯的结构化理论指出，行动者的能动性与结构相互渗透，共同作用于社会实践；制度虽然制约着行动，主体的主观能动性仍可反作用于制度。

无论是布迪厄的“场域—惯习”或吉登斯的“结构—能动性”，他们共同指向“社会—个体”的某种互动关系。那么具体而言，在日常生活领域的微观层面，个体行动者是如何进行反规训行动的呢？法国著名思想家米歇尔·德塞都（Michel de Certeau）的日常生活实践理论为反规训空间的建构提供了框架。德塞都认为虽然规训技术支配日常生活，但从某种程度上讲，个体行为仍具有自主性；行动者受日常生活中利益和欲望的吸引，策略性地抵抗规训力量的控制（非对抗性），包括不断地违反规则、制度、法律等。这些反规训行为虽然是微观的、沉默的、非正式的，但在“服从”与“反抗”之间，慢慢生产着反规训空间的艺术。总之，日常生活中的反抗不是抗争性的群体运动或革命，而是一种非政治性的、策略性反抗行为。[3]

具体而言，针对我国城市社区中私搭乱建等空间违规，如何进行区别于西方话语的本土化阐释呢？这些空间非正规化行为是如何产生的呢？本书基于社区非正规空间的调研来探析。在进入社区观察初期，笔者曾认为这种空间私有化现象是出于“小农心态”和“农耕思维”，也曾认为空间非正规化现象是源于政府管理缺位。但空间违规涉及的不单单是违规居民和相关政府部门的问

---

[1] 朱国华．场域与实践：略论布迪厄的主要概念工具：下［J］．东南大学学报（哲学社会科学版），2004（2）：41－45，126．

[2] 戴维·斯沃茨．文化与权力：布尔迪厄的社会学［M］．陶东风，译．上海：上海译文出版社，2012：110．

[3] DE CERTEAU M. The practice of everyday life［M］. Berkeley，CA：University of California Press，1984．

题，违规空间冲突不仅涉及公私空间与利益纠纷、居民间的个体化冲突，更关乎社区这一城市治理基本单元的空间秩序和现代化治理的关键问题。笔者也曾单纯地向被访居民和社区治理者表达了通过构建共同体或强硬整治来解决问题的想法，却被他们评价为“不接地气儿”。随着调研和研究的深入开展，笔者透过这一空间看到了更多关于社区变迁与冲突发展的故事，也了解到了除违规者、城管、居委会等之外的更多利益相关者。社区空间非正规化及其引发的矛盾不仅涉及违规居民自身，也涉及相关政府管理主体（居委会、城管部门等）及小区物业等相关市场力量，更可以折射出国家与社区关系的变迁。正如列斐伏尔所言，空间具有政治意味、经济内涵，更具有社会意味。

因此，社区非正规空间研究必须要深入居民日常生活中及城管和居委会等基层政府力量的日常空间管控情境中，更要结合整个社区变迁、空间非正规化的动态演变脉络以及违规空间矛盾与冲突的生成过程。整体而言，在研究过程中，笔者将从不同社区丰富的非正规空间个案中捕捉出社区空间非正规化的一般共性、普遍特征，找到居民、政府和市场等不同主体与违规空间产生的内在联系，挖掘出违规空间冲突产生的脉络、逻辑以及影响冲突发展趋势的因素，最终较为系统地回答：对不同空间主体而言，社区空间究竟意味着什么？为何违建违占一直是环境整治的难题？非正规空间是如何得以长期维持的？非正规空间的冲突主体间有着怎样的关系？这种冲突是如何持续的？本书的研究成果可为违规空间冲突的治理或制度研究提供帮助，以为我国城市基层社区治理和发展贡献一份力量。

二、研究意义

本书立足于空间的视角，结合过渡型城市社区的转型背景，聚焦非正规空间问题进行理论探讨与案例分析，尝试做出以下学术贡献。

（一）理论价值：社区研究的非正规空间问题拓展

尽管城市社区冲突问题已经得到社会各界和不同学科的广泛关注，但是对城市社区违建违占等非正规空间的深入探讨并不多，现有研究主要关注城中村与城乡接合部存在的违建现象，而且研究内容主要关注利益机制、制度管理体制等问题，忽略了其他类型城市社区存在的空间违规现象，也忽略了由此产生的社区空间矛盾与冲突。本书将聚焦社区非正规空间（也称“违规空间”），从以下两方面进行理论分析与建构。

一方面，结合微观层面的社区违建违占个案分析，研究中观社区层面的违规空间产生脉络。基于典型性社区不同案例的对比，分析社区空间非正规化的整体性、多样性。通过对政府和居民不同行为模式的分析，探析社区非正规空间的多维度内涵、产生原因、特征、发展变化趋势等。

另一方面，按照类型学，对不同情境下社区非正规空间多元主体的互动与冲突模式进行归纳性分析，提炼出社区非正规空间冲突分析模式和冲突生产过程理论。目前政治学、管理学、城市规划等不同学科都对非正规空间及其冲突发展有所关注，而本书则尝试从新城市社会学中空间维度进行突破，结合社区违建违占现象，建构本土化的社区空间冲突研究和分析体系。

（二）实践意义：城市社区非正规空间治理及秩序建构的推动

城市社区违建违占等非正规空间不仅影响居民日常生活实践，也制约社区治理效能。对其展开的研究可以为城市社区建设与发展提供相关理论与实践指导，也可以为我国社会转型时期的城市空间治理与规划水平提升提供一定的理论参考与经验借鉴。

基于“空间—社会”视角的案例分析，有助于寻求化解社区非正规空间秩序问题的路径。社区不仅是居民生活、居住和休闲的场所以及政府进行制度建设和现代化治理的基层单元，更是连接个体与社会的“节点”——从中可以看到国家制度结构与个体行动的联系，可以窥探到社会空间的运行脉络和逻辑。[1] 鉴于此，在考察中国城市社区非正规空间时，我们需要一种将空间与社会相结合的互动姿态，进行积极的案例空间解构，从中理解社会转型中城市居民的多元化诉求和反结构化行动，认清权力秩序建构的逻辑，找到微观社区场域违建违占的制度根源、经济根源和社会根源，进而为空间正义和空间融合的实现提供智力支持。

---

[1] 沈关宝. 社区研究的地位与领域［J］. 社会，2001（3）：22－24.

三、研究创新

第一，违规空间的分类创新。违规空间种类的划分，是分析不同违规空间冲突情形的基础。依据违规空间的使用主体及其属性，本书将其划分为互惠型违规空间和独享型违规空间。其中，前者是违规者和非违规者共同使用的空间，而后者是违规者独自占用和使用的空间。

第二，提炼出非正规/违规空间的互动型冲突模式。这个模式是由三个要素组成的互动型冲突逻辑。这三个要素指“冲突情形定义与辩论”“冲突主体互动”“冲突边界变动”。

第三，提炼出社区非正规/违规空间冲突生产的5个阶段。基于案例分析发现，社区空间冲突的发展脉络包含“冲突的根源”“矛盾被居民感知并扩大化”“居民行为及其差异”“冲突产生”“冲突走向的差异及结果”5个阶段。

第二节 文献综述

本小节围绕非正规空间和社区冲突两个主题展开文献综述。

一、国内外关于非正规空间的文献述评

随着我国城镇化进程加快及城市治理现代化的推进，违法侵占城市公共空间的现象已经引起广泛关注，一般可分为违法建设和违法占用两种类型，属于非正规空间研究范畴。城市空间中的非正规性（informality）是与正规性（formality）相对的，往往是无序、混乱的，它不是国家/政府正式规划的结果，甚至与官方法律法规的规定相冲突，多为开发商或居民自发建设，具有过程与结果的非法性或非正规性。[1] 非正规现象的产生与社会底层群体的行为

[1] 王晖，龙元. 第三世界城市非正规性研究与住房实践综述［J］. 国际城市规划，2008，23（6）：65－69.

密不可分，对其研究最早聚焦非正规部门的经济情况、空间结构及社会特征，后逐渐扩展到其他非正规空间形态。❶ 作为一种空间失序的表征，违建违占现象的蔓延和难以根治，是社会发展与转型的一种特殊产物。非正规空间的产生是政治、经济及社会多元力量共同作用的结果。从某种意义上讲，城市空间非正规化隐含着某种“生活政治”的意义与价值，已经引起国内外社会各界的广泛关注。目前，关于城市非正规空间的研究完全超越劳动/经济领域，扩展到城市规划、人文地理、政治学、社会学和公共管理等多个学科领域，进而研究方法和视角也更加综合，并呈现跨学科的动态。本书从城市非正规空间的表征与功能、成因机制和理论价值与现实意义三个层面对已有研究展开述评。

（一）城市非正规空间的表征与功能

据现有研究，城市空间的非正规化主要发生在城市中老街区❷、老单位社区、上世纪建设的老旧小区❸、城市中外来人口集聚区（如北京的“浙江村”）❹、存在大量小产权房的城中村和城乡接合部及城郊农业带（如墨西哥）❺。从违法侵占公共空间的形式来看，李志明将其分为建筑违法和使用违法两大类❻。其中，建筑违法是指在缺乏某种合法性要素的前提下形成的建筑物，如占用城市规划“六线”，擅自改建、扩建等；使用违法是指建筑物本身并不违法，只是擅自改变建筑物原来用途。他认为现实生活中建筑违法多于使用违法，而这种使用违法与联合国人居署《贫民窟的挑战：全球人类住区报告（2003）》提出的“非法再分”（illegal sub - division）相似。“非法再分”是指土地合法所有人在未经批准或未获得正式许可的情况下对已购置土地进行

---

❶ ALSAYYAD，NEZAR. Urban informality：transnational perspectives from the Middle East，Latin America，and South Asia [M]. Lexington Books，2004.

❷ 陈映芳．“违规”的空间 [J]．社会学研究，2013，28（3）：162 - 182，244 - 245.

❸ 孙其昂，杜培培，张津瑞，等．“规训—反规训”空间的生产：N 市 H 社区公共空间违法侵占的实证研究 [J]．城市发展研究，2015，22（3）：39 - 43，50.

❹ 周晓虹．流动与城市体验对中国农民现代性的影响：北京“浙江村”与温州一个农村社区的考察 [J]．社会学研究，1998（5）：3 - 5.

❺ ALSAYYAD，NEZAR. Urban informality：transnational perspectives from the Middle East，Latin America，and South Asia [M]. Lexington Books，2004：1 - 6.

❻ 李志明．空间、权力与反抗：城中村违法建设的空间政治解析 [M]．南京：东南大学出版社，2009：9 - 10.

违法规划、改造、再分或出售（租）等，属于破坏正式土地分区的性质。

就城市非正规空间的功能和性质来看，社会学家萨斯基娅·萨森（Saskia Sassen）将城市非正规空间分为非正规经济空间与非正规住房两类。非正规住房如棚户区中穷人对住宅的改造、非法开发、自建房等，是目前学界研究城市空间非正规化的主要焦点。约翰斯顿（Johnstone）将马来西亚的非传统建房（非正规建筑）分为两类❶：乡土房（vernacular），居民在城市新的居住环境中按照农村的传统方式建房；棚户房（squatter），来自小型资本主义或准资本主义方式的生产。这种非正规住房与国内外许多学者关注的非正规聚落有关。赵静和薛德升等在研究非正规聚落时指出，可以从狭义和广义两个尺度对非正规性进行界定。❷ 其中，狭义的非正规聚落是处于法律法规、制度（管控）规定之外的一种住房形式，是对公共土地的非法侵占，不符合城市发展规划、无合法产权；广义上则指低于标准住房的区域，与贫穷密切相关，包括贫民窟、棚户区、非法占住等。

具体而言，关于第三世界城市非正规住房的研究可分为4个阶段：①“二战”后至20世纪60年代中期，在快速城镇化背景下，城市新移民（来自乡村）自建区的迅速增长引起政府和规划师的警戒，但清除速度远远低于建设速度。❸ ②20世纪60年代中期至70年代中期，非正规住房对城市新移民的生存意义和经济意义开始步入研究和政策考虑的核心。特纳（Turner）提出“自助方案”（self - help approach），主张政府帮助穷人自建住房。❹ 世界银行等国际组织开展了许多资助发展中国家的住房更新项目。❺ ③20世纪70年代中期至80年代中期，世界银行、世界发展组织和联合国等国际组织继续资助“基地物质条件与社会服务”、棚户区升级等，但是这些项目的负面效应受到学者

---

❶ JOHNSTONE M. Urban housing and housing policy in Peninsular Malaysia [J]. International Journal of Urban and Regional Research, 2010, 4 (8): 497 - 529.

❷ 赵静，薛德升，闫小培. 国外非正规聚落研究进展及启示 [J]. 城市问题，2008 (7): 86 - 91.

❸ HENDRICKS G L, MANGIN W. Peasants in cities: readings in the anthropology of urbanization [J]. International Migration Review, 1970, 6 (1): 104.

❹ TURNER JOHN F C. The squatter settlement: an architecture that works [J]. Architectural Digest, 1968a (38): 355 - 360.

❺ LAQUIAN, APRODICIO A. Basic housing: policies for urban sites, services, and shelter in developing countries [R]. Ottawa: International Development Research Center, 1983.

们的批评，世界银行1983年的城市发展报告和联合国人类居住中心（UNCHS）1985年的《城市、乡村和城市人口的项目和评估（1950—2015）》中承认面临一些问题，如居民迫于居住成本而郊区化，穷人缺乏还贷能力而不能享受服务，土地价格提升的压力等。❶ ④20世纪80年代至今，发展中国家城市化迅猛发展，但是人口与就业提供的比例失调导致非正规部门经营的增长；关于非正规住房，有学者指出要打破传统观念，构建市民、国家和市场共同参与的治理模式，确保贫民的政治参与权和市场参与权。❷

此外，关于摊贩等构成的非正规经济空间研究也已获得学者的广泛关注。流动摊贩构成的非正规空间普遍存在于发达与发展中国家，比较典型的是吉尔茨对印度尼西亚摊贩的研究。❸ 目前，人文地理、城市规划、社会学和公共管理等学科学者已经从空间结构及分布特征、空间贫困、生存逻辑、群体特征及治理模式/对策等多种视角对其展开分析。街头小贩易形成某种空间集聚效应，他们在人流量、交通与商业活动最佳结合场域（如地铁站、交通线、广场、工厂和学校周围等）占据一定的公共空间，形成了诸如地摊、门面店、活动棚架等经济驱动型非正规空间。研究表明，这种性质的空间主体受教育程度、收入和技能偏低、经营规模小而工作时间偏长（同时具有灵活性），主要从亲缘网及社会关系网中获得支持，表现为生计型经济和（半）依附性经济。❹

不可忽视的是，非正规住房与非正规经济空间的存在不仅具有物理空间意义和经济意义，同时也具有重要的社会意义。一方面，非正规聚居/住房主要与发展中国家的低收入者有关，因此有学者将其定义为“公共政策供给的补充形式”和“居住空间的主要组成”❺，对于维护社会稳定有重要意义。另一方面，非正规经济部门不仅通过自我雇佣的形式解决了一部分群体的生计问

---

❶ DESMOND, MCNEILL. Learning by doing: World Bank lending for urban development, 1972 - 82: IBRD (World Bank) [R]. The World Bank, 1983: 55；王晖，龙元. 第三世界城市非正规性研究与住房实践综述 [J]. 国际城市规划，2008，23 (6)：65 - 69.

❷ AGUILAR A, WARD. Globalization, regional development and mega - city expansion in Latin America: analyzing Mexico city's Peri - urban Hinterland [J]. Cities, 2003, 20 (1): 3 - 21.

❸ 何丹，朱小平，钱志佳. 城市流动摊贩研究述评：兼论上海市摊贩的特征 [J]. 城市问题，2013 (3)：73 - 79.

❹ 尹晓颖，闫小培，薛德升. 国外非正规部门研究进展 [J]. 地理科学进展，2010，29 (12)：1479 - 1489.

❺ 赵静，薛德升，闫小培. 国外非正规聚落研究进展及启示 [J]. 城市问题，2008 (7)：86 - 91.

题，而且更是缓和经济增长与劳动力增长之间矛盾的重要形式。有学者以中国为例，肯定了非正规经济空间吸纳剩余劳动力（农民工、妇女、下岗工人、高校毕业生等）和缓和就业市场结构压力的重要作用。❶ 此外，也有学者指出城市低档社区中非正规经济空间的生产与消费有利于促进居民跨社区交往关系的建构，是一种具有情感性的特殊空间。❷

（二）城市非正规空间的成因机制

从学者对第三世界国家非正规空间的研究看出，城市空间非正规化的产生与城市化水平、土地使用政策、住房/规划政策、城市经济总体发展水平等宏观因素密切相关。❸ 在发展中国家，从国家供给与规划角度处理城市贫民住房与就业问题时，政府规划由于两方面缺陷导致不能真正满足贫民需求：过于注重经济与政治利益，而忽视了与底层人民利益密切相关的社会福利因素；僵化的政策调控缺乏灵活性，难以适应动态的住宅供求环境与就业需求。但是值得注意的是，虽然这种“空间失序”被普遍认为是第三世界国家的特有现象，但是2000年霍尔（Hall）和费弗（Pfeiffer）抛出一个危机论调，引起学术界的轰动：发展中国家的移民在城市“爆炸式”发展中不断涌向发达国家，势必引起发达国家城市空间的非正规化演变。城市社会学家马瑟（Massey）预言一些发展中国家城市（如香港、孟买）是非正规空间发展的未来。❹

非正规住区的产生及发展与居住者原（传统）住宅形式及基础设施状况、家庭/族背景、个体收入来源等有关。当住房质量、数量、基础设施与服务等无法满足居住者现实需求时，他们便会能动地通过“自建”或“违建”来缓解各种压力。这种擅自占用居住区的土地入侵主要由外来移民引起，包括两种模式❺：一种是以拉美为代表的，有组织、有计划的大规模群体性入侵，通过

---

❶ 黄耿志，薛德升．中国城市非正规就业研究综述：兼论全球化背景下地理学视角的研究议题[J]．热带地理，2009，29（4）：389－393.

❷ 刘苏，张文新．非正规部门空间属性对跨社区交往行为的建构研究［J］．西南大学学报（社会科学版），2012，38（4）：45－52.

❸❹ 王晖，龙元．第三世界城市非正规性研究与住房实践综述［J］．国际城市规划，2008，23（6）：65－69.

❺ 戴维·史密斯．城市化、住宅及其发展过程［M］．卢卫，杜小平，译．天津：天津社会科学院出版社，2000：48－49.

强占土地建造住房，形成非法居住区，他们背后的支持力量是对非法居住有好感的政界人士或政治团体（默许或承诺）；另一种是以亚非为代表的，在官方力量薄弱的城市，单个家庭或小群体式的缓慢“渗透”与“抵抗”也推动了城市空间的非正规化演变。第三世界发展中国家贫民比例高是造成这种现象的根本原因。非正规住房的生成与发展体现了低收入者的“维存”诉求，是正规部门无法复制的解决方案。

与非正规住房的“合理诉求”相似，摊贩构成的非正规经济空间的产生与存在也是制度因素与社会因素共同作用的结果。一方面，从经济制度结构归因来看，现代资本主义的积累性生产加剧了贫困人口和失业人口的增加，导致了非正规空间的出现与增长。20 世纪 70 年代，美国经济人类学家哈特（Keith Hart）的贫困就业理论就从城市内部结构分化的视角解释了非正规经济活动增加的原因。而罗筠[1]从政治过程的视角，分析了中国国有体制改革及城镇化与失业人口、摊贩群体增加的关系，这一研究是对美国社会学家曼纽尔·卡斯特尔（Castells）相关论断的验证（国家体制支持和外部社会条件变化促进非正规部门生产）[2]。另一方面，在维持生计的意志支持下，底层群体会不断培育自己的抗争意识，这种空间抵抗是形塑空间非正规化的重要社会因素。

此外，治理与管制策略的变化也是导致非正规空间维存与蔓延的重要生成机制。联合国人居署的《贫民窟的挑战：全球人类住区报告（2003）》显示非洲的德班非正规居住区占大城市住房的75%。20 世纪 80 年代圣保罗有约 60% 的临时性住房，除此之外，还有亚洲的孟买、卡拉奇和秘鲁的萨尔瓦多等城市。同时，一些发展中国家的地方政府为缓解贫民窟困境，通过援助计划进行投资改善。如简·雅各布斯在《美国大城市的死与生》中提议用“改善”策略代替“非法驱除”[3]。

近年来，也有一些西方学者对中国城市违法建设/非正规建筑问题进行研

---

[1] 罗筠. 机会空间、资源策动与城市流动摊贩的管理困境：政治过程的解释框架［J］. 广东行政学院学报，2013，25（4）：63 -69.

[2] CASTELS MANUEL，PORTES ALEJANDRO. World underneath：the origins，dynamicsand effects of the informal economy［G］//ALEJAN DROPORTES，MANUEL CASTELS，LAUREN A BENTON. The informal economy：studies in advanced and les developed countries［M］. Baltimore：John Hopkins University Press，1989：11.

[3] 简·雅各布斯. 美国大城市的死与生［M］. 金衡山，译. 南京：译林出版社，2005：440 -453.

究，指出中国部分违法建筑的存在与个别地方行政官员的态度有关。[1]《异常的轨迹：大陆和香港的违法建设》[2] 一文从政治经济学角度指出：违法建筑是非隐蔽性的，是一种显性的空间行为，对其解释更多涉及地方政府干预或不干预的本质；而且所谓的“违法”必须置于中国特有的政治制度环境下，与社会制度变迁密切相关，其中一部分建筑是因为法律变更才由“合法”变为“违法”的。这一点在陈映芳对违规空间的研究中也有体现，她指出钉子户、摊贩等共同生产出的城市违规空间与社会转型有关，弱者“情理空间”的生产是以政府等“法制空间”的退让与妥协为基础的。[3]

（三）城市非正规空间的理论价值和现实意义

第一，从城市非正规空间看城市建设与规划。空间非正规化挑战了城市规划主体的权威、打破了现代城市的正规性和同质性，学术界（主要是城市规划学和地理学）对其现状及发展趋势进行了热议。

目前，新城市社会学和城市规划等学科基本形成了这样一种跨学科共识：这种非正规的灰色空间地带是国家权力主导下资本积累与城市发展的共同产物。基于对现代城市空间政治性和经济性的定位，许多学者展开了对这种“企业都市主义”和新自由主义发展模式的批判。比如陈煊、魏小春[4]在对武汉汉正街非正规化的演变分析中，延续了社会学家哈维·莫勒奇（Molotch）[5]“城市增长机器”和“城市政体”的批判方式，指出传统的街道规划单一地遵循了空间交换价值导向的经济利益，割断了街道与生活空间的联系；地方政府强权决策及开发商的利益导向严重挤压了公共空间的使用价值和品质。叶丹和张京祥进一步研究认为，这种新自由主义的城市空间开发方式，在现实中并未

---

[1] LEAF M. A tale of two villages：globalization and Peri－urban changes in China and Vietnam［J］. Cities，2002，19（1）：23－31.

[2] SMART A，TANG W－S. Illegal trajectories：illegal building in Mainland China and Hong Kong［G］//Restructuring the chinese city：changing society，economy and space［M］. London：Routlege，2005：80－97.

[3] 陈映芳.“违规”的空间［J］. 社会学研究，2013，28（3）：162－182，244－245.

[4] 陈煊，魏小春. 城市街道空间的非正规化演变：武汉市汉正街的个案（1988—2013年）［J］. 城市规划，2013，37（4）：74－80.

[5] MOLOTCH H. The city as a growth machine：toward a political economy of place［J］. American Journal of Sociology，1976，82（2）：309－332.

产生现代化、制度化甚至同质化的空间形态与秩序，反而滋生一种消极性的“空间失序”❶。

基于对新自由主义城市规划与发展模式的批判，一些学者延续简·雅各布斯城市多样性的思想对现代城市规划及管理进行构想。杜锦以武汉汉正街自建住区非正规化为对象，从旧城更新和街道空间规划与管理实践出发，肯定了非正规元素对正规化领域的补充作用。❷ 他认为传统的空间规划是“自上而下”的，规划主体（包括政府、开发商、规划师等）并不是空间使用的主体，因此未来的城市规划和管理应更兼具多样性和复杂性。黄亚平和陈静远主张将城乡协调、社区平衡、社会公平与公正等社会思想融入城市规划理论中。❸ 陈煊进一步提议建立“地方政府—开发商—民众”互相博弈的平台，构建多元参与的城市建设模式❹。

第二，从城市非正规空间看治理空间变化。这部分研究主要关于如下议题：在正规与非正规的博弈中，治理空间或管控空间发生了何种变化，管控者与被管控者是如何互动的，政治文化和法律文化受到了何种影响等。

陈映芳以中国社会转型为背景，从上海老城西区的一个街道个案出发，探讨了违规空间对国家与社会关系变迁所起的作用，揭示出“共享政治文化”与生活政治中道德主义对法律空间的挤压与消解。❺ 她突破了传统新城市社会学研究中“管控—反管控”二元对立视角，一方面，指出政府和资本才是主导灰色违规地带的主要力量（而非民众），灰色地带掩饰了“权力—资本”的各种灰色交易；另一方面，在这种灰色的空间中，管理者和被管理者不是单纯对抗，反而形成了一种“共享政治文化”。他们既有法律范围内“情”与“理”的政治博弈、“道”与“义”的政治抗争，也有法律范围外各种非正式的谈判与博弈。在这种暧昧关系与相对/特殊主义文化构建的过程中，基层政府代表（街道、居委会、社会工作者、人大代表等）往往以“双面人”身份

---

❶ 叶丹，张京祥．日常生活实践视角下的非正规空间生产研究：以宁波市孔浦街区为例［J］．人文地理，2015，30（5）：57－64．

❷ 杜锦．汉正街自建住区非正规化街道空间研究［D］．武汉：华中科技大学，2011．

❸ 黄亚平，陈静远．近现代城市规划中的社会思想研究［J］．城市规划学刊，2005（5）：27－33．

❹ 陈煊．城市更新过程中地方政府、开发商、民众的角色关系研究：以武汉汉正街为例［D］．武汉：华中科技大学，2009．

❺ 陈映芳．“违规”的空间［J］．社会学研究，2013，28（3）：162－182，244－245．

出现，试图在“国家—社会”对立的情境中寻求平衡。

法律规则原本应成为国家规训社会的最重要手段，但是非正规空间难以治理的现实却弱化了法治权威。尤其面对法制不健全的情况，法律主义与极端个人道德主义的矛盾则更加凸显。❶ 道德主义会在相对主义的指导下成为政府和市民各自情景化的工具，从而滋生所谓“合理化”的空间。正如陈映芳所言，日常生活的权益似乎得到了支持，但是法律文化和法律空间却被挤压，进而导致目前许多学者和专家要推进的“整违”法制化只能停留在制度构想层面，不仅没有被细化或具体化，而且整治措施是治标不治本的。

第三，从城市非正规空间看居民权利诉求。非正规空间主体在日常生活的空间改造中体现出怎样的权利诉求，获得了怎样的理解和支持，采取何种策略等是许多学者共同关注的。

城市空间非正规化虽然具有负外部性，但是它同时是孕育“生活政治”和“空间正义”诉求的空间。这一空间往往浓缩了政府、市场与居民多元力量的互动和故事。卡斯特尔指出草根阶层擅自占用居住区是对国家强权的抵抗与挑战，是国家法律和权力空间排斥底层居民的一个结果。❷

一方面，这种权利诉求往往可以引起社会人士的理解和声援。尤其发生与群体有关的纠纷事件时（比如城管—摊贩冲突），许多学者、专家和媒体等往往会对城管等街区空间管理者的工作进行评论，对制度、执法手段和方式的合法性与合理性进行探讨。这种普遍的社会讨论或认可在一定程度上成为违建违占等空间失序乱象的“道德武器”。面对这一既有社会氛围，管理者也会转变治理策略进行“柔性治理”。另一方面，市民对非正规经济空间（流动摊贩等）的包容与需求也是违规空间普遍存在的社会条件。❸

在日常生活实践中，居民私自改造空间的方式是策略性和多样的。在中观非正规聚落研究层面，赵静等总结出政府、土地所有者和非正规居住主体之间

---

❶ 何怀宏．西方公民不服从的传统［M］．长春：吉林人民出版社，2011：20.

❷ CASTELLS M. The city and the grassroots: a cross – cultural theory of urban social movements [M]. Berkeley: University of California Press, 1983; CASTELLS M. The urban question: a Marxist approach [M]. London: Edward Arnold, 1977.

❸ 李志明．空间、权力与反抗：城中村违法建设的空间政治解析［M］．南京：东南大学出版社，2009：153 – 159.

在“合作、漠视、对抗”不同情境中的不同行动与发展模式。[1] 在微观社区研究层面，孙其昂等通过城市社区违法侵占的实证分析，发现居民与政府在空间互动中，政府对管制策略的摇摆和居民空间争夺的灵活性与零散性战术，导致了违建空间难以根治的现实困境，同时这一案例分析也表明多样性空间改造是加剧空间非正规性的重要实践战术。[2]

（四）已有研究的局限与本研究的突破

在上述文献整理中，笔者从城市非正规空间的表征与功能、成因机制、理论价值与现实意义三个维度，回顾了国内外现有研究成果，实质上是将城市非正规空间从物理空间（是什么）、成因空间（怎么形成）和社会空间（社会与政治意涵）三方面逐一进行解构与分析。这一脉络有助于笔者深入且全面地了解文献、拓宽思路并发现其研究缺憾。

第一，缺乏对“国家—市场—社会”张力关系及空间实践中社会关系变迁的分析。现有研究从多学科的视角对国家、市场及社会多元力量在非正规空间中的博弈进行了分析，但在社会转型的过程中，随着总体性社会的解体和城市化进程的加剧，国家、市场、社会都不再是一个独立的、不可分化的主体，因此这一视角的研究隐含很大的潜力。那么，在城市非正规空间中，到底是“社会中的国家”“国家与市场联盟”还是其他，都因为主体边界难以界定而增加了研究难度与挑战性。比如，国家层面的行动主体地方政府、街道、城管局、居委会等，看似是利益一致、目标明确的政治体，但在空间实践与冲突的生产过程中往往会与社会行动者及市场力量产生复杂的联系。市场层面和社区居民也是如此，他们不一定是行动一致的主体，而是具有情境化诉求和行动策略选择的多元主体。因此，对国家、市场、社会三者的研究，要从互动的视角来分析不同主体间的张力，超越传统对立性的研究方式。同时，在三者互动的过程中，空间实践也影响着社会关系的变迁，尤其在我国社会转型期更是如此，这也是我们研究的重点。

---

[1] 赵静，薛德升，闫小培．国外非正规聚落研究进展及启示［J］．城市问题，2008（7）：86－91．

[2] 孙其昂，杜培培，等．“规训—反规训”空间的生产：N 市 H 社区公共空间违法侵占的实证研究［J］．城市发展研究，2015，22（3）：39－43，50．

第二，局限于二元对立的分析框架，缺乏对非正规空间编码的解析。综观现有研究，笔者发现越来越多的学者都试图跳出“正规—非正规”“管理—违规”这种二元对立的研究范式，但仅有为数不多的成功范式。比如社会学家卢瓦克·华康德（Loic Wacquant）指出美国贫民窟并不代表社会无组织或无政府状态，甚至可以将这种无组织状态本身视为一种特殊的制度/组织形式，一种少数族裔聚居于受控制的社会空间的形态与机制。❶ 但类似华康德的这种突破性的空间组织视角并不多，可以说，“非正规空间”这一定义带有一种与生俱来的二元对立性质。而且，现有研究的制度归因再次验证了这一对立前提。底层社会对公共空间的违法侵占，看似难以逃脱“违规空间”的性质判断，实际上这仅遵从了传统的“自上而下”的研究范式。我们的研究应该超越对此类空间负外部性的关注，探讨其正外部性的内涵，比如将其视为“自我治理”的日常生活实践和追求空间正义的“生活政治”。这种经改造的能动性空间有自己的空间编码方式和语言，我们应该从空间使用者或弱者的身份出发，对空间的各种违规形式进行解码。

第三，缺乏对非正规空间内冲突的具体描述与机制分析。目前的研究主要关注了空间非正规化的制度成因和社会成因，并指出这是一个冲突性的空间集点，而且仿佛止步于此，笔者并没有看到丰富、深刻的关于空间冲突的描写与机制分析。列斐伏尔在《空间的生产》第六章“从矛盾空间到差异空间”（from the Contradictions of Space to Differential Space）中，详细阐述了资本主义空间生产中集中对立性的矛盾：数量—质量、解放—压抑、美学—理性、交换价值—使用价值等，并构建出化解这些矛盾的差异性社会主义空间。❷ 我们在对非正规空间的生产机制分析时，也应该阐述与剖析出非正规空间本身包含的各种矛盾与冲突，并能够构建出其冲突形成机制，这也是最后进行空间治理、建构正义空间的基础与前提。

总之，笔者的研究是以城市社区中违建违占这一空间失序现象为出发点，探析国家、市场与社会的互构机制，分析社会转型背景下非正规空间实践中社

---

❶ WACQUANT L J D. Three pernicious premises in the study of the American Ghetto [J]. International Journal of Urban and Regional Research, 1997, 21 (2): 341 - 353.

❷ HENRY LEFEBVRE. The production of space [M]. Blackwell Ltd, 1991: 352 - 357.

会关系的变迁，并挖掘非正规空间的“生活政治”意涵，进而总结出城市社区非正规空间产生的路径。

二、国内外关于社区冲突的文献述评

关于中西方社区冲突研究现状，笔者将从社区冲突的内涵、社区冲突的类型、社区冲突研究进展、研究不足与展望四个方面展开述评。

（一）社区冲突的内涵

西方最早研究社区冲突的代表学者是科尔曼（J. S. Coleman），他通过案例研究和经验观察提出“社区争议”的概念，用来描述社区组织和解组过程中的一般冲突。此外，另一位代表性学者桑德斯则注重社区冲突理论的系统化建构，指出不平等是引发社区冲突的根源。他在《社区论》中明确归纳出构成社区冲突的三大要素，包括对立的关系、不同的权力分配和居民激烈的情绪。❶

科尔曼与桑德斯的研究对中西方社区冲突研究均产生深远影响。在中国，学界在不同层面与角度对社区冲突进行进一步定义和解释。比如，宋林飞进行了定义深化，他认为社区冲突是社区内部成员、群体或组织为改变社区局部或整体生活而引发的差异、对立、排斥和抵触等矛盾现象。❷ 也有很多学者延续并将桑德斯的观点深化，并强化“利益/目标差异”与社区冲突产生的联系，比如蔡禾在《社区概论》❸ 中的定义。之后，张菊枝也给出了相似的界定，但后者则更加聚焦于冲突的“公共性”，将其定义为一种由于社区层面公共资源或利益分配不平等引发的社区主体间的对抗性行为。❹

具体而言，社区冲突的内涵包含四个层面的内容：首先，具体指发生在社区这一微观场域的冲突，这是社区冲突最基本的地域特征，也是从范围上与其他一般的社会冲突做出区别的基本特征；其次，冲突主体不仅仅是利益相关

---

❶ 桑德斯．社区论［M］．徐震，译．台北：黎明文化事业股份有限公司，1982：162.

❷ 宋林飞．西方社会学理论［M］．南京：南京大学出版社，1997：352.

❸ 蔡禾．社区概论［M］．北京：高等教育出版社，2005：37.

❹ 张菊枝．社区冲突的再生产：中国城市治理的反思性研究［D］．北京：中国人民大学，2012.

方，更多的是社区居民及其他社区行动主体；再次，冲突主题主要与社区内部公共事务有关，与个体间的一般冲突不同，涉及资源配置、环境保护、利益纠纷等；最后，就性质而言，社区冲突本质上属于非敌对性的、人民内部矛盾，多为中低强度的冲突。❶

(二) 社区冲突的类型

目前学界已经对社区冲突的类型进行了多种划分，比如依据社会系统的内生性冲突和外生性冲突、依据冲突主体不同的组织化/个体化行动者间的冲突或政府/居民/邻里/商业主体间的冲突以及依据冲突内容/性质而划分的各种冲突，而不同的社区冲突类型可相互转化、影响。❷ 此外杨淑琴的分类也极具代表性，比如物质利益冲突与非物质利益冲突、对抗性冲突与非对抗性冲突、城市社区冲突与农村社区冲突。❸ 由此看出，社区冲突的类型十分丰富，表现形式也极其多样化，那么是否存在一种更具普遍性的分类标准呢？

原珂结合科尔曼对社区冲突事件的判定标准，提出了一种中西结合的划分方式。科尔曼在《社区冲突》中归纳如何界定社区冲突的三个标准，分别是：与社区生活有关；能够对社区成员产生影响；社区成员有能力应对的事件。❹ 基于此，原珂将社区冲突分为五种不同的种类，并具体描述出各自的特点。❺

第一，社区利益冲突。这也是学界目前最常见的归类属性之一。作为一种客观存在的社会现象，社区冲突的本质必然也是某种利益纠纷问题，具体而言包括社区同质利益认同冲突、社区异质利益协调冲突以及社区多元利益整合冲突。

第二，社区权力冲突。社区权力冲突是利益冲突的具体化形式之一。社区治理主体是多元的，不同利益主体间如何平衡领导权、参与权、支配权以及决策权等，都是引发社区治理主体间冲突的主要原因。关于社区权力冲突，大体可以分为两类：一是领导权冲突，即社区由谁领导的问题；二是社区公共部门的权力与居民公民权力间的冲突。

---

❶❺ 原珂. 中国城市社区冲突及化解路径探析 [J]. 中国行政管理，2015 (11)：125－130.

❷ 张菊枝. 社区冲突的再生产：中国城市治理的反思性研究 [D]. 北京：中国人民大学，2012.

❸ 杨淑琴. 社区冲突：理论研究与案例分析 [M]. 上海：三联书店，2014.

❹ JAMES COLEMAN. Community conflict [M]. Glencoe：The Free Press，1957：4.

第三，社区权利冲突。此类冲突发生在社区权利主体之间，包括三种情况：一是权利供需矛盾（比如社区选举与决策的不规范）引发的冲突；二是权利边界模糊引发的冲突，这种情况有时与第一种情况重叠发生；三是应然权利与实然权利差距引发的冲突，此种情况有时候会引发群聚性事件，比如 PX 叫停事件等社区政治冲突。

第四，社区文化冲突。社区文化冲突涉及精神或心理层面，由价值观念、风俗文化、组织文化、宗教信仰等差异和矛盾引发，具体而言，可分为显性冲突和冷冲突两类。其中，显性的社区文化冲突表现为一种明显的对抗，而冷冲突则是隐形的、潜伏性的，比如底层城市群体与中高层收入阶层间的文化碰撞或心理认知冲突。

第五，社区结构冲突。此类冲突是所有类型中根本性的一种类型，具体表现在三个层面：管理体制、治理体系和治理模式方面。此外原珂将社区空间冲突也归入社区结构冲突之中，比如“广场舞之战”，就是私人领域与公共领域相重叠时引发的一种人际冲突。这种说法与本书有很大不同，笔者认为社区空间冲突本质是空间交换价值与使用价值失衡引发的，是“权力—权利”空间的冲突。

（三）社区冲突研究进展

在《社区冲突》（1957）一书中，科尔曼的社区争议理论对社区组织化和解组过程进行了系统的描述和分析，主要理论贡献包括：影响社区争议的四个变量（社区认同感、社区密度、社区居民的阶层分化程度以及组织成员身份相关程度）、引发冲突的条件（规则和认同的脱离、社区组织人员和权力结构的调整等）和冲突产生的缘由（内部或外部事务或两者的联合）以及构建社区争议模型。前文已指出，社区冲突理论的系统化研究始于桑德斯的《社区论》。他立足于社会体系理论、社会冲突理论和社会场域理论对社区和冲突进行综合性研究，[1] 并指出“社区权力再分配”是整合社区冲突的有效途径。

继科尔曼和桑德斯之后，西方关于社区冲突的研究目前主要呈现五种取

---

[1] 卜长莉. 社区冲突与社区建设：东北城市社区矛盾问题案例研究［M］. 北京：社会科学文献出版社，2009：52.

向，即社会变迁取向、社区组织或解组取向、社区权力和城市政治取向、社会运动取向及社区参与取向。[1] 这些研究对国内研究产生了深远的影响，同时国内学者也在不断进行本土化的理论建构与实践尝试，并产生出大量关于社区冲突与维权的具有现实意义的成果，尤其2007年以来社区冲突研究进入高潮。[2] 目前我国的冲突理论研究主要包括五个维度，即矛盾分析、多元治理、国家—社会关系、公民权利、社会运动。[3] 另外，本土化建构的成果还包括社区冲突解释论的发掘，如冲突归因研究、冲突功能解构及治理冲突分析等几个方面。[4]

(四) 研究不足与展望

总体而言，随着社会转型和变迁的加剧，社区冲突的相关研究也日渐增多，但是仍有很大发展空间。

第一，社区冲突分类的本土化。我国社区的划分不仅仅是城乡二元对立，其内涵更为丰富，尤其是特殊的老单位社区、拆迁再置房社区、城中村、混合社区等，社区形成及发展现状的差异势必生成不同的冲突。此外，目前社区冲突研究的维度主要针对其社会性展开，缺乏“空间性”，尚未形成“空间—历史—社会”相统一的分析框架，也就是说缺乏“空间冲突”的研究。

第二，社区冲突理论的情境化和本土化。不同的国情、不同的场域会造就不同的冲突，如何从我国本土社区具体情境出发进行模型、变量和归因解释等，是困扰学界的难题之一，而且目前关于社区冲突的模型建构是比较匮乏的。

第三，社区冲突分析的跨学科研究。社区虽小，却牵连千家万户。关于社区及其冲突的研究，自然也不是任何单一学科的使命与责任。因此，进行跨学

---

[1] 张菊枝，夏建中．城市社区冲突：西方的研究取向及其中国价值［J］．探索与争鸣，2011（12）：60－65．

[2][3] CNKI数据分析结果。参见吴晓林，刘泽金，邓聪慧．国内城市社区冲突研究十五年：回顾与反思［J］．天津行政学院学报，2015，17（2）：90－99．

[4] 原珂．中国城市社区冲突化解与治理机制探究［J］．行政论坛，2017，24（2）：80－86；原珂．城市社区冲突：类型特征与治理策略［J］．河南师范大学学报（哲学社会科学版），2017，44（3）：82－87；吴晓林．中国城市社区的业主维权冲突及其治理：基于全国9大城市的调查研究［J］．中国行政管理，2016（10）：128－134．

科理论、方法和解决方案、模型等的建构，是研究和把握社区冲突的必然趋势。本研究将结合现有研究成果，从空间的视角进行社区冲突的现象解构与理论建构。

第三节 研究方法与过程概述

一、田野工作：为什么选择J社区和H社区？

参照王铭铭“小地方，大社会”的研究视角，尝试从J社区和H社区的变迁历程和非正规空间生产及过程中观察“一部分”社会。费孝通在《江村经济》中也采用“时空坐落”方法切入中国社会，向读者展示了广阔而复杂的中国社会。笔者或许是“东施效颦”，但是社区这种小社会，在一定意义上讲的确是大社会的缩影。正如王铭铭所言，虽然这种说法还是有很多争议，如弗里德曼（Freedman）在《社会人类学的中国时代》一文中发表了对《江村经济》前言中马林诺夫斯基预言的回应，指出对小地方的功能性分析和描写不能反映文明大国和大社会，但许多学者已经开始从社区缩影中“窥视”整个社会，比如阿尼达（Anita）、安格尔（Unger）和马德生（Madsen）的《陈村：毛泽东时代一个农民社区的现代史》以及马德生的《一个中国村落的道德与权力》，还有庄雅仲从台北一小区运动中对都市生活的窥探等。[1]

本书用这种开放的思路，将社区的违建违占（小空间）放置于一定的社会变迁过程中，不仅将这个小空间作为方法论的研究单位，同时也将其视为社会现象与社会在微观社区层面的投影、一个结合体、一个转换的过程。就如列斐伏尔所言，空间是社会关系和社会实践的产物，是同时具有政治性、社会性和经济性的结合体。对于中国社区而言，社区空间更突显“文化性”和“象征性”，它凝结了历史的变迁、传统的传承和社会的转型，是国家权力、市场资本和微观社会行动三者合力的结果；这种复杂的文化性由中国情景和地域决定，包含社会变迁过程中社区内部结构的变化、宏观历史与微观社会间的关系

[1] 王铭铭. 小地方与大社会：中国社会的社区观察［J］. 社会学研究，1997（1）：88－98.

等，是区辨其他空间的关键。

之所以选择J社区和H社区正是基于这种考量。2013年春笔者参加N市G区社建委资助的一个社区物业管理调研项目，开始注意到整整齐齐的城市院落内部隐藏着各种各样的违建违占现象，尤其是在老旧小区、老单位小区、安置房等这些带有“转型”“过渡”标签的社区中，空间失序更为普遍。之后笔者进行深入调研，选择了这两个区域作为典型性案例调研点，主要基于以下几个原因：一是两社区具有鲜明的年代或转型特征，其中J社区原为单位社区，在20世纪90年代城市化过程中发展为今天的后单位混居社区，经历过单位制改革、国企改制、房改和社区扩张等社会变迁过程，是典型的老旧社区代表；而H社区则是21世纪初（2005年）城市化背景下建设的拆迁再置房社区，带有典型转型特征。两者在经历时空转换的过程中，带有明显的“旧辙未去、新轨未成”的过渡特征。二是两社区非正规空间面积大、样态丰富，有相似之处，但由于建设年代和背景不同，它们在类别、用途、不同非正规空间规模等方面各有差异，能够比较完整地折射出社区非正规空间的样貌。三是综合以上两点考虑，这两种转型社区带有不同时代社会转型的印记，对其研究可以找到城市社区空间非正规化演变的共性，进而从中挖掘出城市转型社区非正规空间生产的逻辑。

二、研究方法与研究过程

（一）研究方法

本研究主要采用非结构性访谈、非参与式观察、文献分析等方法，力求掌握真实、全面、生动、丰富的一手资料，并深入社区生活空间。

1. 非结构性访谈

在田野调查的过程中，笔者深入访谈对象共80多人，此外还与许多人进行了非正式访谈。具体到本书写作，一共涉及52个访谈案例，包括两个社区的违规居民、未违规居民、业委会、物业管理人员和地方政府相关部门人员等。具体情况如下：

（1）通过对原住居民、租房者、区内出租车主及区内小卖部的深度访谈，了解了该社区的变迁史，包括拆迁原因，社区环境，邻里关系和社区文化的变化，社区历年大事件，管理现状以及他们对本社区公共空间使用现状的态度，对其他社区管理的认可，对区政府、居委会、业委会和物业的看法等；

（2）抽样调查违占当事人，分析违法侵占公共空间的初衷、心态和与其他利益相关者及管理者的“迂回战术”；

（3）走访社区居委会、业委会、物业、小区菜市场和宾馆，探究社区建设的违规表现，居委会职能的发挥与管理现状，对违占的态度及展望，业委会与物业管理等问题；

（4）通过正规渠道对辖区政府、街道办、城管科及相关企事业单位的相关管理部门和工作人员进行了专访，重点调查社会建设发展的相关政策规定及处理对策。

2. 非参与式观察

非参与式观察是笔者采取的主要调研方法之一。除了访谈，笔者以局外人的身份对两社区居民以及非正规空间进行了观察，包括违规居民如何使用非正规空间，违规者的经济情况和生活方式，环境整治运动前后非正规空间的变化，普通居民与违规者之间的交往，居委会对违规纠纷的处理过程，非正规商业空间的特征，人们休闲场所的特征，孩子玩耍场地的特征，各种违章建筑的材料、面积、用途以及两社区非正规空间的异同等。

3. 文献分析法

收集相关的书籍、论文、政策法规、活动报告等，通过阅读、鉴别、分析与整理，间接地获得相关理论知识。除了文献、书籍，还通过对社区精英的专访，获得上访记录与答复文件以及社区规划合约图等。利用互联网找到城市规划发展、环境整治、拆迁安置等相关法规、有关的新闻报道。通过田野调查和查阅居委会档案室资料获得人口构成、区位概况、小区规划图、社区治理的制度文本和法规政策、社区编年大事等历史资料和治理现状资料。

（二）调研过程

1. 2014 年 10 月至 12 月：进入拆迁再置房 H 社区

2014 年 10 月至 12 月，笔者正式就违建违占现象开始在拆迁再置房 H 社区展开调研。因为 2013 年的物业调研项目已经为笔者做好了一定铺垫，所以很容易找到对社区空间违规情况十分熟悉的关键人物，包括业委会和居委会的一些成员、社区积极分子等。尤其是前两届业委会成员王师傅（曾任业委会主任），可称得上是研究者遇到的“贵人”。他是某工厂退休职工，集体观念、服务意识和奉献精神很强，因此搬到H社区后便主动加入业委会，为社区民众发挥余热，属于典型的“社区能人”。他希望能找到多种社会力量解决社区问题（政府、私人或媒体等各方面他都做过尝试），而笔者的学者身份无形之中也成为一种力量象征。因此，王师傅自始至终对笔者都是“知无不言”的态度，十分热情，还帮助介绍其他知情者，如楼长刘阿姨等。

除了这些社区积极分子，社区非违规居民整体而言也十分健谈。笔者是在一个晌午遇到林阿姨的，当时她在自家楼前“空地”上和邻居“芬姐”[1]边聊天边择菜，而我们的谈话也围绕着“空地”一点点展开、深入。林阿姨认为自家并没有“违建违占”，他们只是把门前原来无人管理的杂草铲除、铺上了水泥，而造出的这片水泥空地也并未据为己用。据林阿姨和芬姐讲，她们这种做法是“很有素质的”，不像周围很多一楼的那种乱建乱占。除了向笔者介绍日常邻里生活，她们还热心地指出了几家特殊的违建家庭，而且在她们的指引下，笔者认识了李伯伯、陈女士、孙大叔等人。

但是直接与空间违规居民进行交流还是不太顺利的，无论是违占地下室的，还是自圈后院的，都明显有比较重的戒心。最开始笔者在谈话过程中一旦提到“违规”“不合法”等字眼，他们便会比较反感，或者直接问“你到底是谁？是干什么的？”；因为怀疑笔者是政府派来“摸底”的，有些人会直接制止笔者拍照片，并不断进行试探或者表示不耐烦让笔者离开，甚至会将对政府的不满发泄在笔者身上。

多亏遇到热心的袁奶奶和卞先生等人，及时缓解了调研的尴尬和僵局。袁奶奶虽然年近八旬，但是身子骨仍然十分硬朗。我们相遇在一个中午，当时一个违建后花园的居民正在向笔者发泄不满，袁奶奶碰巧经过，她了解笔者身份后，一直说“大学生出来了解社会是件好事，大家要多体谅、莫刁难”。她的平和让违规者放下了戒心，愿意聊得更多。类似的这种事情也发生在卞先生等人身上，他们犹如救星般帮笔者打开了一个又一个设防的心，使田野调查和深

---

[1] 芬姐已年近花甲，这个称呼是周边邻里的叫法。

入访谈得以顺利开展下去。

2. 2015 年 3 月至 7 月：进入后单位社区 J

有了 H 社区的调研经验后，针对 J 社区的情况笔者重新修改了调研计划和提纲，设计出了一套“先易后难、由点及面、灵活变换身份”的作战方略。

首先，找寻了解情况的关键人物。J 社区情况十分复杂，而且没有业委会，笔者计划先从居委会找到突破口。十分幸运的是遇到了张社工，因为与笔者是同一个母校，他表现得十分热情。而且因为专业接近，他比较清楚笔者需要什么，帮助笔者更快地进入了田野。居委会的工作烦琐，张社工不仅要忙社区的事情，还要到街道、区里面开会与学习，因此我们之间的谈话时间并不是特别充分和灵活。为了帮助笔者，张社工嘱托其他同事招呼好“学妹”，并引导笔者进入街道城管科深入了解非正规商业空间整治的情况。

R 街道城管科的工作人员对于笔者这种“研究人员”最初并没有很高的热情，但是在“软磨硬泡”的过程中，笔者提到的一条关于“J 社区违章搭建脏乱差”的新闻似乎触及了城管科工作人员敏感的神经，他们开始为“脏乱差”辩解——2005 年，当时城管是撤除了 J 社区的一批违章搭建，但是由于该社区情况的确很复杂，违建违占很多，就想借助媒体力量推动环境整治工作开展；谁知找来的记者后来发了一篇超出预期的报道，塑造了城管环境整治无效的形象。笔者抓住时机，以此“乌龙报道”为突破口，在城管科那里得到了更多的信息。

在大体掌握官方对违建违占的态度和看法之后，笔者开始正式进入社区。首先是随机与非违规人员搭讪，与他们漫谈。在此阶段，我倾向于和在楼前屋后晒太阳、年纪比较大的攀谈。在这些人中，笔者找到了很多单位退休人员，在此阶段笔者与郑大爷、李大爷等人建立了联系。与外来租客的交流较之本社区居民，时间更短、回答也更简单些。比如来自安徽的杨女士，租住在 J 社区的根本原因是交通便利、房价低，但对比较糟糕的居住环境也不想多说。

对于违规人员的访谈遭遇到和 H 社区同样的问题，而且违规者更显冷漠。笔者便先从流动摊贩入手，经常扮作要买东西的人，比如买些果蔬，顺便与摊贩多聊些事情，这样生意人还是比较乐意的。事实证明，灵活变换身份的做法起到了很大作用。比如租住在违建简易屋的安徽人龚老汉，笔者假装成租房学生向其咨询情况，他十分热心，让笔者站在小屋门口，边吃饭边讲话，并告诉笔者谁家有类似的便宜房（违建房），去哪里找到房东。就这样从外围入手，笔者找到了更多违建违占的“健谈者”，当他们彻底相信笔者并不是政府派来的摸底人员后，一对一的深入访谈也进行得更为顺利。

3. 2016 年 9 月至 11 月：回访

2014 年和 2015 年笔者完成了对两个社区相关材料的搜集，并且对两个社区各自的违建违占现象进行分析，2016 年开始更深入地进行整体性研究，包括横向对比分析。当时恰逢 N 市进入“创建全国文明城市”的复审阶段，从市、区到各街道和社区都开始全面的环境整治，使社区空间景观，尤其是非正规现象发生了较大的改观，因此笔者在 2016 年 9 月结束加州大学伯克利分校的访学后迅速拟定了社区回访方案。毕竟有之前访谈的基础，对两个社区的回访整体而言是顺利的。回访主要包括两部分内容，一是对违规边界是否变化、如何变化进行观察与记录；二是对第一阶段确定的关键人物以及违规空间发生变化的居民进行一对一访谈。

第四节　研究框架与章节安排

本书共包含七个部分，其中核心章节有 4 章（第三至第六章）。具体安排如下（研究技术路线见图 1－1）。

第一章的绪论部分，笔者详细阐述了本书的选题缘起、理论意义和实践意义，并重点从非正规空间的“表征与功能”“成因机制”“理论价值与现实意义”三个维度，对国内外代表性研究进行梳理，也是对违建违占现象从物理空间、成因空间和社会空间三层面分开解读。此外，对目前国内外关于社区冲突的研究进行梳理，具体包含何为社区冲突、社区冲突的类型、理论研究进展等几个方面。然后，笔者解释了为什么选择老旧小区 J 社区（后单位社区）和拆迁再置房 H 社区的原因，并介绍了研究方法和田野调研过程。笔者认为，选取两个案例重点不在于对比，而在于违规空间及其冲突空间生产共同逻辑的挖掘，并从中归纳出违规空间生产的不同以及影响冲突空间生产的要素。

第二章是关于“空间生产・空间冲突”理论的梳理以及本土化理论建构，并且延续新城市社会学中空间生产理论奠基人列斐伏尔的脉络，从权力空间、

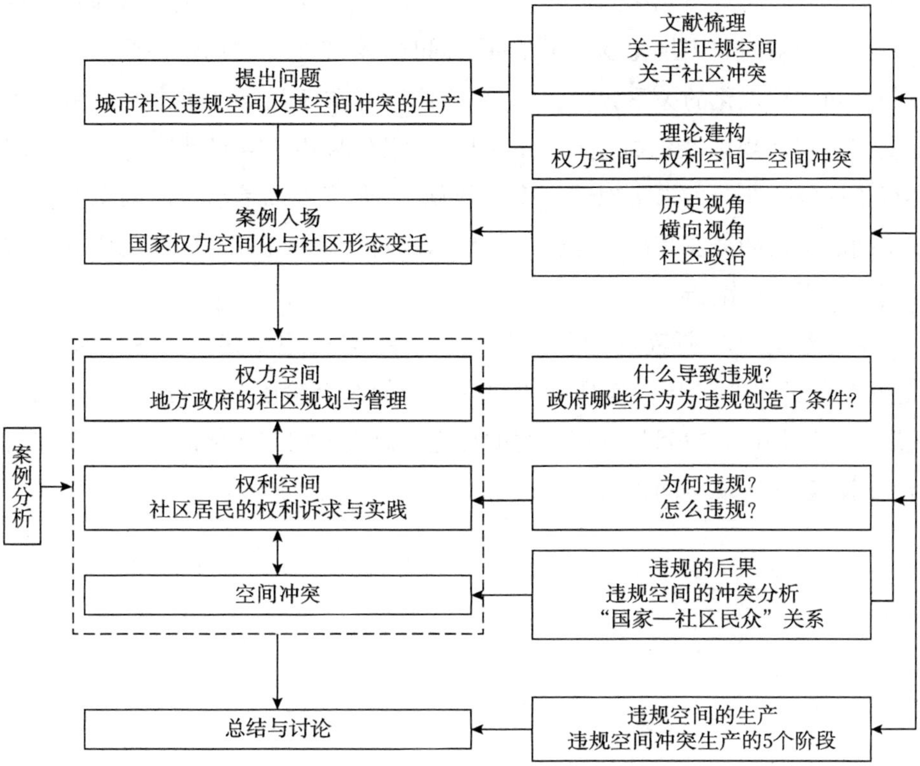

图 1－1　研究技术路线

权利空间、空间冲突三个层面展开，建构出本土化的研究违规空间生产及其冲突的理论框架。

第三章是具体案例入场的部分，从“历史视角”“横向视角”和“社区政治”三个方面，将“国家权力空间化”与“社区样态变迁”相联系。先从时间（历史）的纵向维度出发，看一下传统的单位社区是如何一步步“去单位化”、扩张并变成今天的后单位社区（混居式老旧社区）的，而差序式乡土空间又是如何在快速城镇化背景下迅速瓦解、变为混居式城市社区的。无论是从单位到社区，抑或是从乡村到城市，转型之后两社区居民共同面临着再就业困境、物业管理问题、社区认同离散化以及空间非正规化等现象。进入社区政治内部，地方政府基于这两种社区的特殊情境往往施展出“情理逻辑”。

第四章、第五章和第六章共同构成本书关于“违规空间生产—空间冲突”的整个逻辑框架——“权力空间—权利空间—空间冲突”。其中，“权力空间”

是关于地方政府对两社区的规划、建设与管理，实质是讲什么导致违规，政府哪些行为为空间非正规化创造了条件，同时还包括地方政府情理逻辑的负外部性与空间非正规化的关系分析；“权利空间”是关于居民的诉求与实践，主要围绕“为何违规以及怎么违规”的问题，并对两社区空间具体的非正规现象进行了详细描述，力求实现“文字空间化”；而第六章是承接前两章对社区违规空间的主要冲突及其产生逻辑进行总结，同时对非正规空间互动中国家与社区间的关系进行剖析。

第七章是对本研究的总结、讨论、不足与展望。其中，总结部分包括“违规空间的生产”与“违规空间冲突生产的 5 个阶段”；讨论部分围绕三个主题，分别是权力空间与权利空间的界定、研究方法与案例的选择以及如何进行空间治理、实现空间正义。

第二章

理论梳理与建构

新城市社会学中关于空间的研究成果十分丰富，是研究空间生产和空间冲突的重要知识宝库。本章将围绕“空间的生产”和“空间冲突”展开理论梳理，并以此为基础，结合中国社区非正规空间的具体情境，建构出研究非正规空间的本土化分析框架。

第一节　理论梳理：城市社会学中的空间生产与空间冲突

一、空间的本质：何为空间？

“何为空间”，看似简单，却是个奥古斯丁时间式的难题——我自己可以想明白，却难以向别人解释清楚[1]。因为空间的概念是多维的，学科不同、情境不同，解释自然不同：它既可以是物质的、具体的，也可以是精神的、关系的、抽象的。[2] 著名的西方马克思主义地理学家大卫·哈维指出“资本主义城市发展—空间”是探究资本主义城市研究的主线，而对空间本质的研究要从哲学理念入手。[3] 他从本体论的视角将空间归纳为三种类型：绝对空

---

[1] 奥古斯丁. 忏悔录［M］. 周士良，译. 北京：商务印书馆，1996：242.

[2] 李志明. 空间、权力与反抗：城中村违法建设的空间政治解析［M］. 南京：东南大学出版社，2009：27.

[3] DAVID HARVEY. Social justice and the city［M］. University of Georgia Press，2009：13 - 20.

间（absolute space）、相对空间（relative space）和关系空间（又译作“相关空间”，relational space）。其中，绝对空间是将空间视为独立的“物自体”（thing in itself），是固定的、个性的，是研究或规划事物的框架；相对空间强调物与物之间的相对关系；关系空间强调物体的意义存在于与其他物体的关系之中。空间存在于过程之中，与时间密切相关；而空间中的事件或事物本身则依赖外部其他因素的存在而存在，并受其影响。简言之，客体之间的互动过程建构了某种关系性空间。

似乎关系空间的提出颠覆了绝对空间的传统统治地位，但是时空到底是绝对的还是相对的，抑或是关联的，哈维自己也无法断言有这样一个本体论范畴的答案存在。哈维式的三分法看似不断接近空间的本质，却又产生新的谜题。这一点其实可以从1979年的《纪念碑和神话：圣心主教堂的建造——作为历史空间的圣心主教堂》一文中寻找到哈维自我解答的脉络❶：空间的本质存在于客观情境中，按照情境需求，它可以呈现绝对属性、相对属性或关系属性，或者三者彼此相互包含；而这种情境，实际上存在于人类社会的客观实践过程中。因此，“何为空间”实际上是关乎“人类实践如何利用或创造了怎样的空间”。

提及“空间—实践”，不得不引出空间转向的领军人物列斐伏尔。他延续思想空间化的传统，揭示出空间是社会运作的产物，需要从社会层面进行界定。列斐伏尔的“空间本体论”❷将空间生产分为三个层面：再现的空间（或译作“空间表征”，即representational spaces）、空间的再现（或译作“表征的空间”，即representations of space）和空间实践（spatial practice）。其中，再现的空间属于意识建构层面，与秩序的生产有关；空间的再现属于日常生活经历层面，与社会生活的感知有关；而空间实践则体现一种关系的空间，是再现的空间与空间的再现相互转换的地带。列斐伏尔的三元辩证法经典地构建了空间的本体论及空间生产的方式，被城市理论家苏贾（Soja）❸、社会学家科特丁尔

---

❶ DAVID HARVEY. Monument and myth [J]. Annals of the Association of American Geographers, 1979a, 69 (3): 362-381.

❷ HENRY LEFEBVRE. The production of space [M]. Blackwell Ltd, 1991: 33-39.

❸ EDWARD SOJA. The socio-spatial dialectic [J]. Annals of the Association of American Geographers, 2015, 70 (2): 207-225.

(Gottdiener)[1]、马克思主义人文地理学家格雷戈里（Gregory)[2] 等从不同层面进行解释与深化（见表2-1）。

表2-1　对列斐伏尔空间本体论的诠释

空间理论家	再现的空间	空间的再现	空间实践
苏贾	构想层面，抽象与知性的，遥远与冷淡的	生活经历层面：热情与亲密的	
科特丁尔	企业、规划师、政客等构建的有意涵的符号空间	空间使用者与环境互动过程中所建构的社会关系空间	外部的物质（理）环境
格雷戈里	抽象/可视化、去身体化的监控，空间科学与规划；是抽象的空间，强调交换价值	日常生活空间，革命领域、后设哲学；是具体的空间，强调使用价值	由再现空间指向空间再现的官僚化与殖民化、商品化与同质化的过程与机制

资料来源：王志弘（2002)[3]；李志明（2009)[4]。

而哈维虽然认同列斐伏尔对空间概念从“物质—概念—经历”三维度进行建构，却进一步大胆而跳跃地将自己“绝对—相对—关系”维度与之相结合，结果是一种3×3矩阵，旨在令人们从网格交叉中深入了解不同时空中空间的不同表征与属性，是一种隐含想象的表格图示（见表2-2)，同时重新建构了马克思主义的时空关系（见表2-3）。哈维的这种矩阵构建其实是随意的，所列条目是提示性的，需要读者通过想象找寻要素之间的复杂关系。

---

[1] GOTTDIENER M. Marx for our time: Henri Lefebvre and the proction of space [J]. Sociological Theory, 1993, 11 (1): 129-134.

[2] GREGORY D. Geographical imaginations [M]. Oxford: Blackwell, 1994.

[3] 王志弘. 流动地景与时空操演：台北捷运系统与新都市经验 [J]. 地理学报, 2002 (31): 83-115.

[4] 李志明. 空间、权力与反抗：城中村违法建设的空间政治解析 [M]. 南京：东南大学出版社, 2009: 35-36.

表2-2 哈维的时空矩阵

空间	物质空间（体验到的空间）	概念空间（再现空间）	经历过的空间（空间再现）
绝对空间	山水、陆地、城市、建筑物、门窗、门禁社区等	地图、行政区域图、欧几里得几何学、禁闭、场所等；代表人物有牛顿和笛卡尔	处于有边界场域中的满足感或禁锢感；对区域掌控的权力感；对越界之“他者”的恐惧等
相对空间（时间）	能源、商品、人员、信息、资本循环、阻力变化等	某地的地铁系统、透视图、位移、时空压塑等；代表人物有爱因斯坦和黎曼（Riemann）	迟到的焦虑；交通堵塞中的烦躁；面对未知世界的恐惧；接近核心领域的兴奋；对空间压缩、加速、运动的紧张、兴奋等
关系空间（时间）	磁场；社会关系；污染浓度等	存在主义；超现实主义；赛博空间；辩证法；内在关系；量子数学等；代表人物有莱布尼茨，怀特海，德勒兹，本雅明	幻象（想），欲念，受挫感，印象与记忆，梦幻（想），晕眩等精神状态

资料来源：哈维（2014）❶。

表2-3 “哈维式”马克思理论时空矩阵

空间	物质空间（体验到的空间）	概念空间（再现空间）	经历过的空间（空间再现）
绝对空间	实用商品、具体劳动过程、实际货币、消费空间、私有财产、工厂、城市环境、城市暴动等	使用价值、劳动剥削、阶级排他性、空间发展不平衡等	异化、个人主义与社会团结、对阶级或身份的忠诚；相对剥夺感；非正义与愤怒等
相对空间（时间）	市场贸易/交换、商品与货币的循环/流动、资本/信贷、迁移等	交换价值、资本积累与流动、时空调整理论、全球化、移民等	拜物教、对时空压塑的焦虑/不安/兴奋、动荡与变幻等
关系空间（时间）	抽象劳动过程、虚拟货币/资本、革命与抵抗运动	货币价值、价值规律、革命与变革策略等	价值、资本主义霸权、无产阶级的觉醒与抗争、乌托邦革命等

资料来源：哈维（2014）❷。

---

❶❷ 大卫·哈维. 作为关键词的空间［J］. 付清松，译. 文化研究，2010（10）：45-67.

综上所述，空间依赖客观事物存在，但并不是指事物本身；这些事物主要作为一种边界、界线或门槛而存在。[1] 从列斐伏尔、哈维、苏贾、科特丁尔等西方马克思主义学派空间理论家的论述中不难看出，在资本主义都市研究中：首先，空间虽然有物质或虚拟（精神）的不同形态，但本质上它存在于“关系”之中，因为代表不同事物之间的关系而有意义。其次，空间是有目的的社会实践的产物，空间中不同主体和组织在互动中形成某种社会关系网络、促进空间的生产，而空间在生产过程中同时反作用于这些社会关系，体现空间的辩证性。再次，空间是社会的、政治的、经济的。正如米切尔（Mitchell）所言，公共空间是物质性的，但也是孵化政治活动的母体[2]。最后，对空间的研究不能脱离时间的维度。英国社会学家厄里（Urry）、福柯等都曾批判20世纪的社会理论研究严重忽视时间，尤其是空间的地位，因为“空间—历史/时间”的维度是不可或缺的，空间的研究是伴随城市化进程发展起来的，因此要置于特定的历史与时空中。[3] 总之，城市空间本质上是关系性的、实践性的、社会性的，也是历史（时间）性的。

二、关于空间的生产

对现代性城市的考察，首先应该置于其起源的资本主义体系中。通过探寻空间运作的逻辑、脉络与机制，进而反思马克思主义的城市理论。解释资产阶级对都市的塑造、都市化进程中不同组织与主体的行为及社会系统运作，是从空间角度对城市社会学的进一步延伸。社会系统主要由（政治）权力（制度）系统、市场（资本）系统和社会行动系统构成。国内外学者主要围绕制度（政府）、资本（市场）和社会行动（社会）进行空间生产的研究：[4] 正如福柯所言，空间不是僵硬的、呆板的、静止不动的或非辩证的容器或场域，而是一种

---

[1] 列斐伏尔．空间：社会产物与使用价值［G］//包亚明．现代性与空间的生产．王志弘，译．上海：上海教育出版社，2003：47－58.

[2] MITCHELL D. The right to the city：social justice and the fight for public space［M］. Chicago，IL：University of Chicago Press，2003.

[3] 约翰·厄里．关于时间与空间的社会学［G］//布莱恩·特纳．社会理论指南．林荣远，译．上海：上海人民出版社，2003：505.

[4] 王丰龙，刘云刚．空间的生产研究综述与展望［J］．人文地理，2011（2）：19－25，36.

形构社会的结构性因素；制度、资本、社会行动三者在“空间实践”中相互建构、共同作用于空间生产。

（一）资本与空间

以哈维为代表的空间生产研究主要围绕资本在城市空间中的运作展开。一方面，从工业区扩建、房地产投资到城市区域更新，资本主导着空间的生产。但是随着资本投机的盛行，消费空间的“同质化”逐渐成为资本家追逐利益的手段。在全球一体化的消费市场中，资产阶级强势地主导着空间的生产，忽视区域与主体间的差异性，将交换价值凌驾于使用价值之上，复制性地进行城市更新与开发及现代性的建设，是一种“创造性的破坏”[1] 力量。1973 年资本主义经济危机开始后，国家与中央政府削减城市公共投资，公共资源私有化和融资形式多样化成为一种新的城市经济增长策略。[2] 资本扩张与联盟虽然促进城市发展，但忽视公共空间需求的治理模式最终会导致空间矛盾与冲突。另一方面，空间本身能够吸引资本注入。哈维在描述城市观光业发展时，指出具有“特殊区域标记”的城市拥有独特的“集体象征资本”[3]，资本家为了从文化产业和象征资本中攫取垄断地租，展开激烈的投机性竞争。此外，空间重构可以改变资本流动的方向，如巴黎的重建，城市基础设施的完善和工业郊区化提升核心区域的价格，高昂的地租极大提升了城市空间的交换价值，为积累剩余资本创造条件。[4]

（二）制度与空间

一方面，列斐伏尔指出空间具有“政治性”[5]。资产阶级精英逐渐将城市演变为一个具有阶级性的、符合权力主体需求的权力空间。区位划分、区域

---

[1] “创造性的破坏”形容西方资本主义对城市现代性的改造过程中所孕育的创造性与破坏性，是资本投资的空间转移策略。

[2] DAVID HARVEY. The ways of the world [M]. NY: Oxford University Press, 2016: 135.

[3] 象征资本是布迪厄提出的一个概念，哈维将其与一些具有文化或历史意义的物理空间相联系，象征资本能够吸引金融资本，带来经济利益。

[4] CASTREE, NOEL, DEREK GREGORY. David Harvey: a critical reader [M]. John Wiley & Sons, 2008: 108.

[5] LEFEBVRE H, ENDERS M J. Reflections on the politics of space [J]. Antipode, 2010 (8).

化、种族歧视和种族亚文化等都是资产阶级的社会权力杠杆，是重塑城市的重要手段。[1] 早在20世纪初芝加哥学派就揭露了城市空间冲突的本质——统治阶级和经济精英根据区域位置对城市空间进行等级划分，为城市人口与社会种族的多样性蒙上了一层阶级色彩；区位争夺与其他空间矛盾表面上是为了重建平衡秩序、提高效率或者通过社会激进运动解决自然生态问题，实质上都源于权力冲突。资本主义的发展史是一部将权力地域化或空间化的历史。[2] 卡斯特尔[3]从有别于马克思主义阶级斗争的视角，将城市空间生产与主导性的结构力量和社会变迁相联系；并指出不仅要关注城市中的权力（这是政策科学多元主义的视角），也要关注权力（结构性制度力量）对城市的作用。另一方面，空间的发展与变迁也影响着制度建设。现代城市的空间膨胀推动新的都市治理模式呈现“联盟”走向，是国家权力、市民社会与私人利益的混合体。[4]

（三）社会行动与空间

一方面，社会行动是实现空间解放和权利诉求的必要手段。与简·雅各宾布斯相似，哈维从“身体政治”维度探寻城市解放的路径，他认为身体是一种可变资本，可以抵抗政治压迫。[5] 劳动者在关系性空间中形成某种团结，不屈不挠地展开反异化、反规训的革命与斗争。卡斯特尔研究了12年的城市社会运动，与芝加哥学派不同，他关注空间生产的整个矛盾过程（从城市空间的产生、竞争到转型）：通过对法国、英国、拉丁美洲马德里和旧金山的历史和民族志研究，他发现公民集体化社会行动不仅指向城市问题本身，而且用新的价值观和利益导向重塑了城市；社会力量用自己的方式能动性地形塑并占用城市空间。社会行动力量和宏观社会力量相互较量、博弈与互动，形成了具有不同空间、文化和制度类型的社会与城市。另一方面，权力空间主体通过控制

---

[1] DAVID HARVEY. Spaces of capital：towards a critical geography ［M］. Routledge，2001：67－72.

[2] CASTREE，NOEL. David Harvey：a critical reader ［M］. John Wiley & Sons，2008：106.

[3] CASTELLS M. A sociology of power：my intellectual journey ［J］. Sociology，2016，42（42）：1－19.

[4] 大卫·哈维. 地租的艺术：全球化，垄断与文化的商品化［J］. 王志弘，译. 城市与设计学报，2003（15&16）：1－19.

[5] DAVID HARVEY. Space of hope ［M］. Edinburgh：Edinburgh University Press，2000：97，130.

空间来影响社会行动。❶ 社会分类是社会控制的手段，也造就了有形或无形空间边界。人文地理学家史蒂夫·派尔和奈杰尔·思里夫特指出分类是空间强者“排斥/包容”性的权力运作策略，边界的划定为拥有权力的人占用、守卫和控制（净化）空间提供了依据。❷

（四）“制度—资本—社会行动”的互构

虽然资本投机会受到权力通过制度力量的结构性引导或管制，但同时资本能够解构制度结构的控制与抵制，在流动与进出过程中解构/增强/削弱/弱化/分化权力❸。美国城市社会学家莎伦·佐金（Sharon Zukin）认为国家机器与资本力量共同操控城市的发展，城市空间的分异不仅基于社会化或居住者的相似性，更取决于资产阶级的经济和政治利益。❹ 比如美国 20 世纪 40 年代到 70 年代早期政府资助的清除贫民窟运动，实质是政府官僚机构和资本家等借助拆迁进行的经济谋利行为，所谓的城市更新和改造城市环境只是一个噱头。❺ 政府与市场联合起来将城市发展变为资本积累与循环的过程，空间在权力操纵下被商品化。尤其是 20 世纪 70 年代到 80 年代，资本主义社会的都市治理模式由现代性的管理主义逐步走向后现代性的都市企业主义。❻ 这种“公私合作伙伴”的治理术本质是通过资本力量与国家权力的联合，实现“经济—政治”目标。但它忽视空间使用、消费与分配的公平性，导致公共空间过度资本化，挤压工人阶级的生存空间，造成空间区隔与贫困，从而引发对资产阶级物化的反抗：民众在各种草根组织的动员下开始进行社会运动；资产阶级和无产阶级围绕社会空间使用价值和交换价值展开斗争。❼ 社会行动者在哈维的“关系性空间”中形成某种社会网络，围绕“城市权利”对权力和资本展开变革与斗争。

---

❶ 王丰龙，刘云刚．空间的生产研究综述与展望［J］．人文地理，2011（2）：19－25，36.

❷ PILE S，THRIFT N. Mapping the Subject：geographies of cultural and transformation［M］．London：Routledge，1995：374.

❸ 王丰龙，刘云刚．空间的生产研究综述与展望［J］．人文地理，2011（2）：19－25，36.

❹ CASTREE，NOEL. David Harvey：a critical reader［M］．John Wiley & Sons，2008：106－108.

❺ CARO R. Power broker：Robert Moses and the fall of New York［M］．New York：Vintage，1974.

❻ DAVID HARVEY. The ways of the world［M］．NY：Oxford University Press，2016：133.

❼ FRITZSCHE P. Reading Berlin 1900［M］．Harvard University Press，1996.

总之，制度、资本与社会行动共同形塑城市空间和日常生活空间的生产，追求城市空间自由的社会行动，“与社会的、物质实践的、制度和权力关系的世界保持着积极关系”❶；社会与空间相互作用、相互建构，构成空间生产的整个框架。

（五）空间研究的理论困境

目前，社会学以空间生产为突破口，尝试建构出时空统一的研究体系，这对社会研究具有极大的价值，但其依旧面临一些困境。

一方面，如何加强空间理论的现实应用价值。现有空间理论中很多是哲学性的表述，而且多为批判性的表述，对现实问题的研究和解决缺乏建设性的提议和分析。

另一方面，如何将中国制度结构和传统文化作为重要解释变量实证研究。目前，宏观视角（以政治经济学为代表）侧重研究人和经济资本要素对空间生产的作用，微观视角（以政治学、社会学、地理学为代表）侧重研究个体行动与社会网络对空间的改造，而列斐伏尔和苏贾等人的空间本体论主要针对后现代空间，形成“社会—历史—空间”的辩证法。❷ 这三个视角总体涵盖经济资本结构、社会行动者、社会网络这三种因素在空间生产中的作用，但是相关理论在中国化时，如果忽视中国特有的政治制度结构、社会结构和传统文化，将不可能得出科学合理的结论。

三、关于都市空间冲突

绪论部分对社区冲突的文献梳理已经指出，冲突研究缺乏空间维度的探讨。何雪松在梳理社会理论的空间转向时曾指出，经典社会理论不缺乏对空间的片段化阐述，但是缺乏一种系统、深入的探讨和理论建构。❸ 学界对社会冲突的研究也是如此，继新马克思主义学者列斐伏尔、苏贾和哈维等人之后，空

---

❶ DAVID HARVEY，BRAUN B. Justice，nature and the geography of difference ［M］. Oxford：Blackwell，1996：290.

❷ 王丰龙，刘云刚. 空间的生产研究综述与展望 ［J］. 人文地理，2011（2）：19－25，36.

❸ 何雪松. 社会理论的空间转向 ［J］. 社会，2006，26（2）：34－48.

间才逐渐成为新城市社会学派中都市冲突研究中的一个关键因素。

（一）空间冲突的理论梳理[1]

1. 起源

列斐伏尔是新城市社会学派研究空间生产与空间冲突的奠基人，他通过资本主义社会都市发展过程的研究，揭露出冲突的本质是交换价值对使用价值的碾压。列斐伏尔的论证是通过构建空间三元辩证法进行推演的，其中空间再现代表的秩序空间是以交换价值为主导的，而再现空间则是居民和使用者的空间，以使用价值为主导。在新资本主义的空间实践过程中，双方因价值对立而相互矛盾，进而生产出冲突空间。空间实践的过程即冲突生产的过程，是极具张力的场域。

2. 推演

之后，格雷戈里（Gregory）对列斐伏尔的理论进行了拓展。他直接将“再现空间”定义为“对抗空间”，这样便将再现空间与空间再现直接对立起来，凸显两个不同系统实践逻辑的差异，进而对国家和市场主导的抽象空间和日常生活中的具体空间进行冲突推演，明确提出空间生产中“支配—反抗”的冲突关系。但是列斐伏尔在《空间的生产》中也曾指出，空间再现与再现空间不能简单对立起来，因此格雷戈里的区分是否合适仍值得讨论。[2] 而苏贾的分析则试图超越“支配—被支配”“抽象—具体”的二元对立，构建出“第三空间”，将不同的对立元素放置在同一场域中，也就是说第三空间融合了各种社会关系与冲突。

3. 发展

哈维侧重于从资本主义经济发展的视角来剖析空间冲突，揭露出资本主义都市空间冲突的本质是“阶级冲突的空间化”[3]。詹明逊（Fredric Jameson）则将晚期资本主义空间变化定义为一种“后现代的超空间”，主张建构一种政治

---

[1] 杜培培. 城市过渡型社区非正规空间的生产机制与治理反思［J］. 学习与实践，2021（6）：34-45.

[2] 王志弘. 多重的辩证——列斐伏尔空间生产概念三元组演绎与引申［J］. 地理学报，2009（55）：1-24.

[3] 陈来仪，郑祥福. 对当代城市空间冲突的理性思考［J］. 浙江社会科学，2015（6）：76-81.

性的和抵抗性的空间再现来应对跨国资本时空中的冲突和困局。❶ 吉登斯的“脱域”其实也是对空间冲突产生根源进行分析的一种理论——脱域是一种地域关系的失联或断裂状态，其结果是产生信任危机与失控状态，也就是一种“控制—抵抗”的空间冲突状态。❷

（二）空间冲突的内涵及分类

空间冲突属于社会冲突的一种，是一种包含矛盾、竞争及失衡的社会空间关系。陈来仪和郑祥福的定义是比较具有代表性的——基于空间资源分配、关系变化、价值与意义变化、空间与人关系变化等产生的冲突过程。❸ 他们认为在全球城市发展过程中，空间冲突普遍存在于空间政治化、资本化、公共化、美学化以及多种利益、意识形态及权力争夺的过程中。中国的空间冲突主要包含四种类型，分别是空间容量冲突、空间性质冲突、空间功能冲突和空间发展冲突。其中，空间容量冲突是源于个体空间最低需求未达到而产生的，空间性质冲突基于个体需求的公共性和私密性间的矛盾，空间功能冲突源于如何使用空间产生的分歧，而空间发展冲突则是宏观城市规划、发展及出路等方面的意见冲突。

相比而言，周国华等对空间冲突的定义则更聚焦于资源利用方面，是一种较为狭义的定义——空间冲突是一种地理现象，源于空间资源的稀缺性和空间功能外溢性，是资源竞争与分配过程中的一种对立现象。❹ 其中，空间外溢包括资源环境、经济、知识信息、公共设施溢出等形式，均会影响周边地域功能，促使空间冲突产生。按照原因不同，他将空间冲突与矛盾分为四类，分别是空间经济冲突、空间生态冲突、空间社会冲突和空间复合冲突。空间冲突的动态演变可用“倒 U 形曲线模型”来分析，包括稳定和平、不稳定和平、公开冲突、危机、战争五个阶段。

---

❶ JAMESON F. Postmodernism, or the cultural logic of late capitalism [M]. London: Verso, 1991: 44.

❷ 吉登斯. 现代性的后果 [M]. 田禾, 译. 南京: 译林出版社, 2006: 17 -26.

❸ 陈来仪, 郑祥福. 对当代城市空间冲突的理性思考 [J]. 浙江社会科学, 2015 (6): 76 -81.

❹ 周国华, 彭佳捷. 空间冲突的演变特征及影响效应: 以长株潭城市群为例 [J]. 地理科学进展, 2012, 31 (6): 717 -723.

（三）空间冲突的缘由及负面效应

结合城市发展，新马克思主义者认为“空间资本化”是导致都市空间冲突的根源。资本与权力的结合推动“商业圈地运动”，使都市空间规划与建设成为追逐剩余价值的工具，而居住者所需的社会人文关怀、公共性、可持续性等因素并未被放在首要位置。周国华（2012）认为空间冲突的负面效应是无法完全控制的，具体包括空间资源失配（如快速城镇化带来的城乡空间比例失调、基础设施建设不平衡、资源价值流失等）、空间开发失序（空间一体化/同质化过程中出现的盲目开发引发空间布局问题和生态环境受损等）、生态系统失衡（如区域生态安全问题）和社会发展失稳（尤其是社会优势群体对弱势群体的空间利益和资源竞争，导致“断裂”的社会出现）等。

其中，对城市社会学等人文社科研究者而言，研究聚焦点在空间冲突的社会影响方面，爱德华·苏贾研究的居住空间正义缺失便是突出问题之一。按照新城市社会学和新马克思主义学派的观点，资产阶级“用交换价值导向的空间摧毁了使用价值导向的空间”，滋生了各种空间冲突与空间不正义。正如苏贾对洛杉矶的描述一般，西方很多现代都市都已陷入这种空间失衡危机之中：一方面，无家可归的人大量增加，洛杉矶穷人的“温床”（轮流睡觉的席子）是对资本主义剥削式发展赤裸裸的讽刺；另一方面，居住空间两极呈现分化现象。❶ 高春花指出这种现象和哈维对纽约上城和下城、巴黎左岸和右岸的批判具有相似性。❷

（四）现有研究缺陷

整体而言，目前国内外对空间冲突的分析间接体现在人文社科和自然学科的相关研究中，比如从政治经济学角度就“空间管制”的探讨，为空间冲突的形成机制提供借鉴，❸ 从社会学视角就“空间生产”进行分析，揭示出空间

---

❶ 苏贾．后现代地理学：重申批判社会理论中的空间［M］．王文斌，译．北京：商务印书馆，2004：292－321．

❷ 高春花．居住空间正义缺失的表现、原因及解决路径：以爱德华·苏贾为例［J］．伦理学研究，2015（1）：113－117．

❸ 姚华松．空间生产、管制与反管制：基于广州四社区“摩的”司机的实证分析［J］．开放时代，2012（8）：118－129．

斗争与冲突的表现形式，❶ 或者从生态、经济学的视角分析空间优化，为调控空间冲突提出建议等，❷ 但是关于对空间冲突系统的直接研究并不是很多。笔者认为可以从三个方面做出拓展。

（1）研究视角的转换。融合自然学科和人文社科研究方法和内容，建构跨学科的空间冲突研究方式。毕竟空间冲突不仅仅是自然性的人—地关系，更包含社会性的人—人关系、人—社会关系，关注的不仅仅是物理空间，还有社会空间层面的问题。

（2）研究内容的转换。一方面要建构系统的研究空间冲突的范式，包括内涵界定、特征及原因分析、逻辑挖掘、趋势推演等；另一方面应按照科赛冲突理论的范式对“空间冲突的功能”进行重新定义，具体包括积极和消极影响两方面。

（3）研究取向的转换。空间冲突研究的本质是建构和谐空间，而和谐空间并不意味着冲突的彻底消融，而是一种包容的视角，类似于列斐伏尔的差异空间或者苏贾的第三空间，也就是说要将空间冲突、空间权利、空间正义三者结合，探讨出建构正义空间的合理方式。

第二节 理论建构

本书围绕城市社区非正规空间或者违规空间展开，旨在结合政治社会学和新城市社会学的相关理论进行分析与拓展。

一、核心概念

社区空间冲突具体指在社区这一微观空间领域中，空间使用者、开发者、管理者等多元主体间因争夺空间（资源、利益、价值等）而产生的矛盾、纠纷

❶ 黄晓星. “上下分合轨迹”：社区空间的生产——关于南苑肿瘤医院的抗争故事［J］. 社会学研究，2012（1）：203－224，250.

❷ 郭秀锐，杨居荣，毛显强. 城市生态足迹计算与分析：以广州为例［J］. 地理研究，2003，22（5）：654－662.

及博弈行为与现象。社区空间冲突虽然属于一般意义上的社会冲突范畴，但其性质、特征和发展规律仍具有自身的特殊性。具体而言，对社区空间冲突的研究要把握四个要点：①定位于微观社区层面；②冲突主体不仅是具有差异性利益诉求的居民（权利空间主体——使用者），也包括相关权力空间主体（如政府管理者、市场投资方、开发商等）；③冲突表面是因物理空间争夺而生，实质是针对各自所需的交换价值和使用价值而展开，从而区别其他非空间性的社区冲突；④冲突主体间不仅有直接的对抗，也有相互的妥协或退让，社区空间冲突的本质是涉及政府、市场、居民等多方的互动行为，是权利空间主体间的争夺（个体间的私人冲突），也包括“权力—权利”空间主体双方的互动（“公—私”矛盾）。

对研究对象“非正规空间”，笔者进一步解释上述定义时提到“权力”与“权利”两个概念。①本研究借鉴列斐伏尔和哈维的新马克思主义观点，将地方政府以及与之相关的市场力量（如房产开发商）都放置于“权力空间”中，将其视为政治权力和经济权力的结合体，他们将城市和社区视为具有生产力的资本，通过规划、建设和管理来进行空间生产。其中，市场资本力量服从于政治权力的引导，其运行遵从资本的逻辑、重视经济利益和成本考量的交换价值积累。②社区居民重视的是社区空间的功能而非利益，也就是空间的使用价值（空间作为“物”的有用性或效用，即满足居民需要的一种属性），这是由居民的日常生活诉求决定的。笔者将这种诉求视为一种权利，因此将居民放置于“权利空间”中。而在权利空间中，空间主体又因为对空间的诉求、使用方式、占有方式不同，分为违规者和未违规者，他们因空间使用和改造产生分歧。③权力空间主体（行政管理部门和市场）作为城市空间生产的主导者，占据着“空间强者”的地位，他们的空间规划、建设和管理的行为因忽略了空间真正使用主体——居民对使用价值的诉求，从而导致空间交换价值与使用价值非均衡发展，进而引发社区空间非正规问题。

二、社区非正规空间研究的三个维度：空间—历史—社会

如前文所述，空间的生产不是一个自然的结果，反而，它诞生于特定的历

史过程中，是社会与实践的产物。❶ 因此，对我国城市转型社区非正规空间的社会学研究应该遵循“空间—历史—社会”这个逻辑，从三个维度同时展开（如图2-1）。

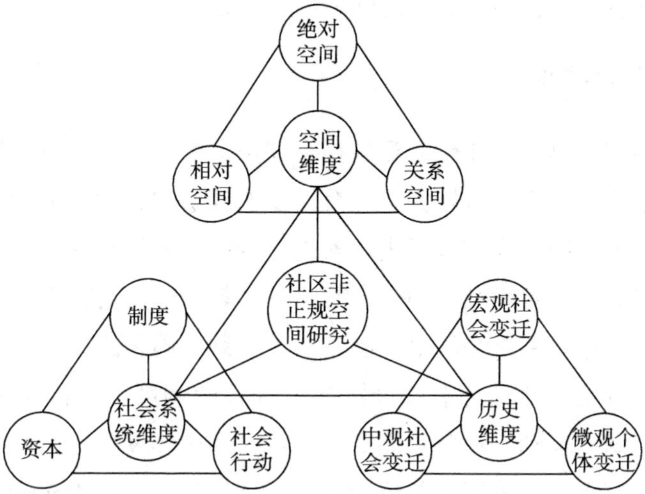

图2-1　社区非正规研究的“空间—历史—社会”维度

（一）空间维度

这一维度是从违建违占的空间属性出发，贯穿研究始终。非正规空间本质上是聚焦于“日常生活实践中对社区公共空间的违法侵占”；它不仅仅是“违法空间”，也同时像哈维所言，既是“绝对空间”“相对空间”，也是“关系空间”。首先，它的“绝对性”体现在违法建筑和空间违占的具体存在上，从违建住房到私建商铺、摊贩违占，都鲜活地存在着，违占的空间大小、手段、结果等均是具体的、可测量的。其次，它的“相对性”主要存在于“正规—非正规”“违建—拆违”这种传统的二元对立框架中，因为与正式制度话语的对立而具有一定政治意义。最后，它更是“关系性”的，因为非正规空间的产生不是自我生成的结果，体现了国家、市场和社会不同力量在微观社区层面的互动与作用。因此，需要将违占空间置于宏观的历史、制度、经济和社会背景

❶ 汪民安．空间生产的政治经济学［J］．国外理论动态，2006（1）：46-52．

下，同时结合微观社区层面居民日常生活实践，来对空间的内涵及生产逻辑进行考量。也就是说，对城市转型社区非正规空间的社会学解析要关注的核心议题是：社会转型与转型社区空间被非法占用的过程中，空间牵涉复杂的社会关系与实践，即空间、社会、历史之间的辩证关系。

（二）历史维度

虽然违建违占是一种比较常见的社会现象，但笔者在调研中发现，此类空间违规行为主要发生于带有转型与过渡性质的社区中，而此类社区的产生往往具有特殊的背景，因此要结合历史因素进行分析，具体见本研究第三章。单位社区的转型和拆迁再置房社区的生产都是社会转型的产物。宏观的社会变迁着眼于20世纪70年代末至今从单位制到后单位制、国企改制、房改、快速城镇化等不同历史背景下政治体制、经济制度和社会制度等不同层面所发生的变革，分析社会结构互动机理及它们如何对社区和个体发生作用。中观视角的研究以社区为研究单位，分析从单位社区到后单位社区、从农村传统社区到农转非拆迁再置房社区空间性质转型的过程中，转型社区的治理主体、治理模式、空间形态等都发生了哪些变化。微观视角分析居民不同时期生活模式、意识形态、行为模式等个体生活状态的变迁，具体涉及家庭、工作、休闲娱乐和社会交往等方方面面。总之，历史的维度是从历时性的过程入手，通过对转型社区（20世纪70年代末至2016年）空间问题的剖析与追溯，在个体变迁和社区变迁的勾勒中追寻宏观社会转型的足迹及其在微观和中观层面的缩影。

（三）社会系统维度

卡斯特尔（1972）和苏贾（1980）认为社会系统包括经济空间、制度空间和象征/符号空间三个层面（Castells，1983/1977）；王丰龙和刘云刚则认为象征/符号空间实质由经济和政治力量建构，而市民社会的日常社会行动应受到重视。[1] 因此，资本、制度、社会行动可以视为社会系统的主要构成，三者与空间相互构成、相互作用。正如前文对社区空间冲突定义中指出的那样，冲突的本质是权力空间主体与权利空间主体的矛盾，主要涉及地方政府、市场和

---

[1] 王丰龙，刘云刚．空间的生产研究综述与展望［J］．人文地理，2011（2）：19－25，36．

居民三方，笔者在第四章、第五章和第六章将结合具体案例阐述这些社区空间主体行动是如何导致非正规空间问题产生的。

三、社区非正规空间冲突的分析框架：权力空间—权利空间—空间冲突❶

借鉴列斐伏尔的三元辩证法，结合违建违占现象，建构出“权力空间—权利空间—空间冲突”的分析框架（如图2－2）。

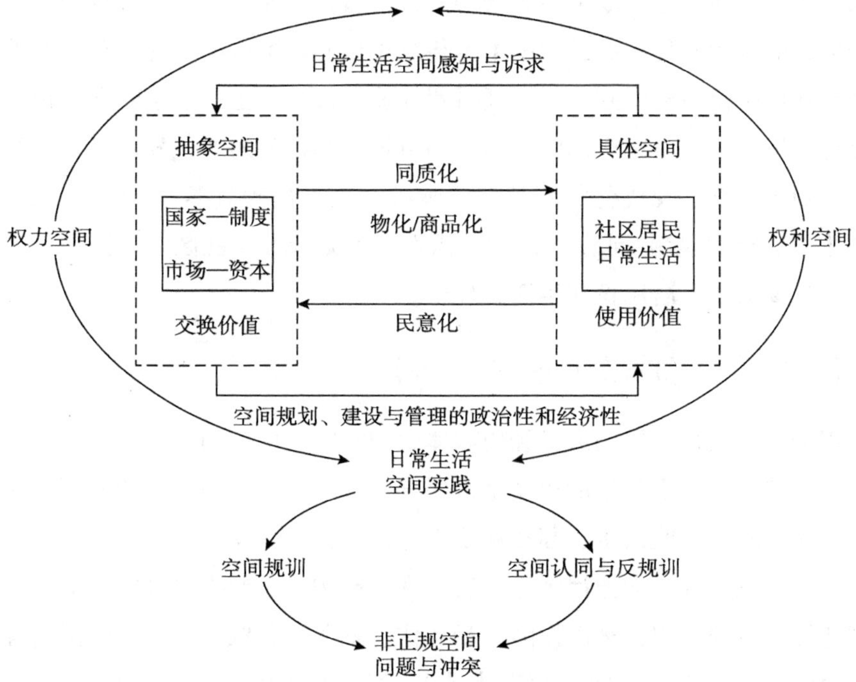

图2－2　城市社区非正规空间生产及其冲突的分析框架

（一）权力空间（space of power）

权力空间是抽象的、构想层面的空间，包含国家、地方政府、城管系统、

❶　杜培培．城市过渡型社区非正规空间的生产机制与治理反思［J］．学习与实践，2021（6）：34－45.

住建委系统、街道、社居委等政府力量和开发商、物业公司等市场力量，是以社会主义空间正义为导向的政治权力与市场经济权力的共构场域。一方面，在我国，制度代表国家权力在空间生产中起主导作用，并对市场及社会行动力量进行制度化宏观引导与调适。改革之前，我国属于总体性社会结构，政府代表的国家力量对城市空间规划和资源分配有着严格而全面的控制。[1] 随着社会主义市场经济体制的建立，单位制逐渐被社区制取代，城市基层社会空间管理体制的变迁呈现“放权”的趋势，由地方政府在党中央领导下进行城乡空间规划与发展等权力实践。另一方面，资本代表市场经济权力力量对社会空间进行形构，其主要强调经济成本与利润等交换价值。改革后，市场经济的发展推动社会资源的流动和住房商品化改革，传统单位制逐渐解体。随着现代企业制度的完善和城镇化浪潮的到来，拆迁再置加速了传统乡土社会空间和城市老城区的重构；地方政府、房产部门等通过项目招投标授权房产开发商联合进行城市空间规划与开发，现代化的商品房门禁社区大量出现（这些相似的社区即学界描述的“空间复制/同质”）；物业代表市场力量参与社区空间治理，市场资本的力量逐渐嵌入居民日常生活管理中。

（二）权利空间（space of rights）

权利空间是社区居民亲身经历和体验的实际使用空间，其中公共空间的使用价值、差异化诉求和生活权益是重要宣称。这一空间使用者的权利是一种诉求综合体，既与列斐伏尔、苏贾和哈维等人所言的基于空间正义和平等的城市权利相似，也是亲历本土社区生活后的现实产物，主要指对日常生活公共空间的创造性改造和使用，进而保障自身居住、就业及获取丰富社区生活资源的权利。因此，这一权利空间的存在本质是“以己为中心”的群体化诉求体现，经历相似社区遭遇、具有相似空间诉求的居民形成一种新的非正规化认同。这一认同正如曼纽尔·卡斯特尔的描述：经验、历史和生活意义为社会行动者提供某种集体认同建构的土壤，而这种认同可以是合法性认同、反抗性认同或计

---

[1] 孙立平，王汉生，王思斌，等. 改革以来中国社会结构的变迁［J］. 中国社会科学，1994（2）：47－62.

划性认同。❶ 空间非正规化行动的出现即权利空间认同的空间表征形式。

（三）空间冲突（spatial conflict）

冲突空间是日常生活实践与行政、市场权力主体相互交织、共同作用的实践场域。一方面，社区居民试图从公共空间改造与占用中创造新的希望空间、以满足差异化生活诉求；另一方面，这种能动性地建构是超脱正式规章制度框架的，因此往往被视为一种“空间失序”现象，被定义为一种“违法侵占公共空间”的行为，进而受到行政性权力管控约束。在正规管控与非正规行动之间，便生产出“权利空间的逻辑”与“权力空间逻辑”的辩论与纠缠。社区空间的日常生活属性与行政管理属性交织在一起，空间边界在正规/非正规的矛盾与辩论中不断改变。如何进行社区非正规空间治理则成为解决空间冲突问题的核心议题。

总之，“权力—权利”空间体现一种矛盾辩证的关系状态，凸显日常生活实践空间建构的张力：空间实践彰显正规与非正规之间的矛盾与互动，凸显了城管与居委会等空间管控实践与居民空间权利诉求的张力。

---

❶ 曼纽尔·卡斯特尔. 认同的力量［M］. 夏铸九，黄丽玲，等 译. 北京：社会科学文献出版社，2003.

第三章

案例入场：国家权力空间化与社区样态

案例涉及的J社区和H社区均不是自然形成的“自然社区”，而是在城市化、社会体制改革、市场经济建设等政治经济力量作用下，由传统单位大院和农村社区演变而来，是国家权力宏观实践推动产生的、充满政治性和经济性的微观社区空间，属于“转型社区”。本章将两个社区的变迁与“国家权力的空间化”联系在一起，挖掘推动社区变迁的权力机制，归纳社区变迁后的社会样态，并总结出在社区生活政治场域中基层政府应对转型社区的姿态和基调。本章第一节和第二节主要解决“案例出场”的问题，第三节是一个“承上启下”连接点，为后文基层政府处理社区违建违占现象呈现的情理逻辑提供基础。

第一节　历史视角：国家权力主导的社区变迁

一、案例社区原貌

这一部分主要关注变迁前的传统社区空间。

（一）混居式单位社区

案例中J社区最初主体构成是建于20世纪80年代的单位房，主要隶属于原X区政府[1]、省总工会、科设厂和起重机厂等单位，是一个混居式单位社区（我们将其称为“老J社区”，位于主城区西北部的老城区，地处R路中部，北起J路，南至J_1巷，东依J_2路，西邻R路）。总体性社会[2]时期，城市居民以职工的身份获得国家分配的单位住房，国家通过工作、生活一体化的资源分配形式实现对工作空间、社会空间和居住空间及空间行动者的整合和管理，借助于“单位办社会”的手段实现了“社区单位化”与“单位社区化”的统一。虽然老J社区建于“破旧立新”的单位制改革初期，即单位制解体末期或“去单位化”[3]时期，但在N市“房改”前，这些老单位片区的管理和生活仍然呈现出较强的单位制色彩。

1. 居住空间单位化

首先，居住空间呈现单位属性如图3-1。区政府、省总工会、科设厂和起重机厂等单位的干部、技术人员，有的是从安徽、上海等全国各地调动过来的，工人也是来自不同的地方。为了解决他们的住宿问题，N市城市规划局批复同意将J社区所在地划拨给他们建房。这些老单位房都是六层无电梯建筑，其中区政府和总工会所建职工住房同处一个区域，而市属科设厂和起重机械厂向职工提供的宿舍则不同。科设厂宿舍位于J_1巷菜市场旁边，起重机械厂则在R路边建设起单独公房，作为单身宿舍分配给职工居住。其次，留在单位大院中间的空地便成为集体的自留菜园，J_1巷的菜市场是区政府委托R街道建设的，是附近的J社区、T社区等居民共用小型农贸市场。由于开发单位多元，土地使用权的分散使社区空间规划呈现明显的异质性，包括目标住户、共用设施与区域、物业管理等大有不同。尤其是住房设计，除了起重机厂是没有围墙的独立楼栋，其余建房每个单元楼外都有围墙和大门。而且区政府和总工会单位大院内部设计更加复杂：L型楼房，反方向组成的院子内部有一个联通四周的天桥，用以晾晒、高空观赏等。

---

[1] 2013年N市X区与G区合并成为新的G区，2013年之前J社区属于原X区。

[2] 孙立平等将改革前的中国社会定义为“总体性社会”，强调国家对重要资源的垄断和总体性控制与安排。参见孙立平，王汉生，王思斌，等．改革以来中国社会结构的变迁［J］．中国社会科学，1994（2）：47-62.

[3] “去单位化”是指从1978年改革开放至2010年“十一五规划”结束这段时期。柴彦威，刘天宝，塔娜，等．中国城市单位制研究的一个新框架［J］．人文地理，2013（4）：1-6.

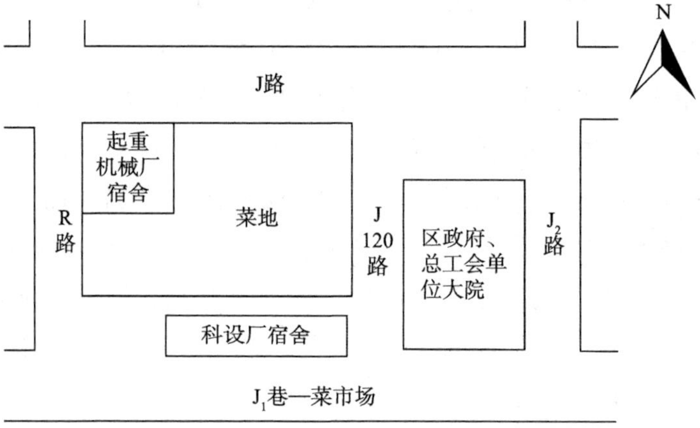

图 3-1 最初的 J 社区空间构成

2. 物业管理单位化

这类总体性社区[1]的另一个特征是物业管理的单位化。如图 3-1 所示，单位房建成初期，J 社区大致可分为三个相对独立的空间，分别由所属单位安排物业进行自我管理，各自建立一套运行体制负责相关职工及家属的居住空间，包括门卫、治安、环卫、住房管理等（其中，科设厂由于经营效益差，基本已放弃对部分住房的管理）。这种单位物业和后单位时期的市场物业有很大不同：是因职工及其家属身份而免费享受到的单位内部公共服务性福利；这种准公共产品性质的物业服务供给是集体性的、无业主监督的。

3. 社区认同单位化

社区单位化体制背景下的 J 社区具有深刻的单位共同体属性。正如李汉林(2007)[2] 所言，单位将体制内的人（城市居民）安置在与工作单位密切相关的社会空间和居住空间中，体制的力量无形中内化进居民的价值观念、生活习惯、交往方式中。改制前，J 社区内部以单位为中心形成四个彼此独立的共同体；每个共同体在所属单位的统领下，形成涂尔干笔下的“机械团结”[3]。比

[1] 总体性社区，指诞生于总体性社会时期、具有单位制特征的单位社区。

[2] 李汉林. 转型社会中的整合与控制：关于中国单位制度变迁的思考［J］. 吉林大学社会科学学报，2007（4）：46-55.

[3] “机械团结”指人们基于相似或共同的经验、规范与行为模式建立共同体，并受这种集体意识的支配。参见涂尔干. 社会分工论［M］. 渠东，译，北京：生活·读书·新知三联书店，2004：33.

如，不同的单位过节福利、工作制度、休假安排等自成体系，节庆假日的庆祝活动也有所不同。

（二）传统的村居社区

拆迁再置房H社区的住户主要来源于N市G区西部（原X区）的四个相邻村落S1村、J村、S路村、S2村（距离H社区3~5千米的城乡接合部区域）。与J社区单位统属性质不同，传统村居生活是村民自治性的，居住空间、治理空间和社区认同都有自己特有的属性。

1. 公私分明的空间界限

与J社区公私混合的单位社区空间不同，村居的土地边界是公私分明的。村民在自家宅基地上建房，耕地由村集体按人头划分。有纠纷时，村委会有能力成为一个进行公正定夺的权威代表。因此，村落的物理空间管理往往是明晰的、不混乱的。林阿姨给我讲了她自己的故事：

> 拆迁前，我家在村里有几亩地。通常农家田与田之间又会有明显的地界，我们俗称“田埂子”，它是集体土地划分的标志。我记得有一年，地界因下雨什么的搞得不清楚，我们没在意。可是偏巧那一年是邻地家年轻后生播的种子，他不清楚也不问，竟然多种了好几行。我们找他理论，他偏不相信。后来找来村委和小组长，重新丈量，证明的确是他多占了。后来年轻人就道歉了，我们重新把地打理了一下，这件事就解决了。（访谈编号：CHP05）

2. 自治取向的“精英—民众”共治空间

如果说“单位人”有强烈的单位依赖印记，那么村居治理则体现较强的自治属性。拆迁前的传统乡土村落社区是缺少流动性的，村治精英（村委会）由民选而来，代表村集体对乡村事务进行处理，在一定意义上是村落管理的政治中心[1]。村委会的建立遵循属地原则，是一种熟人管理模式[2]。公共事务的处理和决策的制定往往基于多数人意见，一般也不会忽视边缘群体的利益。精

---

[1] 吕永成．善治取向下的村域公共治理模式研究：以中牟县村域公共治理模式为表述对象［D］．武汉：华中师范大学，2009.

[2] 王圣诵．“城中村”土地开发、“村改居”和社区民主治理中的农民权益保护研究［J］．法学论坛，2010（6）：100－105.

英群体的威信来自他们日常的行为模式和执政方式，如果不符合平民空间的内核要求，会逐渐失去村民集体的支持，最终失去权威基础和代理职位。李伯伯在访谈中向笔者讲述了曾经发生在自己村落（S2 村）的故事：

S2 村还在时，我们家属于第二小组。原来小组长也姓李，李在我们村是大姓，不过他辈分比较高。他比我年长几岁，但按辈分我得叫叔。李叔很有公德心、有威信，当了十几年小组长，退了之后新的村委班子时不时还会找他商量组里的事，新的小组长也很尊敬他，村民家里有什么解决不了的问题也会找他帮忙。他这个人很热心，办法也很多，帮我们这边的困难户、残疾人申请低保、救助，甚至帮他们自谋生路。（访谈编号：CHP04）

3.“自己人”的社区共同体

与单位制塑造的机械团结不同，村居生活滋生了一种有机团结。在调研中发现，居民在回忆村居生活时，对自己家庭以外人的称呼一般不是按照地理位置标识的，而是依据远近亲属按资排辈。比如，邻居不叫“左邻右舍”，而是“左邻李大伯”“村东边的王二姨”“三队的张干娘”等。其实，这些人不一定与自己有直接亲属关系，但是源于地缘、血缘、共同语言等渐渐拉近彼此的关系，形成一张巨大的人情网络，在这里面的都是“自己人”，是值得信任的。这便是费孝通先生描述的基于差序格局的熟人社会，更贴近滕尼斯所谓的“共同体”❶——具有相似（同）价值观念的同质群体组成关系亲近、守望相助、人情味十足的社区共同体，他们相知相生、休戚与共、甘苦共存。杨宜音指出“自己人”❷这种身份定位塑造了一个巨大的有机团结的共同体格局，为社区认同的形成和稳定打下稳固的基础。

二、案例社区的转型

（一）总体性社区的解组：从单位到社区

随着社会主义市场经济体制改革不断深化，住房商品化、国企改制、城镇

---

❶ 斐迪南·滕尼斯．共同体与社会［M］．林荣远，译，北京：商务印书馆，1999：53.
❷ 杨宜音．“自己人”：信任建构过程的个案研究［J］．社会学研究，1999（2）：40－54.

化等变革力量不断推动社会各方面剧烈转型，驻区单位对社会的统管逐渐弱化、对单位社区的社会职能也不断削减。柴彦威等学者指出这种“去单位化”的本质是“去政治化”的过程❶。处于国家政治体制改革推动下的市场改革浪潮中，J社区的单位房片区也是如此，经历了从单位到社区和社区扩张两个相互交叉的转型阶段，彻底地被市场化力量征服、脱下了总体性社区的外衣（见表3－1）。

表3－1　J社区大事年表

年代	背景	重要事件
20世纪80年代初	单位社区化	三大单位片区形成
20世纪80年代中期	单位制解体	区政府撤出单位家属院管理
20世纪90年代中期	旧城更新	增设回迁片区
20世纪90年代末	国企改制	科设厂破产，单位房片区被“弃管”
		起重机械厂撤出部分单位家属院管理
	房改房	总工会撤出单位家属院管理
	城市化	增加拆迁再置房片区
2004年	国企改制	起重机械厂迁出原X区，撤出单位家属院管理

资料来源：笔者调研后整理。

（1）第一阶段：去单位化。单位撤出社区管理是由三种力量推动的：街居制改革、国企改制及住房商品化。如表3－1所示，最早受街居制变革影响的是区政府单位房。20世纪80年代中期区政府最早撤出社区管理，转交R街道和居委会接管。随着市场化竞争体制的确立，科设厂由于经营效益差，无暇顾及自建房区域管理，这种半弃管状态持续至20世纪90年代末，科设厂破产，单位房片区彻底沦为弃管区域。在国企改制浪潮下，起重机械厂虽然没有破产，但部分公房被转移给其他企业作资产抵押（但并没有进行产权过户，使这个楼成为“两不管”）；直到2004年该厂从X区搬迁至J区，完全撤出对家属院的管理（访谈编号：CHP07）。在房改背景下，总工会的职工通过市场化方式获得了房屋所有权，也意味着工会统管社区时代的结束。此外，区政

❶　“去单位化”是指从1978年改革开放至2010年“十一五规划”结束这段时期。柴彦威，刘天宝，塔娜，等．中国城市单位制研究的一个新框架［J］．人文地理，2013（4）：1－6．

府、科设厂和起重机械厂也在住房商品化改制过程中相继将产权转移给了职工住户。随着单位制解体和社区转型，职工的命运沉浮和居民的生活都发生波动，“单位大世界”和“大院小世界”之间的认同逐渐离散，社区认同也随之弱化。

第二阶段：社区扩张。从J社区大事年表可以看出，J社区在20世纪90年代经历过两次空间扩张，分别是90年代中期老城更新背景下的回迁房区域建设和90年代末城市化背景下拆迁再置社区建设。据回迁户孟先生回忆：

> 我们原本就是R街道的居民，90年代末区政府开始搞区域更新，拆迁后我们作为回迁户搬到了J社区。（访谈编号：LJP01）

而J社区的拆迁再置房片区居民主要来自临江的城乡接合部，拆迁的原因主要是城镇化扩张和道路修建。

目前，据居委会提供资料显示，J社区地域面积约0.32平方千米（如图3－2所示），该社区共有楼房60余栋，户籍数2137户，户籍人口5848人；常住户3050户，常住人口7385人，其中流动人口913人，60岁以上老人1636人，低保户67户。和最初建成的J社区相比，变迁后的社区房屋产权具有混合性，房屋属性复杂，包括回迁房、单位房和拆迁安置房三个片区。居民结构多元化，生活背景、知识结构、行为习惯、消费习惯和自身素质参差不齐。从20世纪80年代至今，有近40年历史的J社区已经蜕变为一个彻底的老旧小区，单位统管的辉煌仅仅成为老一代人的记忆。

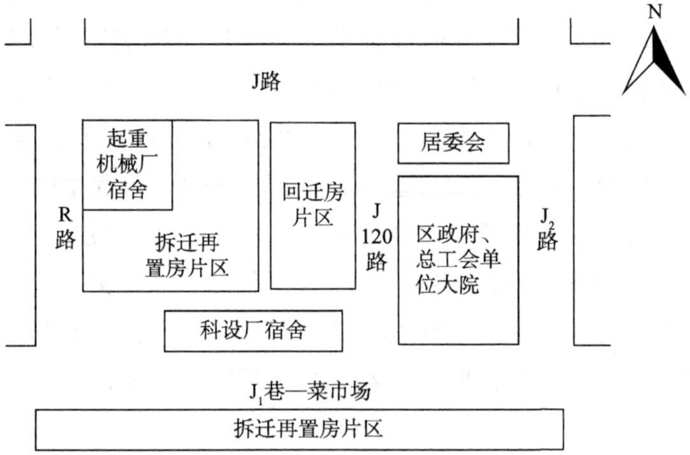

图3－2 变迁后的J社区空间构成

（二）传统村居的解体：从乡村到城市

N 市位于长三角区域，是快速城镇化发展的典型代表。2005 年，N 市的整体城镇化率已高达 76.24%[1]。在此背景下，S1 村、J 村、S 路村、S2 村发生了巨大的变化：传统的村居相继瓦解，拆迁群体面临着空间变迁带来的身份转型与适应问题。总体而言，H 社区共 43 栋安置房，配套学校有一个中学和一个幼儿园（如图 3－3 所示）。2005 年 9 月建成时，有 1956 户拆迁户入住（约 7000 人，来源人口构成详见表 3－2），占地面积约 9.7 平方千米。此外，H 社区还有部分租客。

表 3－2 H 社区拆迁户人口构成

来源人口	S1 村	J 村	S 路村	S2 村
百分比（%）	80	7	5	6

资料来源：笔者调查数据。

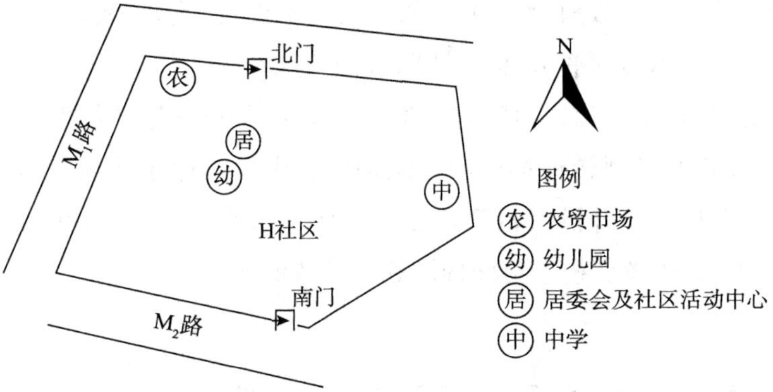

图 3－3 最初的 H 社区空间构成

2003 年，X 区政府以扩路名义将长江大桥边附近 S 路 96 户村民统一安置于 S1 村的临时保障房（后来扩路变为建宾馆，市政工程变为非市政工程，但补偿条款并未作出调整）。2004 年四个村落因临江道路扩建和开发区建设而集体拆迁，这些市政工程的开发与建设是为 N 市整体新城建设和快速城市化进

---

[1] 朱晓明，樊燕超．江苏统计年鉴（2011）［M］．北京：中国统计出版社，2011．

程服务的。政府以城市发展打造的“快速城市化”时代，对居民而言是“快速拆迁化”时代。

对H社区居民而言，快速城市化瓦解了原有的传统乡土空间，将他们带入一个新的城市再置空间。然而在“乡村—城市”的社会空间转型中，他们虽然享受到现代化的便捷，但同时也不得不承受客观上空间利益分配的不公平。区政府2004年与拆迁群体协商进行货币补偿，并成立自己的房地产公司，代表区政府进行拆迁及后续工作。按照市政府的拆迁保障单价标准与拆迁区位划分级别，这四个拆迁区都属于二级区域，拆迁保障单价为3600元/平方米。但调研中受访居民表示他们实得补偿款是2200～2640元/平方米，而2004年N市商品房的均价是4115元/平方米；居民认为村委会与区地产开发公司可能存在压价，影响了拆迁户的应有利益。

区政府迫于压力，动用结构性资源将H社区分配给拆迁户。H社区原本为经济适用房，区政府却将这个社区变为“保障房”、并以2100～2600元/平方米的价格出售给拆迁户。将经济适用房变为安置房，看似是灵活的、人性的政策，但是掩盖了区政府“寻租”的本质：不仅省去多项税费，而且经济适用房均价是1700元/平方米，居民在购置时也要与区地产商“讨价还价”——强者价低、弱者价高。有434户居民因不满房源并未搬入，按规定应获得2万元/户的房源转让补偿款，但是调研中发现由于政策和信息不透明、不对称，部分拆迁户并没有得到这部分款项。此外，某村委趁机低价购买12套闲置房源，以安置劳模、特殊群体等，但结果不明。

三、国家权力主导的社区变迁机制

正如波兰尼在《大转型：我们时代的政治经济起源》中对国家政权与市场资本结合的描述，市场体系在快速发展的过程中，不断吞没时间和空间；而伴随市场不断扩张的是一双无法摆脱的无形之手，这两种力量共同支配现代社会的前进。[1] 我们从J社区和H社区的变迁过程也可以看出，社区的变迁不是

[1] 卡尔·波兰尼. 大转型：我们时代的政治经济起源［M］. 冯钢，刘阳，译. 杭州：浙江人民出版社，2007：112.

自然而然的，背后是国家权力主导的变迁机制，是政治和经济力量共同推动的结果。具体而言，这些变迁机制主要包括国企改制、住房商品化以及旧城更新与城镇化。

(一) 国企改制：单位制解体的推动力

虽然改革开放后我国开始推行街居制，但是对于20世纪80年代建设的J社区而言，单位的影响还是根深蒂固的。因此，对其单位制的解体与深化要结合统管单位的改制历程来研究。

“出了挹江门，就是下关人。”现在辉煌不再的原X区也曾有一段引以为豪的回忆，尤其是各大国有企业、市属企业和区属企业曾经是该地区强有力的发展支撑，如原X区电厂、港务局、长江金陵造船厂等。J社区所处地带，有造漆厂、印刷铁制管厂、螺丝钉厂等。其中，起重机械厂（市属）和科设厂（区属）是J社区的主要依托单位。科设厂主要生产小型机械设备和辅助零件。起重机械厂是生产物料搬运设备厂，从事起重机械、物料输送系统、吊篮等产品的制造、销售、安装、维修、产品改造、技术服务等。20世纪90年代前，国内一般把国有企业和集体所有制企业统称为公有制企业❶。90年代起中央针对国有企业实行“抓大放小”、规范破产、鼓励兼并、促进资产重组等政策，对原公有制企业的改制浪潮悄然兴起❷。在这股中央主导的资本运作秩序下，科设厂和起重机械厂也迈向市场化和民营化。

先说科设厂。科设厂延续了传统的总体性绩效制度，这个制度与单位制的运行密切相关，而且曾在“一五”期间使许多国企出现过高绩效❸，但并不适合处于单位制末期的科设厂发展。一方面，科设厂并没有把效率作为发展的首要目标，具体表现在用人标准选拔的红色背景上，此外，人情与人脉也是重要的选人因素，因此十分不利于专业技术队伍的建设；另一方面，单位功能过于分化，单位办社会思想严重，对人员控制和组织福利的过于强化制约了市场化经营，不利于绩效目标的实现；而且，单位职工对企业依赖心理严重，有明显

---

❶ 左大培．不许再卖——揭穿企业“改制”的神话［M］．北京：中国财政经济出版社，2006.

❷ 城镇企业下岗职工再就业状况调查课题组．困境与出路——关于我国城镇企业下岗职工再就业状况调查［J］．社会学研究，1997（6）：26-36.

❸ 李富春．关于发展国民经济的第一个五年计划的报告［J］．经济研究，1955（3）：1-58.

的“吃大锅饭”现象[1]。这些因素最终导致科设厂企业性质的丧失、盈利能力不足和体制激励失灵，严重制约了这个小型单位的经营动力。在市场经济体制下，这种现象的后果是严重的：单位内部无竞争和无压力，渐渐培养出一批无职业压力之忧和无竞争上岗之虑的员工队伍[2]。从20世纪80年代末，科设厂开始探索企业经营机制的转换路径和自主性改革模式，但是并未能从根本上摆脱总体性绩效衰落的困境。绩效迅速下降，最终导致科设厂在20世纪90年代末宣告破产。破产后，结合房改房的背景，单位住房产权以市场化方式过渡给个人，同时也意味着大批下岗职工的产生和单位住宅“被弃管”。

起重机械厂由于是市属单位，情况则不同。市场改制初期便开始不断探索企业改制之路。为了保证企业在优胜劣汰的市场化竞争体制中生存下来、并生存好，起重机械厂不断提升自我适应市场的能力，采用“绩效主义的经济绩效”，即从上往下全面推行绩效考核制，力求摆脱旧的福利共同体、建立一种新的有生命力的福利单位。这种大刀阔斧的改革以单位体制消解为背景，是“放开膀子”“甩包袱”的摸索，逐渐改变了“单位人”传统的懒汉思维和平均主义观念，并且摒弃了用人体制上人情关系主义的套路[3]。通过不断地“换血”和目标激励，起重机械厂在市场竞争中生存了下来。继《中共中央关于完善社会主义市场经济体制若干问题的决定》颁布后，为响应“建立健全现代产权制度”的号召，起重机械厂彻底进行转型，由市属国企改为民营企业，成为一家集科、工、贸于一体的股份制公司，并搬离原X区。如前文所讲，与起重机械厂的改制和搬离同步进行的，是单位房商品化、单位物业管理撤出及职工下岗问题。

（二）房改房：住房商品化的推动力

单位体制的住房供应制度依赖国家行政手段对城市土地的无偿划拨，是一种公有性质的住房福利政策，导致土地空间利用率低下和国家住房建设资金短缺；这种排斥市场机制的制度不仅偏离资源优化配置轨道，也同时诱发城镇住

---

[1] 李猛，周飞舟，李康．单位：制度化组织的内部机制［J］．中国社会科学季刊，1996（16）．

[2] 路风．单位：一种特殊的社会组织形式［J］．中国社会科学，1989（1）：72－89．

[3] 田毅鹏，汤道化．转型期单位内部个人与组织关系的变迁及其影响［J］．吉林大学社会科学学报，2012（6）：5－12．

宅供求矛盾、损害其他社会成员的需求❶。20 世纪 90 年代末，我国开始探索城镇住房制度改革，传统的单位大院向商品房转变：1994 年，国务院提出“房改房”的概念；1998 年停止公房分配，建立房改新体制；1999 年，建设部对个人购买公房和产权个体化提出新的鼓励政策。在中央政府自上而下的改革推动下，单位隔离式治理模式逐步解体，居民脱离隶属老单位的社会单元，城市社区自主性开始萌发，单位社区向“后单位社区”转型。

住房制度改革后，市场化资源配置取代了住房福利化供应模式。❷ 房改对于 J 社区的改造意义是很巨大的，一方面是终结了单位制在社区的影响，使其进入住房商品化和物业社会化时代；另一方面是推动单位社区建立了完整的社区制，将其建构成国家治理的基层单元。单位撤出社区管理后，传统的单位大院变成市场主导的商品小区。房改彻底打破了按身份（级别、职位）和需求分配公房的体制，将住房所有权以市场化方式转给职工。住房私有化引起了居住者的流动性，房屋买卖和租赁导致人口结构异质化加剧。工会退休职工李大爷说：

> 我们这里原来是工会的房子，30 多年了，房屋已经老化，一部分人已经把房子卖了，还有很多出租给个体的。像我这样的“单位老人”，曾经下过乡、插过队、去过新疆和内蒙古支边，我们这一批人聚聚散散、现在已经不多了。我通过 QQ 群（支边群和插队群），经常和街对面 T 社区的“驴（旅）友”一起搞活动。（访谈编号：LJP04）

（三）城市更新与扩张：拆迁再置社区兴起的助推器

随着 20 世纪 90 年代起改革深入，在社会主义市场经济推动下，中央下放更多的权力给地方政府，这意味着地方政府将承担起更多城市发展的经济任务和政治任务。在这一背景下，地方政治精英和体制外经济精英形成一种新型的

---

❶ 马学广．“单位制”城市空间的社会生产研究［J］．经济地理，2010（9）：50－55.

❷ 有学者将这种商业化的城市住房建设称为“城市企业主义治理模式”。马学广．“单位制”城市空间的社会生产研究［J］．经济地理，2010（9）：50－55.

联盟，旨在维护稳定的社会发展、推动城市空间发展和利益再造❶。就城市空间增长战略而言，老城更新和城市化扩张都是地方政府主导的政企联盟的结果，而高楼叠起的门禁社区和同质化拆迁再置社区的出现，就是这种联盟式城市发展的产物。具体而言，城市更新与扩张是建立在土地征收制度改革基础上、由地方政府主导的，是权力空间化在宏观层面和中观层面操作和实践的产物。

1. 土地征收制度变革：国家意志的制度化

在城市更新与快速城镇化过程中，国家治理策略主要体现在农村集体土地制度、土地征用制度及拆迁安置政策的制定、执行与文本解释过程中。城市新建区和农村拆迁区处于政府、规划师、房产局、住建委、地产开发商等不同政府力量和市场资本力量的话语空间中，土地征收制度是“政治—经济”权力主体借助文本化方式构建的制度空间。因此，这个空间体现权力的制度化(宏观层面)。宪法规定农村集体土地不得随意买卖。农村拆迁城建中，土地因何被征用、如何市场化等均具有较强的政策意图。

首先，我们先探析下国家意志如何在乡村空间中发生作用，它是如何通过变革土地征收制度来实现权力制度化的❷。

(1) 土地征用制度初步形成阶段。“土地征用”概念最早出现在 1950 年中央为满足铁路建设需求而颁布的《铁路留用土地办法》中。随着国家建设用地需求增强，中央人民政府于 1953 年颁布了第一部比较完整的土地征用法规——《政务院关于国家建设征用土地办法》。该办法明确指出国家征用土地是为了满足国防工程、厂矿、交通水利、市政等其他经济、文化建设的现实需要，必须尽量保证建设用地的提供。但是同时也要保障当地人民正常的生活和生产水平、妥善安置，从原则上按公平合理的利益补偿原则提供迁移补助费，并补偿被征土地、房屋及其附着作物。1954 年的《中华人民共和国宪法》第十三条同样明确指出，将“基于公共利益、征用城乡土地的国家行为”合法化。1957 年，国务院修正了 1953 年的《国家建设征用土地办法》。从 1950 年

---

❶ 中国战略与管理研究会社会结构转型课题组. 中国社会结构转型的中近期趋势与隐患［J］. 战略与管理，1998（5）：1－17.

❷ 李志明. 空间、权力与反抗：城中村违法建设的空间政治解析［M］. 南京：东南大学出版社，2009.

到1957年土地征收初步立法阶段，农民的私有土地是主要征收对象（尚未全面实现农业集体化）；这一时期特别强调公平合理的征收和补偿原则，并未突出国家的强制性，原则上规定必须充分保障群众的利益、尊重群众；值得注意的是，为满足新中国成立初期大力发展建设事业的需求，这一时期对建设用地申请及征地补偿的政策审批比较宽松。

（2）土地征用制度的修正与改革：国家强制力初现。为了克服建国初期社会主义建设用地严重浪费，1956年国务院对武汉、长沙、北京、杭州、成都和河北五市一省部分地区的征地及浪费现象进行了统计说明。同年3月份，全国人大通过了《农业生产合作社示范章程》，全国开始推行农业生产合作社运动，将所有私有土地集体化。随着形势的发展，1958年人大批准国务院推行《国家建设征用土地办法》修订案。该修订案着重强调“节约用地，克服土地浪费现象”。同时，降低征地补偿标准，甚至在一些情况下不发放补偿费给合作社或个人（冯昌中，2001）。在这一时期，国家严格限制征地审批，严格查处用地浪费现象。比如，将N市1961年上半年土地征用情况进行查处，退还6700亩耕地给农民（鹿心社，2002）。大体上，这一时期国家实行“以农补工”战略，国家意志的强制性开始显现，比如降低征地补偿标准、严格实行失地农民“就地农业安置”等政策。

（3）土地征用制度的完善阶段：国家强制力凸显。“文革”结束后，我国重新重视征地的法制化和规范化问题。1982年国务院颁布《国家建设征用土地办法》，不仅将土地使用权、补偿费、农业剩余劳动力安置等作出明确规定与说明，同时凸显国家强制力，比如“干部和群众必须服从国家建设征地需求、不得阻挠或妨碍”。1982年《宪法》第十条将“以公益为目的的国家征地行为合法化”，同时严禁“任何组织或个人侵占、买卖或转让土地”。然而，值得注意的是，该《宪法》并未对征地补偿条款作出说明，充分体现国家行为的强制性。直至2004年《宪法》修订案中增加了相关补偿条款。虽然1998年的《土地管理法》较之以往提高征地补偿标准，但是计划经济体制的倍数补偿法仍不能维持农民原有生活水平。

接着，我们回到J社区和H社区拆迁再置房的现实中。这两个案例都处于土地征用制度发展的第三个阶段，土地的征用是强制的。国家征用土地时，《土地管理法实施条例》（1998）和《N市城市房屋拆迁管理方法》（2003）

都规定："征地补偿安置争议不影响征用土地方案的实施。"这一文本赋予地方政府绝对权威，使其在将农民集体所有土地变为国有土地的过程中，处于强者地位，被征地拆迁农民没有话语权（商议或谈判）。国家权力借助农村集体土地制度和土地征用制度在J社区和H社区，控制土地和人口的流动。总之，土地是国家管理社会的一个工具性空间。

面对未知的恐惧和不安，部分居民是不愿意改变现状的，然而国家权力的强制性导致"农民集体土地所有权"对于农民个体而言仅仅是象征性的。简言之，除了政策安排，个人无权买卖、转让或随意处置土地。"农民集体"这个概念是模糊的，土地的所有人对产权的掌控其实是名义上的❶。而且，在动迁过程中，拆迁户经常受到相关拆迁人员的"软威胁"。H社区的居民金先生回忆说：

> 我们祖祖辈辈都在那里住，忽然有一天告诉我们要拆迁，必须搬走。政府说是评估后按市场价给出补偿，但是那笔钱能够我们用多久？南京房价那么贵，我们买得起么？买不起，我们祖孙四代以后怎么过日子？而且拆完就意味着失地失业啊！保障方面怎么安排？这些我们都是有疑虑的。老百姓过日子，讲的是踏踏实实，我们不看虚的。不给我们打包票，我们就不搬。结果，拆迁办动员几次不成，村里竟然找了几个街上的流氓整天坐在我们家。那些混子是很没素质的，说话很难听，还吃我们家的，很气人。我还有老母亲呢，孙子还很小，搅和得过不成日子，最后就搬了。（访谈编号：CHP10）

2. 地方政府的主导推动：政府权力的空间化

最后，我们一起来看一下掌控空间（土地）使用权的政府如何进一步在中观层面（城市与街区）实现权力空间化的。N市政府借助更新与改造城市空间的权力，创造出符合空间强者需求的空间生产秩序。这种"政治性"权力空间，首先是概念层面上的，通过蓝图描绘与宣传，建构出一个能够取得广

❶ 李志明．空间、权力与反抗：城中村违法建设的空间政治解析［M］．南京：东南大学出版社，2009.

泛社会认同的“空间的表征”❶。

（1）以原 X 区 90 年代部分区域更新项目（含 R 街道）为例，地方政府相关部门、政府智库精英及媒体等围绕外滩建设展开激烈的辩论及提出政策建议。相关政府部门和主流媒体不断宣传官方话语和上层意识，比如外滩建设和相关区域更新属于“打造国际大都市战略目标”的一部分，将会为整个城市的整体发展和区域经济及社会事业的发展做出贡献❷。这些辩论与宣传将原 X 区置于非更新不可的境地，R 街道部分居民随之进入这个“人造空间”的场域。

（2）而 20 世纪 90 年代同期的城市扩张和 2003 年快速城市化背景下对城乡接合部和城中村的拆迁再造，也是打着类似的口号和宣称开始的。如图 3－4，J 社区的拆迁户来源于临江的城乡接合部，H 社区的拆迁户主要来自 3～5 千米之外的四个相邻村落。这些拆迁无论是让位于工业园还是市政工程，对政府而言都是打造现代化一流城市的必要组件，服务于新城建设和快速城市化进程。

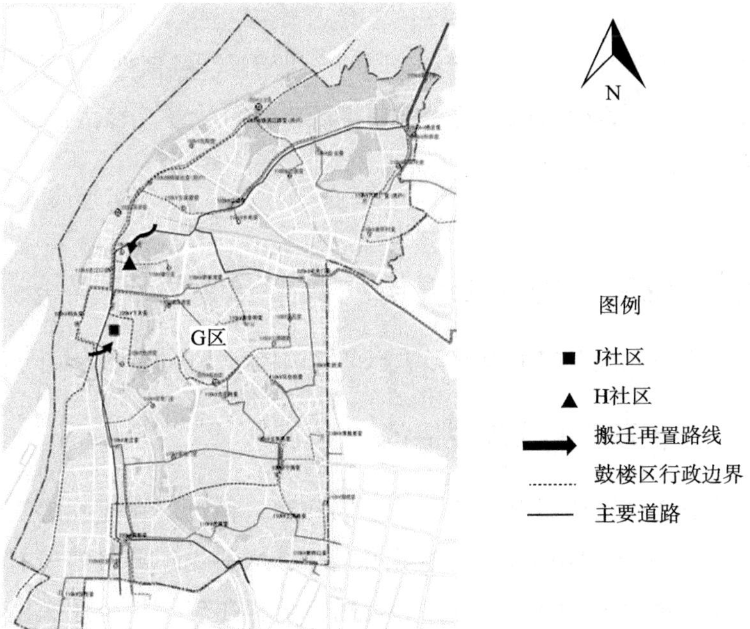

图 3－4　J 社区和 H 社区在鼓楼区区位图及拆迁再置路线

---

❶ 空间的表征，是列斐伏尔空间三元辩证法中提到的概念化的空间，是由掌握空间话语权的主体控制的空间。

❷ 郑鄂. 建设“南京外滩”之我见［J］. 改革与开放，1993（6）：17－18.

综上所述，J社区和H社区面临的拆迁再置现实，不是市场自由选择的结果，而是区政府强力运作的产物。政府通过制定和推行拆迁安置政策行使强者的权力，也是其空间治理的策略。布迪厄认为，资本的数量和类型决定社会空间的位置和权力。区政府完全掌握着吉登斯所指的“结构性资源”和“权威性资源”，是制度制定与文本解释的权威，对空间的使用、定性及规划掌握绝对话语权，因此在社区变迁中起主导作用。土地征用制度和拆迁再置项目的制定与执行均是这种制度化的权威的体现，农民作为“被动适应者”，只能被动接受拆迁安排。拆迁再置对于大部分拆迁户而言，不仅意味着物理居住空间和环境的改变，也将迎来传统生活变迁、就业和保障等空间消失的风险。

第二节 横向视角：社区变迁后的社会样态[1]

虽然J社区和H社区之前有着不同的产生背景、社区性质和空间形态，但在国家强力推动下都变为城市商品房住宅区，共同贴着“转型社区”的标签、有着极为相似的社会样态。

一、就业空间的非正规化：从“失业”到“再就业”

社会转型与社区空间重构也影响到了案例社区居民的就业和生活。

（一）下岗职工和失地农民的产生

前文讲到J社区所属单位的国企改制问题。科设厂在优胜劣汰的市场竞争中未能逃脱破产倒闭的命运，这意味着J社区科设厂单位房所有职工都失去了区属单位的“铁饭碗”。而起重机械厂虽然在现代化企业制度改革与建设的过程中得以幸存，但是在企业不断“换血”和裁员的过程中，一大批员工丢掉了这个市属单位的“银饭碗”。J社区的下岗工人进入一个新旧体

[1] 杜培培，陈光裕．空间重构视域下老单位社区变迁及其治理策略研究［J］．学习与实践，2019（7）：108－117.

制交接的时代。有的人将这个时代称为“政治资本主义”或“权贵资本主义”，而孙立平认为“断裂的社会”这个说法更符合中国社会的现实。❶ 依据孙立平的阐述，城市人员下岗是社会结构性断裂的一个体现，一些乐观的改革家和学者称其为“改革的阵痛”，但实际上这一由制度推动产业结构转型带来的失业现象不是短暂的或过渡性质的❷，单位共同体的分裂带来的是剧烈的“变迁之痛”❸。

对市场改革导致的下岗性质目前仍有很多争议，但无论是肖黎春和盛仕斌定义的“结构性失业”，抑或是李培林提出的“隐性失业显性化”❹，无须争辩的是，“下岗再就业难”是困扰很多家庭一大难题。尤其是“4050 人员”，是下岗的主体，也面临彻底的失业，他们不仅失去了原单位提供的稳定的社会福利与各种保障，同时被转型的社会永久淘汰，由于年龄、技能、学历等限制，这群人难以实现就业转型或再就业。❺ 陈立兵曾依据国家统计局和国家人力资源和社会保障部公布的历年城镇失业率整理出“2003—2007 年我国部分劳动力市场所提供就业岗位年龄分布及求人倍率”❻（见表 3－3）。他指出，21 世纪以来失业下岗人员持续增加，失业再就业困难者也逐渐增加。16～24 岁和 25～34 岁是职场就业的生力军，但是 35 岁之后就业压力显著增加，而且年龄越大就业越难。在这样的趋势和背景下，我国下岗职工势必陷入再就业难的困境。据《中国劳动与社会保障年鉴》（2006）❼ 所提供的数据（见表 3－4）显示，1997—2005 年，下岗职工总量达到 2200 万人。

---

❶ 郭于华．转型社会学的新议程：孙立平“社会断裂三部曲”的社会学述评［J］．社会学研究，2006（6）：195－211．

❷ 孙立平．断裂：20 世纪 90 年代以来的中国社会［M］．北京：社会科学文献出版社，2003．

❸ 田毅鹏，吕方．“单位共同体”的变迁与城市社区重建［M］．北京：中央编译出版社，2014．

❹ 谢桂华．市场转型与下岗工人［J］．社会学研究，2006（1）：22－58．

❺ 郭于华．转型社会学的新议程：孙立平“社会断裂三部曲”的社会学述评［J］．社会学研究，2006（6）：195－211．

❻ 陈立兵．弱势群体的自雇就业权利与提升城市治理水平：基于城市流动商贩治理问题的分析［J］．中国行政管理，2009（12）：35－38．

❼ 中华人民共和国劳动和社会保障部．中国劳动和社会保障年鉴［M］．北京：中国劳动社会保障出版社，2007；黄耿志．城市摊贩的社会经济根源与空间政治［M］．北京：商务印书馆，2015．

表 3－3　2003—2007 年我国部分劳动力市场所提供就业岗位年龄分布及求人倍率

年份	年龄段	16～24 岁	25～34 岁	35～44 岁	45 岁以上	无要求
2003	需求比例（%）	35.1	31.6	15.5	4.9	12.9
	求人倍率	0.99	0.98	0.74	0.55	—
2004	需求比例（%）	36.1	33.1	15.2	4.4	11.2
	求人倍率	1.04	1.03	0.77	0.52	—
2005	需求比例（%）	33.9	34.4	15.8	5.0	10.9
	求人倍率	1.00	1.06	0.84	0.65	—
2006	需求比例（%）	33.2	32.9	17.2	6.1	10.6
	求人倍率	0.99	1.04	0.88	0.77	—
2007	需求比例（%）	31.7	33.5	18.8	6.4	10.6
	求人倍率	0.99	1.04	0.94	0.76	—

资料来源：陈立兵（2009）.

表 3－4　中国国有企业改革职工及再就业规模

年份	下岗职工数量（万人）	下岗职工增量（万人）	再就业数量（万人）
1997	691.8	—	—
1998	594.8	562.2	610
1999	652.5	618.6	491
2000	657.2	445.5	361
2001	515.4	234.3	227
2002	409.9	162.1	120
2003	260.2	130.0	85
2004	153.0	34.3	47
2005	60.0	14.8	34
合计	—	2201.8	1975

资料来源：《中国劳动与社会保障统计年鉴》（2006）；黄耿志（2015）.

J 社区的老单位职工也面临失业风险。从单位社会向后单位社会的转变中，他们逐渐失去了单位对居住空间的关怀；随着中央“抓大放小”政策的实行，部分职工在国企转型中失去了“铁饭碗”的保障，不得不开始新的生活方式。“心若在梦就在”不仅是激励他们“从头再来”的流行歌曲，也掺杂了“荣誉已成回忆”“半生又经风雨”的无可奈何。虽然中央和 N 市政府颁布了一系列鼓励再就业、创业的政策，但下岗再就业仍旧是无望的、艰难的。通过对J社区下岗家庭和单位退休人员的访谈，笔者发现：对于科设厂和起重机械厂下岗的那些“4050”下岗职工而言，年龄、记忆力、精力、既有思维模式等均是限制其进行新市场化工作环境的因素；受教育水平和学历也是部分工人仅能选择体力行业和低收入服务业的主要原因。难以再就业、如何好就业成为下岗职工的最大困扰。同时，20世纪90年代末至2004年两个单位改制的下岗潮将下岗职工的整个家庭笼罩在绝望、痛苦的阴霾中。因为，单位人是复数概念，科设厂和起重机械厂在最初经营效益好时，实行总体性绩效与福利体系，职工及家属都会享受子女接班和家属照顾等福利政策。但是下岗潮彻底终结了这部分福利资源，职工福利从全面到近乎为零的变化对整个家庭而言都是沉重的打击。

H社区和J社区最大的相似之一便是社区人员的构成主体——拆迁再置房农民。现行《土地管理法实施条例》中规定了三种安置征地农民的路径：“土地换就业”“乡村集体安置”和“一次性货币补偿”。对于H社区和J社区而言，两者都处于市场化改革深入阶段，市场化的用人制度排斥“土地换就业”的方式，而村落的集体拆迁意味着村集体的解体，因此最终两个社区都实行对失地农民采取“一次性货币补偿”的征地补偿制度，即“货币安置”：拆迁户一次性领取全额补助款，“农转非”身份转换后、自行解决择业等问题。一次性的全额补偿虽然满足大部分拆迁户的心理需求和短暂的物质需求，但却将他们置于“种田无地、就业困难”的困境❶。“农转非”身份的转型和农民上楼居住空间的转变，意味着J社区和H社区内部以务农为传统主业的生计空间随之消失。

（二）非正规就业群体的出现

在市场力量的经济权力杠杆作用下，“下岗再就业”和“失地农民就业”问题成为困扰J社区和H社区部分居民的经济问题，现实的压力将一部分人推上了非正规就业的道路，这是社区空间非正规化的主要激发因素之一。

---

❶ 张媛媛，贺利军. 城市化过程中对失地农民就业问题的再思考［J］. 社会科学家，2004（2）：111－114.

非正规就业问题在J社区更为突出。J社区的下岗群体要承担整个家庭的支出，包括日常开销、孩子上学教育、老人赡养、医疗保健等，而平均一个月1000～2000元的下岗补贴对他们而言是不够的（买断工龄的一次性补偿也难以满足长期的生活需求），现实的压力将一部分人推上了自雇就业（摊贩、违建商铺等非正规部门）的道路。据笔者调研发现，J社区43家违建商铺均为社区居民搭建（或出租或自营），22个流动摊贩中有一半也是社区居民。

在H社区和J社区拆迁再置居民访谈与调研中，笔者发现：①再就业能力呈现代际差异性。老年群体对土地有强依赖性，他们大半辈子以种地为生，习惯了“一亩三分地、春播秋收”的传统生计方式，缺乏非务农谋生的路径和能力，对他们而言失地意味着失业；中年群体虽然早期有务农的经验，但是非农业谋生的营利对他们有更大的吸引，即使失去可耕作的土地，他们仍有能力去外面闯荡出新天地；对青年群体而言，更是如此，他们不仅没有独立、长时间耕作的经验，也没有老一辈对土地的感情，他们往往从事社会性的工作❶。②虽然部分失地农民已经成功再就业，但是就业面较窄。大部分失地农民选择外出务工、干装修、搞运输等依靠体力的临时性工作，表面获得不薄的报酬，但是付出的劳动和心血却是不对等的。③仍有部分失地无业者选择自雇就业。调研中随机抽取的20个无业居民中，小学及以下教育水平的约有60%，初中的约占30%，高中的仅占10%。部分受年龄、学历和技能等限制，难以找到正式的就业岗位。有的则是“高不成低不就”，滞留在家吃补助。但是再置后城市生活消费支出的增加，迫使他们加入非正规部门经营（H社区内的3家违建商铺和北门附近的两排摊贩均是本社区居民），也有部分进行房屋出租，维持生计。比如H社区的马先生向笔者讲了自己的故事：

> 拆迁前虽是农村户口、家有几亩田，但是我依旧凭自己的高中文凭在一家小工厂找到了做会计的工作。之前做会计其实也是份临时工，因为我学历低、没有编制，一个月收入才3000多元钱，加上种地的收入和粮食，勉强补贴家用。2004年拆迁再置后，我们家拿到一笔拆迁补偿款，原本打算继续工作的，但是拆迁后离工厂太远了，不方便。如果为了打份工再

❶ 张媛媛，贺利军. 城市化过程中对失地农民就业问题的再思考［J］. 社会科学家，2004（2）：111－114.

租房子，那就更不划算了。于是我们前几年，趁着小区里乱七八糟的违建违占风气，索性将阳台作为小商铺，卖点烟酒、食品、生活用品……我们有正规营业执照，只是“开窗经营”，方式是非正规的。但是，没有办法，我需要赚一些钱维持生计，而且也算便民服务。（访谈编号：CHW05）

J社区也有几家类似情况的违建商铺。以贺大叔的烟酒店为例，也是一楼违建商铺，位于小区内十字路口，店面不大（不足15平方米），与他家卧室一门之隔，已经营十几年。他家于1998年拆迁搬离原来的城乡接合部的村居社区，刚开始为拆迁缓冲过渡在J社区租房子，后来买了拆迁安置房并住下。但是他家没有土地，也没有正规工作，为摆脱“收支赤字”而做烟酒买卖谋生。（访谈编号：LJW07）又如林阿姨向笔者抱怨：

我们那一个单元基本都是S村搬过来的。对面的邻居一家都不工作，他们把房子改成棋牌室，好像起步价是一小时50元钱，之后超一个小时10元钱，100元钱封顶吧。这个价格比外面正规棋牌室便宜一点，而且他们还提供免费茶水，每天来打牌、打麻将的人特别多，一波又一波，人来人往也不关门，烟味很重，噪声也很大。以前住独门独院的，你们家随便怎么闹，也不会影响到别人，可是现在都是楼房，还这么不注意。说他们吧，人家还挺凶，为了赚钱也不顾及你的意见。（访谈编号：CHP11）

二、物业管理空间的转型困境：从“自给”到“市场化”

物业市场化是居住空间商品化的产物，但在社区物业从自给[1]到市场化管理的过程中，J社区和H社区两社区却分别面临物业引进难和物业维存难的问题。

（一）物业引进难

首先看老旧小区J社区。J社区在结束单位自管时代后，社区服务中心

[1] J社区是单位自给，H社区在拆迁前是居民自给/自治。

（居委会的旧称）曾引进过一次物业，但物业进驻不满一年便撤出了社区，此后至今该社区都处于无物业管理状态。调研发现，造成这种情况的主要原因有以下三个方面。

（1）社区基础差且“出新”难，物业不愿意进入。由于J社区建立时间较久，其设计在当时仅考虑单一的住宿功能，因资源、技术、资金等条件限制，并未考虑过多日后的发展问题。即使是后来社区扩建的回迁房和安置房，开发商也是以经济成本和利润为主要权衡因素，社区建设、规划和布局缺乏人文关怀。随着经济发展和城市化步伐加快，居民对小区基础设施维护与更新的需求（特别是对停车位、储藏间的需求）和对小区人居环境与休闲活动空间的需求急剧增加，多功能、全方位的空间需求让老旧小区物业管理举步维艰。

（2）社区人员结构复杂，物业难以协调多方诉求。J社区是一个有三大片区（单位房片区、拆迁再置房片区和回迁房片区）构成的混居式居住空间，而且由于建设年代久，社区是开放式的，增加了社区的管理难度。新老城市居民习性和背景的差异、不同单位员工之间利益诉求的差异以及日益增多的外来人口与本社区居民之间需求的差异等都会在物业管理中充分体现，加重了物业协调多方不同诉求的压力。

（3）物业服务水平低、居民物业费缴费率低之间的恶性循环。由于J社区基础差，很多基础设施难以改造或维修，部分居民自然不愿意缴费，最终会导致物业公司亏损并撤出社区。另一方面，单位物业管理时期是不用缴物业费，居委会引进市场化物业后，居民并不能很好配合（习惯无偿物业），物业费收缴率低，也会导致物业管理低效、服务不到位和频繁更换。

（二）物业维存难

物业维存指的是物业公司进入社区后维持生存，背后是该物业公司的经济收益保障。H社区虽然是新建社区，但也面临物业更换频繁及物业公司难以维存的问题（从2005年至2016年，共更换3次物业）。

（1）业委会“炒”物业（2005—2007年）。Y物业公司是H社区最初的配套物业，隶属于原X区房地产开发公司。居民入住后，一次性给付了一年的物业费（以“物业费”换“钥匙”），但Y物业公司收费后并未履行物业管理职责，2007年8月1日被业委会“炒掉”。据业委会王师傅回忆：

Y物业“管理”期间，社区居民间流传这样一个顺口溜——围墙破旧无人管，百姓财产不安全，野草丛生能藏虎，草坪绿地变菜园……当时丢车率（自行车、电瓶车）很高，一个月丢十几辆，高峰时偷窃案一天有8起。民怨很重，大家也不愿意缴费。（访谈编号：CHP06）

（2）社区“托管”街道（2007—2012年）。Y物业被赶走之后，街道介入、成立官方性质的物业服务站，H社区被“托管”。Y物业公司遗留了很多社区管理难题（比如地下室分配、公共空间秩序混乱）等，而且居民潜意识中有不缴物业费的意识（虽然物业费仅0.2元/平方米），最终导致物业完全靠街道补贴。2012年8月，“政府办物业”时代结束。

（3）新物业维存难（2012—2016年）。2012年9月，新的G物业入驻，至今在政府补贴下勉强维持生存，仍然存在缴费率偏低、物业涨价难、自己贴钱的问题。

三、共同体空间的解体：从“认同”到“离散化”

伴随着体制转型和城镇化推进，案例中的“单位大院”和“村居空间”变为现代的城市商品房社区；而与传统空间解体同步的是原有社区网络的断裂和共同体的解体，主要由居住空间的杂质化、物理空间的衰败及公共参与精神的衰退三种因素造成。

（一）“半熟人社会”的生成

本章第一节已经介绍过两个社区的原貌：无论是老单位社区的机械认同，还是村居产生的有机认同，都是一种共同体式的存在。但人与人之间基于机械团结或有机团结的这种社区共同体或熟人社会，随着社区异质性和流动性的增加，渐渐呈现出“半熟人”[1]的格局（见表3-5[2]），这是导致传统共同体和社区公共性瓦解的主要原因。

---

[1] 贺雪峰. 未来农村社会形态：“半熟人社会”［N］. 中国社会科学报（A08），2013-04-19.

[2] 杜培培，陈光裕. 空间重构视域下老单位社区变迁及其治理策略研究［J］. 学习与实践，2019（7）：108-117.

表 3－5 熟人社区的变化

杂化维度	传统社区		半熟人化的现代社区
	村居	单位社区	
居民构成	同村人；同质性	单位人；同质性	异质化和复杂化： J 社区：单位人、拆迁户及租客混居； H 社区：不同村落居民、租客混居
居民流动性	稳定性	稳定性	流动性增加（迁入/出）
社会关系	血缘与地缘；亲密；差序格局	业缘；理性；熟人社会	地缘与业缘共存； 半熟人社会
社区认同	自己人；差序认同	单位情结与归属	认同离散化；社区网络松散化

资料来源：笔者调研后归纳。

先以 J 社区为例。20 世纪 90 年代后，人口构成具有高度稳定性和同质性的传统居住空间开始出现“杂化”现象[1]：①“房改”后，人员流动带来住户构成的杂化。“房改房”政策实施后，起重机械厂、科设厂、工会等几家单位均以相对较低的价格将单位房出售给了职工。随着时间推移，当社区老化，部分住宅被出租或贩售，原著居民比例降低。②在 G 区老城更新和城镇化背景下，原单位社区周边开始出现拆迁和回迁安置户，加速社区杂化。③居民构成的复杂化带来社区关系的转变（半熟人化）。J 社区空间重构后成为拆迁再置居民户、原单位职工及家属、新购住户、租户、外来人口等不同群体的混居体：老单位片区是一种“熟人社区”，他们的行为有着深刻的单位印记；新进的其他非单位人口也有其固有的生活方式和行为模式。传统单位文化群体和异质化群体之间出现了强烈的差异性，不同群体之间的交流减少，社区网络关系开始淡化，“社区感”“认同感”等情感逐渐缺失，居民公共生活内容和联系降低，一个离散型的“半熟人社会”[2] 开始出现。[3]

---

❶ 单位制时期，单位是社会分异的基础，是一种高度整合、低度分异的社会组织单元；单位社区是基于业缘构成的“熟人社会”，人口结构呈现高度的稳定性和同质性（是一个相对封闭性的居住空间）。塔娜，柴彦威，刘志林．单位社区杂化过程与城市性的构建［J］．人文地理，2012，27（3）：39－43.

❷ 马学广．“单位制”城市空间的社会生产研究［J］．经济地理，2010（9）：50－55.

❸ 杜培培，陈光裕．空间重构视域下老单位社区变迁及其治理策略研究［J］．学习与实践，2019（7）：108－117.

从表3－5可以看出，H社区的杂化主要是由于不同村落居民的聚居和租客等外来人口增多造成的。农民上楼后，传统熟人社会的解体是迅速的、看得见的。在传统的村居空间，大家都是十里八村的熟人，彼此之间有种不需质疑的天然信任[1]。但是随着城镇规划的发展，这些不同村落的居民因拆迁结缘，共同搬入H社区。原有熟悉的居住环境和人口构成发生了很大变化，人们之间或许脸熟、或许彼此听说过，但是熟知度较低，尤其在租客及外来流动人口增加的背景下，邻里之间甚至沦为互不交往的陌生群体，更不用谈什么价值共识与情感认同。这种介于熟悉与陌生之间的交往状态，构成了类似于贺雪峰的"半熟人社会空间"[2]。他们带着对城市生活和文化的向往进入新的城市空间，但是社区融入过程中的矛盾增加了他们对自身文化的不自信，由于缺少新的共同语言和共同规则，更容易把社区中出现的一些问题情绪化地归因社区异质因素的"混入"和"捣乱"及政府管理不到位等。

（二）空间衰败后的不满

社区居住空间和公共空间的衰败也会给居民带来一种"权利受损感"，从而累积不满情绪，并加速了社区认同的离散化——芦恒等[3]认为这是一种由刚性需求受限引发的"公共性危机"。

这种情况在J社区尤为突出：由于建设使用年限较久（30多年），导致房屋质量不高、基础设施配套不齐全等；失去强有力的单位物业支持后，后续市场化物业发力不足，房屋更新能力严重不足，导致消防治安问题严重、环境脏乱差等问题，沦为"半弃管"和"自生自灭"状态。尤其是在2008年左右，N市为争创文明城市建设，许多老旧小区都先后进行出新[4]。但是J社区由于总面积大、片区差异较大、出新资金和难度均较大，尚未进行老旧小区更新，致使不满情绪增加，居民普遍认为"是居委会的问题，是居委会的不管不问

---

[1] 费孝通．乡土中国·生育制度·乡土重建［M］．北京：商务印书馆，2011．

[2] 贺雪峰．半熟人社会［J］．开放时代，2002（1）：116－117．

[3] 芦恒，蔡重阳．"单位人"再组织化：城市社区重建的治理创新——以长春市C社区为例［J］．新视野，2015（6）：39－45；芦恒．后单位社会的"历史连续性"与基层社会的"优势治理"：基于东北棚户区改造后的思考［J］．山东社会科学，2016，6（6）：51－56．

[4] 孙其昂，毕娟．城市化进程中的社区发展：长三角社区发展的实践与思考［J］．学海，2010（6）：47－51．

导致了空间问题”。另外，产权问题困扰着房屋管理问题。在房改和工厂改制时期，仍有产权不清的问题存在。比如起重机械厂将公房转移给另外一家企业，但并没有进行产权过户，使这个楼成为“两不管”；科设厂倒闭后，公房产权也是难以说清楚的。房屋衰败和更新资金难以获得，这种历史遗留问题一直困扰着居委会和街道，影响基层政府在社区中的权威，不利于其他政策和活动的推行。比如居民反映的“楼靠楼”问题（如图3－5所示），左侧楼房原为起重机械厂单位公房，郝先生（原起重机械厂职工）说：

> 最初建时基础不牢，也不是整体浇筑，整体结构不牢靠。而且年久失修，这栋楼从第5层开始向旁边右侧楼倾靠，现在已经贴合在一起。这些楼房表面的石灰已经风化、起皮，经常脱落砸伤路人，好担心哪一天忽然塌了。这栋楼入住率虽不高，可是我们这些退休老职工还没搬走（计划搬离），还有一些外来承租户。（访谈编号：CHP01）

图3－5 J社区的“楼靠楼”❶

较之J社区，H社区更显“年轻”，但是保障房的低质性和出新资金的缺乏❷共同加速了空间的衰败，并制约了社区居民公共刚性需求。比如社区围墙上的铁栅栏，由于材质低劣，两年不到大量断裂，业委会为此多次向区住建委

---

❶ 图片来自网络。

❷ H社区资产财产权（包括社区宾馆、菜市场、澡堂等分红收益）于2005年起便被街道掌管，使居委会、业委会、物业在扩建小区停车场问题时遇到资金障碍。

相关部门上访。虽然材质问题属于区房地产公司的责任，但是在居民看来，区政府和区房地产公司是一个利益共同体，社区基础设施材质问题自然是区政府相关部门监管不力造成的。而且，随着居住时间推移，很多6楼（顶层）出现了房屋漏水的情况，大部分住户家庭都有墙皮脱落的现象，这更加强了他们对基层政府的“怨念”。这种由于空间衰败激发的怨念，让大部分居民将社区定义为“贫民窟”，并产生出迫切逃离的愿望。在这种家园归属感缺失的情境下，社区认同自然是较低的。

（三）社区参与精神的弱化

在社区公共空间建设层面，两个社区的参与性也是较弱的，这是导致社区共同体解体的内生原因和重要体现。整体而言，J社区是居委会强制牵引下的参与，而H社区则是精英代表的被动参与。

1. J社区：从单位控制到居委会主导

J社区起初是单位—个人的纵向控制体系，但是后单位时代，混居型J社区却走向了居委会—个人的纵向控制体制，社区空间的“政治性”通过另一种形式而深化。而居委会权威地位的取得依赖于三方面的因素：一方面，社会变迁瓦解了居民原有的空间结构、社会结构及关系网络。但是单位社区固有的依赖性却依然内化在老单位人的血液内，并不断影响居民的行为模式。这部分居民习惯并期待现代民族国家能够一直具备资源控制、分配及社会控制、动员的能力体系[1]。过去是单位，现在是居委会，政府组织的领导对这部分体制人是一种不可或缺的保护壳。另一方面，J社区的建设是零碎的，从单位改制、住房商品化改革到拆迁再置、旧区改造，现已成为融合单位家属院、拆迁回迁房、商品房等的混居型社区，居住杂化使居民难以形成新的社区自组织或共同体。此外，J社区的治理问题多而复杂，迫切需要居委会权威填补传统单位权威的空缺。总之，房改后单位制的彻底终结，铺开了居委会主导J社区发展与管理的道路。

然而居委会主导虽能维持社区的基本运转，但也具有一定消极性。这体现在居民社区自治能力的缺乏和公共事物参与的不足，甚至体现在居民在后单位

---

[1] 田毅鹏，吕方.“单位共同体”的变迁与城市社区重建［M］.北京：中央编译出版社，2014.

制时期的强个体化、弱整合性倾向。房改后单位居民与单位间关系更加松散，“单位人”变为“社会人”，居民开始呈现原子化和个体化倾向，居民间整合程度也有所降低。[1] 而最后搬进的回迁住户和拆迁再置群体由于生活背景差异，也难以形成一个新的有机团结的共同体。社区关系的日益分化与疏离导致社区认同和归属感极低，他们对诸如关怀老人、低保义务劳动、治安巡逻等公共议题鲜有兴趣，往往都是居委会单方面的安排与执行。目前，J社区的发展与建设只停留在国家基层治理单元这个政治性层面[2]，没有成为一个真正有机团结的现代性生活共同体。

因此，对于变迁中的J社区居民而言，由于没有能力组建强有力的业委会力量，居委会成为唯一可以拯救这只“飘摇于风雨中小船”的“舵手”。居委会全面负责社区的各项事务，号召各类社会组织和社工志愿者对这个社区进行帮扶。目前该社区社会组织关注的对象主要是老年人和低保户等老弱病残群体（居委会曾获得“N市社会劳动保障站先进”“N市老年人协会先进”“市流动人口管理站先进”等荣誉称号）。但总体而言，居民整体对于外来帮扶是被动接受的姿态，在长期发展过程中并没有有效地培养起自我服务、自我管理等自治性组织或力量。按照居委会社工小张的观点：

> 这个社区人员比较复杂，而且主要是老年人留居在此，从居委会进驻开始至今都没能成立起业委会。问题多而复杂，小区基础薄弱，资金不足，居民大多感觉居住条件差，不愿意也没有热情参与公共事务。目前，这里已经被划入老城更新项目区，可能面临拆迁，大家更无心管理“别人家”的事情了。（访谈编号：GF03）

2. H社区：居委会引导的少数参与

较之居民极其被动的J社区，H社区在居委会引导下组建了业委会，选出了楼长，但是这种精英参与的模式并不代表居民积极、共同参与的实现。整体而言，H社区呈现精英积极参与、普通居民弱参与的公共空间治理特征。

---

[1] 黄杰. 家族·单位·社区［M］. 哈尔滨：黑龙江人民出版社，2013：114.

[2] 杨敏. 作为国家治理单元的社区：对城市社区建设运动过程中居民社区参与和社区认知的个案研究［J］. 社会学研究，2007（4）：137－164；KELLER SUZANNE. Community：pursuing the dream，living the reality［M］. Princeton：Princeton University Press，2003.

楼长和自治性业委会为居委会统管 H 社区做出了一定贡献。其中，楼长共 215 人，业委会固定班子有 6～8 人，还包括若干社区积极分子。这些人一般都是退休人员和一些有余力的年长者。楼长和业委会的选拔和成立是在居委会指导下建设成功的，是居委会积极动员策略的结果。但是值得注意的有以下两点。

（1）被动的参与。被动是指这些人参与社区事务治理是居委会动员的结果，而非是主动地加入（除极个别外）。而且，他们并不参与真正的决策过程，只是象征性地表面参与。比如按规定时间到业委会工作室坐班，参加社区年终文艺会演，联系或组织文艺性社团活动，清理社区活动室，配合媒体采访等。

（2）他们有强烈的参与热情。当居委会找到这些老党员、退休人员时，他们有的曾经有公共事务工作经验，有的是性格活泼，有的不服老等，大都表示出配合与参与的热情。比如楼长刘阿姨说：

> 有的人认为我们干楼长就肯定拿钱什么的，其实没有的。我以前在国企工作时就经常参加单位活动，而且作为党员，觉得应该发挥余力。他们居委会工作人员都挺不容易的，社区问题多，大事小事什么都要处理，我们有能力时应该帮一下，这也是党员应该做的嘛。（访谈编号：CHP03）

然而在对普通居民的调研中，笔者发现他们不仅对公共事务呈现出淡漠的态度，而且还对业委会和楼长等精英参与的动机表示质疑。一方面，部分居民表示“民选的楼长及业委会是居委会等官方代表极力推举的，而且要求是党员”，打压了普通百姓的积极性；另一方面，部分居民质疑少数精英参与社区管理动机的公益性，认为他们是为了得到某些好处，比如物业分红、政府奖励等。

第三节　社区政治：基层政府的情理逻辑

通过第二节的社区样态的描述，我们可以看出老旧社区和新兴的拆迁再置房社区在转型后面临着一系列的社区管理及建设难题，尤其是非正规就业群体在两个社区内部形成的非正规商业空间（违建商铺和流动摊位）已然成为空间失序的典型表征和社区管控的难点。但在对基层政府相关部门代表（包括区住建委、街道、居委会和城管科等）的走访调研中，笔者发现这些基层领导者对这两类社区的违规问题及居民表示出一种基于情理考量（而非“法理”）的包容、妥协及权变❶。这种情理逻辑是基层政府处理这两类社区违建违占现象的主要基调，本节主要挖掘情理逻辑产生的深层背景，为后面章节做铺垫。

一、社区中的国家

费孝通先生曾经谈到过社区与社会制度的关联——人们的生活与各种社会制度紧密相连，而生活所依存的居住空间就是社区❷。尤其在中国，国家权力的介入已经在社区居住属性外叠加了重要的政治意涵。如文中提到的两个案例，无论是老旧小区J社区还是拆迁再置房H社区，都不是自然形成的，它们都是市场开发和政府规划的共同结果，是国家和地方政府行政管理区划的基本单位与行政延伸，呈现明显的政治性和战略性。街道和居委会代表地方基层政权接手社区治理，社区制的全面、正式建设具有深刻的政治意义——街道和居委会代表地方基层政权主导社区治理，社区制的全面、正式建设具有深刻的政治意义——后单位制时期，街道和居委会代表地方基层治理领导核心替代了传统单位和村委会的传统管理权威，是基层行政力量参与微观社区治理的重要体现。

这两个社区目前发展的情况正好符合李友梅教授❸的说法，我国和西方国家—社会二元分野的社会结构特征不同，更强调国家视野，社区发展与政策和制度体制的运行相辅相成；虽然宏观导向支持社会组织的孵化和市场力量的参与，但是国家权力在基层社区空间治理中的支配与统治地位是不可或缺、无法

---

❶ 这种基于善治的情理逻辑在实际操作层面却出现了一些消极的负外部性或负面效应，这一点在第四章会具体陈述。

❷ 费孝通. 乡土中国·生育制度·乡土重建［M］. 北京：商务印书馆，2011：91－92.

❸ 李友梅. 国家在城市社区建设中的地位和作用的变迁［EB/OL］.（2009－04－28）. http://www.sociologyol.org/yanjiubankuai/xuejierenwu/liyoumei/2009－04－28/7852.

被取代的。从某种意义上讲，单位虽然撤出了基层管理，但是居委会、街道等仍然作为地方行政力量的重要“末梢”而存在。因此，J社区和H社区的政治性和战略性要强于社会性，是国家和地方政府管理社会空间的基本单元，有学者称其为地方政府政治功利的体现。❶ 最强有力的证据就是居委会在两个社区的核心管理地位。无论是J社区的居委会主导还是H社区的居委会引导，居委会更多地充当行政组织的角色，而并非居民的自治性群众组织。

目前，笔者在两个社区的调研发现，居委会的地位都是比较尴尬、被动的。虽然居委会是社区治理的核心，是政府管理上传下达的桥梁，但实际上却难以调动广大居民参与公共管理的热情与积极性，大部分情况都是居委会单向动员、精英代表式参与的。居委会管理人员普遍反映现状是社区参与力度不足、居民缺乏对公共事务治理的热情、官民间缺乏互动性等；居委会和街道等代表的地方政府力量是推动社区建设的主要动力，这也凸显了两个社区的战略性和政治性。

二、社区中的生活政治

然而，值得注意的是：在后单位时代，居民虽然对社区一般性公共事务表现出冷漠，但对直接涉及自身利益的公共事务则会积极参与，以实践主体和相关利益方的身份参与社区的相关生活政治事务中，试图在与居委会、街道等行政主体的博弈和周旋中实现相关诉求。这种围绕日常生活问题进行的多方（政府、市场和居民）互动与博弈便是社区中的生活政治；在生活政治场域，理性和情感共同影响与制约着不同主体的行动。

以H社区的“围墙风波”为例。H社区是区政府委托区房地产开发公司

❶ 国家通过政治权力杠杆和经济权力杠杆对人群进行再划分、区隔、安置的方式，最终形成了一种行政性的区域关系。这种区域空间的形成与变迁，不是基于滕尼斯式共同体的血缘、认同、家庭、亲邻等，因此它从本质上讲仅仅是作为居住空间而存在的，并非是基于情感的交往空间（参见杨淑琴，王柳丽. 国家权力的介入与社区概念嬗变——对中国城市社区建设实践的理论反思［J］. 学术界，2010（6）：167－173）。对于这种强政治性和强居住性的地域空间，有很多学者失望地认为中国的城市社区是被“政治功利主义”统治的，与西方学界对社区的定义不同，这种社区仅仅是政治社会的附属品、缺乏培育市民精神的潜力，它是呈现特定时期政策特征的基层治理单元（参见雷晓明. 市民社会、社区发展与社会发展——兼评中国的社区理论研究［J］. 社会科学研究，2005（2）：97－103）。

于2005年建设的保障房，但入住两年后（2007年）小区围墙上的大部分铁栏杆都断裂掉了，有些小孩子和年轻人就时常翻墙进出，不仅加速破坏了墙体，也造成一些安全隐患（比如小孩刮破衣服、擦伤、磕碰等），由此引发了居民的抱怨与对开发商“偷工减料”的指责。有些人甚至把责任推给区政府，认为是政府监管不力、验收标准过低造成的。有些居民因小孩受伤而向社区服务站（原居委会）“投诉”“扯皮”；社区服务站觉得无辜、与自己无关，是开发商和物业的问题；物业认为是开发商的责任，并称没钱；业委会代表前往区住建委进行协商。区住建委相关部门与街道和居委会代表协商后委托街道划拨一笔专项维修基金，解决了这一历史遗留问题。（访谈编号：CHP06）

类似“围墙风波”的小事情，虽然不涉及重大的意识形态问题，但属于由日常生活问题引发的社区中的生活政治，它将居民具体利益诉求、市场行为和政府行为结合在一起。在这种网络空间中，“政治”从“社区日常生活”中生成，并自然地结合在一起❶。居民看似不起眼或者扯皮般的诉求，如果处理不好可能会影响政府权威和形象；社区问题（围墙报废）看似是市场（开发商）的责任，但是市场和（区）政府又有种天然的联系，市场主体在某些情境下也敢“赖账”，不为自己的违规行为“买单”；下层政府（街道）会给上层政府（区社建委）“面子”，或者达成某种“治理共识”，及时处理问题。

三、G区基层政府的情理逻辑

（一）案例社区的情境

尤其对于H社区和J社区所代表的新旧两种转型社区而言，社区生活政治的情境将更加复杂。

一方面，J社区具有转型前特殊的老单位社区背景和国企改制背景。如本章第二节所讲，J社区经历了总体性社会解体、单位制改革、国企改制等20世纪末典型的社会体制变迁，社区物理空间传统规划的落后和局限逐渐显现，而

---

❶ 刘威．街区邻里政治的动员路径与二重维度：以社区居委会为中心的分析［J］．浙江社会科学，2010（4）：53－60．

且社区扩张后居住主体（单位房片区、拆迁再置房片区和回迁房片区）的复杂性也会放大社区物理空间原有的缺陷和问题，此外下岗群体的再就业诉求更是不可忽视的。这些物理空间问题（包括社区物理空间衰败）及就业问题，在一定程度上是国家权力空间化的一种连带效应。

另一方面，H社区是“农转非”社区的典型代表。而这种拆迁再置房社区在物理空间规划方面的问题（详见第四章）、物业管理方面的问题和部分失地农民再就业问题等都是G区基层政府不可回避且难以治理的难题。国家（包括市场资本）作为城镇化的主要推手，强制性地将不同村落的居民都安置在H社区中。当社区现有条件难以满足居民的各种需求时，居民一方面会将自己的各种违规行为视为“空间弱者”的自然选择，另一方面会对相关政府部门行政工作效力产生不解。

因此，此类社区是基层政府治理的难点，同时也汇聚了国家、市场与社会不同力量和利益，是不同利益主体行为博弈的聚焦场域。正如习近平总书记所说：“社区虽小，但连着千家万户。”J社区和H社区作为两种不同但又相似的老旧社区，它们的社区生活政治是复杂的，不仅关系到居民日常的基本诉求，关系到基层治理的效率和效果，关系到社区和谐与居民融入，更关系到政府权威建构以及国家—社会关系的建设。

（二）基层政府的情理逻辑[1]

G区住建委、街道、居委会和城管科等不同基层政府作为下级政府，处于一种压力型体制中，他们要对上级权威、正式规章、任务指标等负责，但同时面对H社区和J社区这种“基础差、问题多、难管理”的社区，也无法参照已有标准来对居民进行管理，而且居民的弱参与性甚至日常不配合也会降低基层政府的管理效率。那么如何处理好这种矛盾，笔者发现基层政府的不同主体在无形中形成了一种默契的、超然于制度规范外的情理逻辑。

这种情理逻辑，是基于合理性认同的“理”和“情”。因此，首先谈一下“理”。何为“理”？这里的“理”是指合乎世俗常理、生存法则的意思。对基

---

[1] 杜培培，陈光裕．空间重构视域下老单位社区变迁及其治理策略研究［J］．学习与实践，2019（7）：108－117．

层政府而言，违规现象存在具有一定的合理性，这些居民也是没有办法，是生活使然，甚至是生活所迫。当然，这种认识有特殊的对象群体，主要是针对贫困居民、下岗人员、拆迁户等特殊身份群体。他们或是快速城镇化中的“被动城市化者”、国企改制后的“被动失业者”，或是居住在转型社区中面临贫困的底层群体、边缘群体、外来流动人员等。无论是在后单位社区中，还是在拆迁再置房社区中，一方面这些群体面临的是基础设施配置不足、物业管理不健全等低质的居住空间，而社区本身缺乏出新与提升居住品质的资金、空间和能力，居委会和街道在短期内的“无力而为”从根源上奠定了基层政府的情理基调（在一定程度上对违规的默许与纵容），或者讲是认同居民的自治能动性；另一方面，居委会、城管等在与社区民众日常密切的接触中，深刻感受到部分居民为改变自身困境而制造违规空间的迫切性和无奈，这部分群体并非法律的敌对者，更多是为了满足空间刚性需求的“空间弱者”。基层政府在客观条件局限性（社区基础差）和居民主体能动性的双面夹层中，自然而然产生了一种合理性认同。

何为“情”？生活中有“情有可原”“可以原谅”等说法。这里的“情”，对基层政府而言，是“允许”“包容”的意思，是对待违规人员及违规行为的一种体恤之情。对居民日常违规行为的包容与软管控，体现权力的妥协。比如，对下岗群体开违建商铺的理解、包容、默许，对下乡返城人员、外来人口、低保户等特殊群体私自扩张居住空间（如依靠一楼院落盖木屋居住）的包容与理解等。调研中，J社区所在R街道城管科工作人员表示：

> 这些违建商铺大多都是下岗职工搞的，最初我们也强拆过，但是他们反应很强烈，当然我们非常理解。这种社区、这些人群的问题在一定程度上是我国改革失衡造成的，当然这些弱势群体自身也有问题（适应力、个人能力啊都不够），但现在不是讲和谐社会、服务型政府、包容性治理吗？我们要给他们活路、理解他们。（访谈编号：GF05）

但不置可否，在这样的情理逻辑之中，基层政府也为此类小区违规现象的治理低效找到了一种合理解释和辩解方式：想治理但难治理，为了民生而弱治理。基层政府运用这类“软管理”是有限度的，也是有特定情景或情境的。所以，基层政府并没有放弃依据法理的强管控。在社区治理中，情理逻辑的这种包容性基调在很大程度上削弱了法理逻辑的有效度，并且会衍生出一种“权力间隙”（即治理间隙），为居民的违建违占制造机会空间。事实表明，这种基于民生考虑的政治妥协，使基层政府在对违规空间的管控中陷入困境，同时也会为情理逻辑自身的负外部性所钳制。

第四节　小　结

本章从社区背景层面探讨了国家权力空间化与社区样态变迁之间的关系，主要分为以下三个部分。

第一节：从历史维度，分析社区的变迁。老单位社区演变为现代型混居社区，“去单位化”和“社区扩张”的过程便是国家权力空间化的过程，而国企改制、住房商品化及老城更新等是推动J社区转型与变迁的因素；而传统村居的解体则是城镇化的一个结果，拆迁再置房H社区也不是一个自然社区。正如列斐伏尔所言，这种社区空间不是单纯具有居住意义的物理空间，它们充满了政治性、经济性和社会性。

第二节：从横向视角，分析社区变迁后的社会样态。虽然案例中两个社区在最初有不同的背景、社区性质和空间形态，但在国家强力推动下变为城市商品房住宅区，共同贴着转型社区的标签，有着极为相似的社会样态：下岗职工和失地农民导致的就业空间非正规化；社区基础弱及物业自身引发的物业“引进难”和“维存难”；社区变迁后共同体空间的解体等。

第三节：挖掘此类社区的日常生活政治样态，引出基层政府的治理逻辑与基调。如果说本章第一节和第二节解决了社区背景介绍的问题，那么第三节便是一个承上启下连接点。案例中的两个社区具有特殊形成背景（国家自上而下的行政力推动形成）和明显转型特征，虽然两者具有不同的时代背景，但是转型后却面临极为相似的社会样态及问题。在这类社区中的日常生活政治中，基层政府没有以单一理性（法律、规章等）来约束居民，而是呈现出包容、妥协与权变的情理逻辑。这种情理逻辑是管理J社区和H社区的主要基调，也是处理后面章节中社区违建违占（非正规空间）的主要姿态。本节从学理层面探讨这种情理逻辑产生的深层原因，为后面的章节做铺垫。

第四章

权力空间：地方政府对社区的规划与管理[1]

正如第三章第三节所言，我国的城市社区是国家以制度化的方式来践行权力的场域。对政府而言，社区是社会管理的基本单位，是国家政治权力和市场经济权力合力打造出的一个具有典型政治意义和经济意义的空间，即“权力空间”（space of power）。正如列斐伏尔所言，空间不单是一个几何学或地理学概念，而且是一个在实践中重组社会关系、建构社会秩序的过程，是动态的、充满矛盾的异质性实践过程；空间具有政治性，是国家治理社会的工具，制度化、等级化、层级化、区隔等都是政府控制的手段[2]。那么在我国，是谁主导了城市空间的产生呢？郑杭生先生指出党和政府在现阶段的社会管理中处于关键地位——执政党、政府引导其他社会主体运用法律、法规、政策、道德、价值等社会规范体系，直接或间接地对社会不同领域和各个环节进行服务、协调、组织、监督[3]。简而言之，党和政府是我国社会主义城市空间构建的核心领导，引导市场资本有序参与，在基层社区中进行权力空间化的微观运作。

在我国城市社区场域中，“权力空间”是政府对城市和社区进行规划、开发、建设与治理的场域，具体而言包括两个层面：其一是权力文本（秩序）的制定，即地方政府在中央政府领导下进行地方建设与管理，并制定出一系列代表政治意志的制度、法规和政策等政治文本。而文本是权力和治理实践的载体。其二是权力文本的践行和实践，即各种城市及社区建设、发展和管理的规章、制度和政策等实施的过程。也就是说，政府是权力空间的建构主体，是空

---

❶ 杜培培．城市过渡型社区非正规空间的生产机制与治理反思［J］．学习与实践，2021（6）：34－45.

❷ 刘怀玉．西方学界关于列斐伏尔思想研究现状综述［J］．哲学动态，2003（5）：23－26.

❸ 郑杭生，高霖宇．提高社会管理科学化水平的社会学解读［J］．思想战线，2011，37（4）：1－5.

间生产话语的核心建构者；对政府而言，社区是实践城市发展战略和管理方式的基本场域，是实现政治价值和经济利益的重要载体。本章便从政府的视角来分析一下，权力空间是如何对J社区和H社区进行规划和管理的？交换价值与权力空间生产的关系如何？从而揭示出地方政府的权力实践与社区空间非正规化（违建违占）产生的关系，比如什么导致了居民的违规？政府的哪些行为为违规创造了条件？等等。对于这些问题，笔者主要从地方政府对城市及社区空间建设、规划、再造（更新）及管理等几个方面展开分析。

第一节　指标化的社区空间建设

无论是建于20世纪八九十年代的J社区，还是较之更年轻的H社区，两者在物理空间规划上都强调固定指标或数量，忽视了不同类型社区居民需求的差异性及社会空间的多样化需求，结果塑造的社区空间往往是同质的。指标的设计侧重既定的量化标准依据，缺乏对居民消费、交往、休闲等诉求的差异化考量。因此，指标导向的同质规划与差异需求相冲突的体现表现在商业空间布局与居民消费空间需求的不匹配上，是社区公共空间非正规化的潜在风险点。

一、商业空间布局问题

和其他城市社区一样，两个社区都配置有商业空间，符合现代城市建设居住空间与商业空间布局相结合的原则，但是这种指标导向规划往往与实际生活中不同社区、不同类型居民的差异需求脱节。

北边的农贸市场是H社区主要的商业服务区。在一般宜居社区中，商业服务点（包括菜市场、便利店、超市、餐馆、网吧等）的规划注重满足多层次用户需求的同时，也注重服务覆盖半径，以实现消费空间的便利性和共享性；住区商业服务聚集区服务半径应为250米左右，即步行5分钟的距离[1]。

[1] 刘大威. 城镇宜居住区整体营造理论与方法［M］. 南京：东南大学出版社，2013.

但笔者在调研中发现，H 社区的商业服务点呈现独立式格局，虽然包括形形色色满足居民生活需求的站点（餐饮、蔬菜、水果等），但服务半径过小、离住区南部较远，严重影响市场活性。这也为住区内部一楼三家住户违建商铺提供契机，他们伺机私自将自家临路屋子改成“小卖铺”。

在 J 社区，J_1 巷的老菜市场曾是该小区唯一的商贸聚集地，是 J 社区建成后，区政府委托 R 街道建设的小型棚户集贸区。虽然 J 社区现已衰败，但是在 20 世纪八九十年代，它拥有地理位置优越、交通便利的区位，周围还有 T 社区等其他几个居民区。因此，街道综合区位、区域可用面积等因素将其作为周边社区共用的商业区。但是随着城市化进程和房改的推进，社区人数和异质化加剧、需求也明显增多，同样作为社区主要通道的 J120 巷地位越来越突出，其商业性在违建商铺和摊贩的涌现过程中不断凸显。

从这两个案例可以看出，指标导向的空间规划虽然可以满足部分或短期的要求，但忽视不同社区、不同居民需求特征的缺陷会随着时间推移而越来越明显。H 社区农贸市场偏居北隅，未能使商业空间活性最大化，为社区违建商铺和流动商贩的出现提供契机；而 J 社区商贸区的建设忽视了对另一条主要通道（J120 巷）的利用，没有挖掘出 J120 巷成为生活次街的潜力，忽视其成为社区商业空间补充的重要潜力，最终导致 J120 巷乱象丛生。

二、公共交往空间的局限性

同质社区的另一个特点是高楼叠起，“农民上楼”后看似进入一个居住环境更好的社区空间，虽然从格局、外观、基础设施配套上看，各方面较之以往的村居自建房都有很大提升，而居住区公共空间的使用满意度却非升反降。从两个社区的调研看，新社区并未完全满足他们的日常交往需求。拆迁前的村居生活中，人们可以随意地在房前屋后进行交谈，孩子们可随意在空地和路上嬉闹，肆意地体味一种差序交往的乐趣。新城市社区的居住条件看似更加现代化，但缺乏日常生活交往与活动的公共场所，也缺乏建构新社会交往网格的方式，这种局限很大程度上是由于社区空间设计、规划缺乏相关社会性（人文性）因素考虑，致使人们无法将个体化的活力注入公共空间，“社区精神如何重塑”成为困扰这种过渡型社区的重要问题。

H 社区内西北部相对独立的公园区域是该社区公共的休闲场所，包含一个小凉亭和若干健身器材，但直接通往此处的道路只有两条稍宽敞的大路（宽约 2 米）和一条小路（宽约 1 米）。过于集中的布局缩小了服务半径；道路空间和休闲活动设施未能良好结合，没有成为居民主要的休闲活动空间，导致设施利用率低，居民缺少公共的室外交往空间。在村居左右邻里串门互动的惯习影响下，居民便自己在房前屋后、树下搭建休闲设施，寻求公共交往的平台，这成为社区空间失序的一种表征。久而久之，从交往空间的自建扩展到小花园、菜园的建设，形成空间自治路径下的一种连带反应。而 J 社区本身就没有花园或其他公共活动场所，单位片区部分虽然有公共活动的院落，但是并没有可公用的基础设施，如健身器材等。居民李大爷告诉笔者：

> 小区无健身的地方，我们平时就去马路对面的 T 社区，那里有活动中心；我们院里（老单位房大院）天桥壁上这个自建篮球筐是供小孩玩的。天桥下这个废弃的桌子是打麻将用的，老年人没地方去就见缝插针（放麻将桌）。打麻将的人挺多，对退休的人来讲是消遣，也有下岗人员靠这些过生活——管桌子，提供麻将，凑人数，一人一元，一桌四元。（访谈编号：LJP04）

无论是单位房片区，还是后建的拆迁再置房片区和回迁房片区，在设计规划上都没有注入交往性：除了居住空间（楼房）和有限的消费空间（老菜市场），没有公共的健身场所、娱乐场所、社区活动中心或其他休闲场所，无法像其他社区一样开展广场舞、棋社书画、亲子等增进居民感情的公共性活动。而且，撤村上楼后的居民来自不同的村落，与回迁房和单位房居民没有自然形成的感情基础。再加上近些年社区衰败、有能力的居民先后“逃离”，外来承租户不断增多，这群流动居民一般与原住户没有什么交集（除了向房东交租）。比如来自安徽的杨女士说：

> 5 年前我来南京打工，这边消费水平高，我要找一个交通方便、租金便宜的地方常住，正好打听到这个老旧小区。虽然条件不好，可是一个月一个屋子租金不到 500 元。平时除了下班，很少在这边待，每个月初给老房东交租，也不知道这边有没有什么公共活动。（访谈编号：LJP08）

整体上，J社区形成了单位房住户、拆迁安置群体、回迁居民和外来租户四个分散的格局。由于空间分异明显，不同的空间位置给不同的区域贴上标签，他们在收入来源、生活惯习、行为模式和思维认知等方面有较大分化（尤其是外来租户与其他居民群体之间），居民尚未形成新的以归属和认同为特征的社区感。

三、“只见物不见人”

20世纪90年代房改房后，房屋建设进入市场化和商品化时代，房产开发商在地方政府委托下进行城市社区建设。但是从J社区空间建设的总体情况来看，这种以经济利益为中心的社区建设与项目开发模式，尤其是针对拆迁再置保障房，容易出现建设周期短、资金投入不足、资源配置不达标的情况，从根本和长期来看难以满足居民日常的需求和利益。不合理的空间规划忽视了居民应有的权利，不仅给社区居民生活带来很大不便，也是造成现在小区乱象丛生的根源。

如今，J社区和H社区周围耸立着设施齐全的商品房社区，其居住空间与道路、环境、社会等公共空间实现“一体化”，这使它们从周围区位相同的精品商品房中“脱域”而出，在对比中更突显社区公共空间问题。有居民认为自己被区隔，处于“泛社区化”背景下空间的不平等中。它们代表的保障性安置房建设和后单位社区建设，是在地方政府主导的、市场力量协作的“权力空间”场域中开展的运动。在这一过程中，“指标化”“任务化”等因素使规划师、开发商等掌握话语权的主体过分重视抽象空间内的交换价值——“只见物不见人”——忽视居民多层次的空间需求。这种“上下分离”的价值取向，为空间非正规化等越轨行为的出现埋下隐患。

第二节 交换价值主导的社区空间规划

社区建设是一种“指标”和一项“任务”，同时也意味着以经济利益为中心的交换价值的生产和再生产。住房制度改革之后，城市住房建设实行商品化和市场化的方式，J社区和H社区拆迁再置房的建设便是如此。就社区建设而言，地方政府在整个过程中具有调控资本参与的能力。而被政府授权进行社区建设的开发商对社区空间交换价值的过度追求是以牺牲空间使用价值为代价的，这是引发J社区和H社区违建违占现象蔓延的主要原因。

一、“消失”的地下停车场

首先，我们通过H社区的案例来看区政府和区房地产公司是如何通过联盟来获取空间交换价值的。

（一）空间的资本化

以H社区为例，区政府委托房地产开发公司负责完成拆迁和安置房建设，该房地产开发公司原是区住建委下设机构，区属相关部门协助其完成动迁工作。市政府协议出让土地，由房地产公司全面负责社区规划、房屋建设、基础设施配置等项目。这种将部分成本和责任打包给开发商的运作模式，为地方政府城市建设与开发解决了融资和公共投资问题，也为开发商带来巨额商业利润，但是在提升空间交换价值的同时，市场对空间的资本化运作也存在一些消极的外部效应。

从列斐伏尔的著作中我们可以看出，现代资本主义经济的空间生产，更多的是基于空间规划的一种谋利。❶ 拆迁再置空间建设对地产业发展而言便是积累经济资本的重要场域，也是地方政府通过空间再造推动城市空间发展战略的重要手段。在动迁过程中，拆迁户与开发商为使自己利益最大化，会展开“拆—抗拆”的拉锯战争。但是时间成本的沉淀对开发商和区政府而言都意味着经济利益和政治利益的损失，因此在不违背拆迁原则的大前提下，地方政府默许了开发公司的一些不上台面的“小动作”，比如利益诱惑。居民孙大叔骄傲地向笔者叙述了自家抗拆成功的故事：

关于拆迁，我们都知道这些开发商很黑的，你不闹就被坑。我们当时

❶ 汪民安. 空间生产的政治经济学［J］. 国外理论动态，2006（1）：46－52.

态度很强硬，搬迁也比较晚了。最后房产商同意多补给我们一些。（访谈编号：CHP14）

此外，开发商会在社区空间建设和资源配置方面压缩成本、谋取利益。毕竟，对于地方政府和开发商而言，空间是逐利的战场，无论是土地本身，还是地下、空中，甚至包括自然光线，都是具有生产力的潜在产品。无论是J社区还是H社区，基础设施和空间布局都是以经济利益为中心的。这种缺乏社会性和人文性的空间规划与建设，忽视了真正居住主体的日常诉求即使用价值，比如停车空间、采光空间、储物空间、交往空间等布局与建设，有的没有依据合约建设，有的不符合质量标准要求，最终都为这两个社区空间冲突与问题的凸显埋下隐患。

（二）官方的“违规”

调研中笔者发现，区房地产开发商不仅惯用“偷工减料”等压缩成本的“小伎俩”，而且为了实现商业利益的最大化，他们也敢公然以节约成本或经费不足等为借口进行违规操作。H社区的停车场缺失便是官方违规的一个结果。

2004年，区政府委托区房地产开发公司建设H社区。按照2004年的“H社区总平面定位设计图”（如图4-1所示），应有地下自行车库面积2.11万平方米，地下汽车库面积0.49万平方米（可容纳276辆车）。但2005年7月区政府验收时，地下停车场并未修建，此外凉亭数目也被减少，阳台最终也未按合同封闭，但是相关部门并没有追究开发商的责任。

在访谈的过程中，H社区业委会的老成员王先生拿出了自己收藏的社区总平面定位设计图纸和社区规划合同，并表示这些旧图纸和老合同都是证明开发商违约的有力证据。他说：

这么大一个地下停车场说没就没了，政府必须给我们拆迁户一个说法。而且当初建成时应有的一些配套像垃圾站、公厕、老年活动中心、电动车棚等基础设施并不完善，这都是不合理的。有些靠我们业委会的民间力量能解决，比如不断向居委会争取，大概花了两年时间，社区服务站腾出一间房当作老年活动室。但是停车场的问题，是大问题、硬骨头，我们

解决不了，必须由“上面”出面。（访谈编号：CHP06）

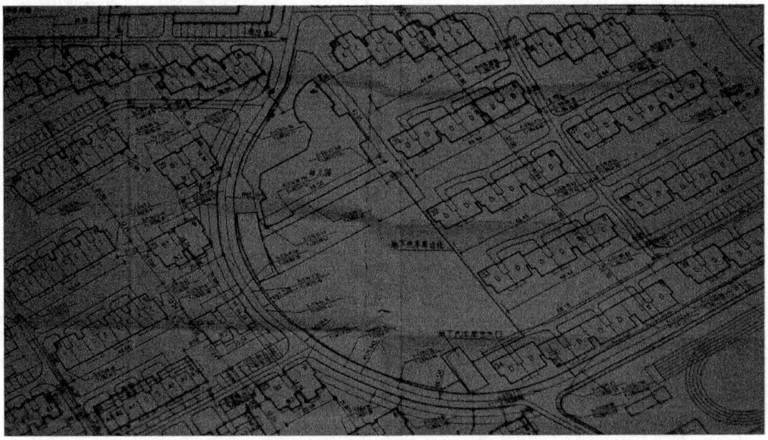

图4-1　H社区总平面定位设计图（局部）

资料来源：业委会成员提供。

（三）官方的回应

1. 权利空间的信访

从2005年成立之初至2016年，业委会代表居民多次向区政府反映停车问题，试图通过法律允许的信访途径向相关地方政府部门表达诉求，旨在获得政策支持和帮扶。信访途径的选择，既体现居民的能动性，也显示规训社会的结构性制约——居民空间实践的行为选择依然局限于权力空间层面统治阶级制定的制度和法律。信访是公民利益表达的重要方式，但信访制度只具有行政性，并没有实质法律效力，对问题的解释、处理手段、方式和结果仅取决于相关政府部门自身，而并非以居民诉求得到满足为衡量标准。从表4-1可以看出，信访制度和表达在立法体系中的低位阶性[1]，严重影响其职能发挥。因此，信访制度只是作为一种官民缓冲空间而存在。

[1] 李志明. 空间、权力与反抗：城中村违法建设的空间政治解析［M］. 南京：东南大学出版社，2009：104-105.

表 4－1　H 社区业委会关于停车场问题的信访记录

时间	信访问题	区政府和区住建委的回复
2005 年	地下停车场、小凉亭、小花园等未按原规划修建	资金不足
2006 年	没有地下停车场，车辆无法停放	将地下防空洞[1]改作公共地下室，可停车或置物
2008 年	公共地下室的乱建乱占现象	责令街道和居委会负责协调
2010 年	停车空间不足	政策规定区政府每年为居民解决 10 件难事，今年指标用完，明年再办
2012 年	缺少停车棚	目前街道资金不足，待小区出新全面整改

资料来源：笔者调查后归纳。

2. *权力空间的回应*

从表 4－1 的信访记录可以看出，权力部门的回复有以下三个特点。

（1）为区房地产开发商“兜底”。停车场对空间的使用者（居民）而言是不可或缺的，但是对空间规划者（区政府、区住建委、区房地产开发商等）而言实际代表的是某种“交换价值”。保障房/经济适用房建设是一个整体项目，也意味着公共财政的支出。在土地市场化时代，经济性和公益性都是政府的考虑要点；在成本和资金有限的情况下，公益性或者空间的某些使用价值会成为“抓大放小”的牺牲品，“消失的停车场”便是有力证明。对政府而言，这不是“违规”，而是一种基于成本和现实条件的合理取舍。

（2）“拆东墙补西墙”。区政府等利用自身具备的结构性资源优势，或者说某种空间主导权，将地下防空洞改为公共地下室，来满足居民的刚性需求。这看似是一种灵活、人性化的政策安排，但从长远看这种挪用空间的行为也存在一定风险；而且管理不善或分配不合理，也为居民抢占地下室提供了一个契机。

（3）转移责任。对于居民而言，停车空间问题是迫切需要解决的；但是对于区政府等相关部门而言，这是一个令人头疼的小问题。面对业委会对停车问题的不断申诉，区级部门一方面将矛盾转移给资金及政策因素，给予居民希

[1] H 社区共 43 栋楼，两栋楼共用一个地下防空避难所（共 21 个）。

望；另一方面委托下级单位解决。但是笔者在调研中发现，街道和居委会由于能力和资金有限，并没有处理好这些问题，并且他们仍会把责任推给上级部门。

总之，当制度对嵌入社区建设的市场力量监管不力，而市场主体自身逐利性过强时，居民对空间使用价值和空间利益的诉求便被弱化，空间的公益性也被忽视。

二、老菜市场的停用

如果说拆迁再置房 H 社区的地下停车场代表某种经济成本与交换价值的生产，那么老旧小区 J 社区的菜市场所在的 J_1 巷乃至 J 社区整个空间本身，对于地方政府而言，都是代表增值收益的“希望空间”，可以通过旧城/R 街区更新、拆除再建等城市建设方式实现空间交换价值的再生产。

（一）记忆中的 J_1 巷菜市场

走入 J 社区，首先进入视野范围的是商铺和摊位林立的 J120 巷。但从图 4－2 可以看出，20 世纪 90 年代的 J120 巷原本只是这个四通八达的老社区的一条主要道路而已，那么 20 年来是什么因素导致空间景观的巨变呢？笔者在调研中，遇到了居住在回迁房片区的刘奶奶，她告诉笔者这条巷子的变化与另一条相接巷子（J_1）老菜市场的搬迁有关。从 20 世纪 90 年代末至 2016 年，以 J120 巷和老菜市场为核心的非正规商业空间经历了出现、扩张、萎缩三个发展期，这一部分在第五章详细介绍。本小节主要介绍老菜市场的变迁，J 社区空间非正规化是从商业空间的非正规化开始的，而老菜市场是孵化违占商铺、流动摊位的主要基地。J_1 巷最初是作为几个社区共用的集贸市场而被规划出来。20 世纪 90 年代成立之初，菜市场有公共的大棚，并被分成若干摊位，分租给不同的个体。最初的菜市场布局设计合理、规划有序，为附近居民的生活提供很大便利。居民周奶奶回忆说：

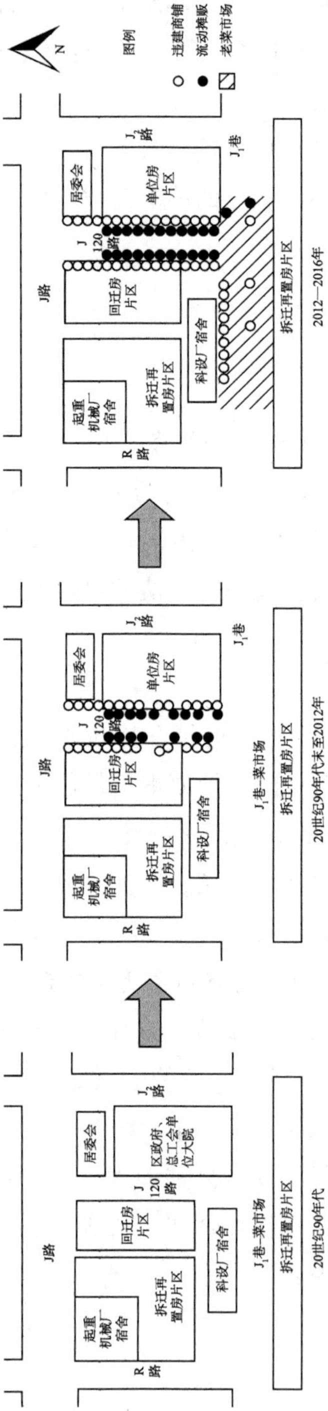

图 4-2　J 社区的空间发展变化（20 世纪 90 年代—2016 年）

图片来源：作者自绘。

我们是90年代搬进来的，同期搬进来的居民很多，也比较杂。但这个小区生活很方便，有自己的菜市场，我们都蛮喜欢的。每天熙熙攘攘的，很热闹。当年的物资虽然没有现在丰富，可是蔬菜啊肉啊都很新鲜，价格比较公道。我记得有一年猪肉价格上涨啊，我们这里涨价后还是算便宜的。我想是政府管理得好吧。（访谈编号：LJP06）

（二）街区更新的先声：J_1 巷拆迁

从图4-2中J社区的空间发展变迁可以看出，2012年后 J_1 巷的菜市场便不存在了，取而代之的是大大小小的、非规范化的流动摊位和私自搭建的违建商铺。为什么非正规空间能够占据正规空间的位置？正规的、官方规划的菜市场去哪里了？在回答上述问题之前，我们先以政府的视角来分析一下旧城更新和街区再造的深层内涵。

旧城更新表面是街区空间物理环境的变化和不同功能区的调整，而大卫·哈维（David Harvey）在研究20世纪70年代美国政府推行的“贫民窟清除计划”时指出，都市区域更新其实是政府和市场借助社会权力杠杆和经济权力杠杆，在土地资本化的过程中推动资本循环、提升空间价值并谋取高额利润和剩余价值的“空间再生产”过程。[1]《权力的经纪人》（*The Power Broker*）[2]一书中，罗伯特·卡罗（Robert A. Caro）在分析纽约的城市规划与公权力运作时，也明确指出旧城区的“绅士化”现象本质上是政治—资本联盟推动的、谋取政绩和经济利益的运动。总之，资本主义社会的城市（区域）更新的本质是资产阶级主导的、以营利为目的的空间交换价值再生产运动。

关于我国的老城再造和区域更新，一些学者在肯定政府对社会主义空间公平正义追求的同时，也指出在快速城镇化进程中，房地产经济利益导向的城市更新也存在类似西方的“绅士化”风险，即缺乏政策整体性调控的空间再造和资本开发会引发一定程度的社会排斥，并带来空间再生产的一种负效应——

---

[1] CASTREE, NOEL. David Harvey: a critical reader [M]. John Wiley & Sons, 2008: 106.

[2] “The Power Broker”或译“权力掮客”；本书对卡罗观点的介绍参见 CARO R. Power broker: Robert Moses and the fall of New York [M]. New York: Vintage, 1974: 57-60.

居住者空间使用价值被忽视、弱势群体边缘化、空间正义缺失等❶。R 街区（J 社区所在地）的再造与开发便是老城改造和房地产开发的产物。

2012 年，N 市为继续争创文明城市和卫生城市、提升城市形象，各个区域开展了各种各样的空间更新运动，G 区也不例外。R 街区中有很多有待改造的地方，比如 J 社区。但是 J 社区“年代感”很强，改造起来难度较大（三大片区混合、空间结构复杂、人员构成也复杂）。结合区位因素考虑，对政府而言，“推倒重来”（拆迁再造）将会极大提升空间价值，通过“空间再生产”能带来巨大的交换价值。于是，区政府便开始以老城更新的名义首先将 J_1 巷及其南边的一排拆迁再置房划入更新区（拆迁区），老菜市场在这一背景下“消失”了。R 街道城管科工作人员在访谈中介绍了区政府对 R 街区的再造规划：

J_1 巷是先行拆迁区。政府已经将 J_1 巷列入建设用地，巷子南边的一排老房子目前已经搬空了，其他地方还没有开始，但是也是在政府改造的计划之中。

（问：为什么拆迁的同时要把菜市场停用呢?）

答：这边的老菜市场是停用了，但是政府在白云亭那边已经建了一个新的市场，就是考虑到居民的需求。J_1 巷拆迁和菜市场停用代表街区更新的一个“先声”“前兆”，让居民对这个老旧小区的拆迁再造有个预感，这样等将来真正拆迁便显得顺其自然、不突兀了。同时也是给这些非正规商业空间的一种暗示——政府已经在筹划整顿和拆迁，违建违占只能是暂时性的。（访谈编号：GF05）

第三节　社区空间有序化的政治—经济意涵

20 世纪 80 年代的改革开放推动了我国总体性社会的解体，中央政府不断下放权力，地方政府对当地区域的经济发展具有更高的自主性。而这种自主性

---

❶ 何深静，于涛方，方澜．城市更新中社会网络的保存和发展［J］．人文地理，2001，16（6）：36－39；朱喜钢，周强，金俭．城市绅士化与城市更新——以南京为例［J］．城市发展研究，2004（4）：33－37.

同时意味着更多责任和任务的承担，因此许多城市出现了“唯 GDP 论”“唯产值论”等发展特征——城市经济增长和地方政治绩效捆绑在一起，形成了类似周飞舟所说的“锦标赛体制”❶。另一方面，20 世纪 80 年代的改革开放是在经济全球化、一体化的背景下揭开帷幕的，我国城市发展也进入了哈维所谓的“时空压缩”期，不同城市对空间差异性和文旅吸引力的狂热追求加剧了地方竞争的激烈程度❷——类似“城市企业主义”❸。结果，越来越多的城市将提升空间形象和品位作为拔得竞争头筹的发展战略之一，包括国际大都市的打造、宜居新城的建设等❹。N 市作为长江三角洲经济带的副中心城市，自然也十分重视形象政治建设。

前两节分别从社区空间规划、建设等方面剖析了地方政府是如何行使空间主导权的，本小节继续从空间秩序建构的层面来分析一下“权力是如何影响社区非正规空间生产的”。具体而言，社区层面空间政治的内涵解析主要包括以下三部分：①城市形象政治与政治绩效及环境整治的关系；②空间有序化管理的制度建构❺；③针对空间非正规化现象的空间管控模式的建构。必须注意的是，权力空间建构的管控制度（文本）和模式都是一种理想化的、自上而下的法理政治空间的建构，在实际操作层面会受到情理逻辑等因素的影响而出现一些偏差，这在本章第四节详细讲到，下面我们来具体看一下理念建构层面权力是如何借助制度文本实现空间化的。

---

❶ 周飞舟用“锦标赛体制”来比喻“大跃进”运动的过程，并总结出分权式“大跃进”锦标赛的背后是国家集权下的总体性控制（周飞舟. 锦标赛体制［J］. 社会学研究，2009（3）：54－77）。本书借此形容我国目前压力性体制下的绩效政治和城市建设。

❷ DAVID HARVEY. The ways of the world［M］. NY：Oxford University Press，2016：109.

❸ 关于“都市企业主义”：哈维认为全球经济开始由都市管理主义向都市企业主义转型，都市发展着重于借助象征性的空间资本来吸引资金（参见 DAVID HARVEY. From managerialism to entrepreneurialism：the transformation in urban governance in late capitalism［J］. Geografiska Annaler，1989，71（1）：3－17）。在城市形象营造的过程中，地方和城市本身成为一种资本，城市管理者力求改善城市空间面貌来提高竞争力、吸引市场投资和游客光顾，以促进城市经济发展。城市形象营造与城市推销逐渐成为近些年来城市规划与管理中的焦点（参见叶嘉安. 21 世纪城市形象的规划和管理［J］. 城市规划，2003（4）：20－22）。这种背景下，有学者将经济全球化过程中的都市竞争定义为围绕着人才、资金等其他资源进行的“地方战争”（HAIDER. Place wars：new realities of the 1990s［J］. Economic Development Quarterly：The Journal of American Economic Revitalizatio，1992，64（2）：32－42）。

❹ 黄耿志. 城市摊贩的社会经济根源与空间政治［M］. 北京：商务印书馆，2015：136.

❺ 从制度文本的角度解释“违建违占＝非正规空间”的政治由来，凸显“权力空间”对“非正规性”的排斥，为第五章空间冲突的产生做铺垫。

一、城市形象与整违运动

在城市及社区建设与管理中，各种文明城市管理制度、法规、政策制定与推行的背后隐藏着地方政府全力维护的政治与经济利益，所以可以将城市形象建设定位为一种政治运动。

（一）城市形象与政治绩效

市容市貌规划、建设和管控的背后隐藏着深刻的政治意涵和经济指向。对主导城市现代化建设的地方政府而言，城市空间拥有一种“符号价值”，是与政治绩效密切相关的“象征资本”。对N市政府的政绩考量中，能否将城市空间打造成与国际接轨的、更具现代性和文化性的消费空间、商业空间和经济空间，能否提升城市形象，能否将城市变得更美好等，都是地方政府衡量和规划的重要依据❶（比如N市政府将“强富美高”新城市建设目标直接与经济转型和城市转型挂钩❷）。城市空间有序化是现代化的直接表征，能够直接体现一种空间符号价值——代表着政府现代化的城市治理能力和较高的社会经济发展潜力，是地方政府进行招商引资的有力砝码（体现空间的工具性）。

此外，城市区域更新也与形象政治及政治绩效建设密切相关。通过旧城更新，N市政府和G区政府还可以实现公共空间的增值，这也是政治绩效考量的重要指标之一。尤其是R街区的J社区，空间扩张始于土地市场化和住房商品化初期，无论是政府还是市场，对土地的空间交换价值认识均存在局限性，在20世纪90年代的空间生产中获得财政收入和资本收益均是有限的。依据调研资料，20世纪90年代J社区的房价大概是2000～3000元/平方米，目前二手房的均价已经达到25000元/平方米，增值约十倍。因此，从经济的角度考虑，地方政府不仅可以通过城镇化、老城更新、街区更新和

---

❶ 何鹤鸣. 增长的局限与城市化转型：空间生产视角下社会转型、资本与城市化的交织逻辑[J]. 城市规划，2012，36（11）：91－96.

❷ “强富美高”分别指经济强、百姓富、环境美、社会文明程度高（http：//www.nanjing.gov.cn/xxzx/mjxw/201601/t20160115_3745412.html）.

社区重建等手段提升空间形象，而且更重要的是可以获得超出预期的地租回报和税收收益，弥补上一轮空间生产过程中的地租及税收损失，这也是体现政绩的有效途径❶。

(二) 环境整治与违建治理

基于以上政治因素和经济因素的推动，N 市从 2003 年至今，开展了各式各样的形象政治运动，最有代表性的是“三创”运动，包括创建“国家卫生城市”（创卫）、“全国环境保护模范城市”（创模）和“创建全国文明城市”（创文）。其中，“创卫”是首要目标、重中之重，是实现“创模”和“创文”的前提及先决条件。而且，也有资料显示“创卫”的成败直接关乎地方官员的晋升、降级❷；而“创文”是由中央文明委评选的，这些潜在的政治资本加大了“三创”运动的竞争力度。从 2003 年争创开始到每隔几年的周期复审，N 市都会专门制定各项专门针对争创运动的工作方案和法规，明确各个部门及各个区政府的职责及奖惩措施。在“成绩单”“问题菜单”等绩效考核及压力型体制下，政府都会极其重视这项工作，尤其是在争创的评审或复审前期，这也是造成运动型或动员型环境整治及违建治理的政治根源。

环境整治和创卫运动在微观社区层面，最主要的体现就是违建整治，而且会在国家政策层面寻求整违及环境整治的合法性，比如 2013 年《省城市环境综合整治行动实施方案》表明将根据省政府关于“贯彻三项要求、落实十项举措”的部署，把开展城市环境综合整治作为重点工作在各地市逐步展开；2014 年 N 市城市管理局拟定的《关于进一步加强违法建设治理工作的实施意见》表明“依法加大关系群众切身利益的违法建设的执法力度，坚持民生优先、问题导向，将违建后果已经或者将危害公共安全、造成环境污染或者破坏自然资源、市民反映强烈的违法建筑一律及时拆除”❸。

此外，整违不仅是一个自上而下的政治工程，而且有一套严格的绩效考核

---

❶ 何鹤鸣．旧城更新的政治经济学解析：基于空间生产的批判视角［D］．南京：南京大学，2013．

❷ http：//news. xinhuanet. com/mrdx/2016－08/07/c_135571666. htm.

❸《关于进一步加强违法建设治理工作的实施意见的通知》（市人民政府文件）中第一条“指导思想”的相关论述。

系统。比如2014年环境整治（含清违运动）结束后，市考核奖惩组对所有的分区负责人开展个别谈话、实地检查等定性考核，并公布考核末位名单。在对R街道城管科的调研中，笔者发现工作人员特别重视清违绩效。

J街道城管科杨科长在访谈中表示整违考核是十分制，其中违建商铺和流动摊贩是整治工作的重点；考核与年终绩效奖发放直接相关，而且也会影响晋升、职称评定等；为了提升政治资本积累，他们也会借助媒体来帮助宣传自己的整违成效和工作进展，以塑造服务型政府的形象，比如“拆除J120巷违建房，还居民整洁环境”的报导（但是强拆的时效性，即居民是否会再次违建，有待考究）（访谈编号：GF07）。

二、空间有序化的制度建构

这种形象政治与政治绩效密切相关，并依靠法理政治力量进行管控，在一轮又一轮的环境整治和违建治理中力求“空间有序化”。从文明城市评比、创卫运动、“迎青奥改造”到环境综合整治运动等，不同的形象政治运动生产出形形色色的空间管理制度——它们最终形成一套维护城市形象的管理秩序和话语体系，成为旨在实现空间有序化管理的法理空间。制定政策与法规对城市空间进行管理、对非正规空间进行管控，是地方政府现代化和法制化城市空间发展观的体现。

（一）制度的全面性

一方面，我们可以从国家相关法律法规中找到权力之网在城市公共空间中的踪迹。比如对城区土地，《宪法》第十条和《土地管理法》第九条指出，划分为城区的土地属于国家所有，禁止居住者随意使用、改建或占用。对公共空间，《中华人民共和国城市规划法》第四十条和《最高人民法院关于审理建筑物区分所有权纠纷案件具体应用法律若干问题的解释》第十四条、第十五条指出，对城市公共空间（规划区）内，未取得建设工程规划许可证进行建设的行为进行约束和限制；指明禁止擅自占用、处分业主共有部分，违反将由业主大会、业主委员会依法作出决定；将违建、改建、侵占、挖掘公共通道、道路、场地或者其他共有部分等行为认定为“损害他人合法权益的行为”。对城市道路，《城市道路管理条例》（1996）指出，禁止擅自占用城市道路做集贸市场。对业主建筑物，《物权法》第六章明确区分业主建筑物专有部分和非专有部分的所有权。而关于室内，《住宅室内装饰装修管理办法》第十二条和第十三条明令禁止室内装修对公共空间的侵占。

此外，N 市政府相关部门对城市空间管理也有地方性规定。比如 2012 年《N 市违法建设制止和查处办法（草案）》第一章、《N 市城市治理条例》（2012）第一节及《N 市违法建设制止和查处办法》等文件中，都对建筑物及违建管理作出明确定义和规定。《N 市市容管理条例》（2011）等文件指明如何管理建筑物、道路和公共场所的容貌，以及如何制止和查处违法建设。这些文件的出台和实施，意味着居民的行动将被置于一定的规则框架内，而本书所研究的非正规空间及行动都因与这些明文规定相悖而被标注“违法”和“非正规”的标签。

（二）制度的强制性

管理制度是空间强者制定的行为规则，一切不合规定的现象和行为都会被禁止或查处。比如在对 R 街道办事处城市管理科的实地走访中了解到，有些违建如果不在第一时间拆掉，时间便会赋予其合理性——建违者反而会因其存在时间很长，若没有补偿便不配合拆。针对这种情况，2012 年《N 市违法建设制止和查处办法（草案）》第八条明确指出，违建零补偿，还要付拆除费，禁止任何单位或个人不服从规划管理或利用违建非法获利；拆违产生的相关费用由违建搭建者承担；若拒缴纳拆除费用，将通过诉讼程序由法院强制执行。类似地，《N 市城市治理条例》（2012）等也明确表示相关市、区、县级政府部门有权强制拆除逾期不拆的建筑物。

当然，自上而下的规章制定在程序和内容上也会有人性化的考量，表现出一定的灵活性。一方面，规章制度的制定与执行逐步转变从上到下的拍板式决策。比如《N 市城市治理条例》（2012）、《N 市违法建设制止和查处办法（草案）》（2012）等文件都有强调“公众参与治理”，不仅有举报制度和相关保密及表彰奖励制度，而且更重要的是鼓励公众通过专家咨询、听证会、问卷调查等各种方式参与城市治理。这些参与式治理话语旨在通过公众意见的民主表达，加强权力制度化的群众基础与合法性。另一方面，制度规章在重构话语的过程中彰显包容性和治理的灵活性。比如N市2009年首先在全国推行“摊贩合理化”（参见《N市市容管理条例（修正案）》），2014年的《N市城市管理局关于进一步加强违法建设治理工作的实施意见的通知》改变原本对违建的一次性整体清除政策，将违建违占分三个阶段、按不同的方式处理，改变了“一刀切”的政风❶。

三、“理想化”的管控联盟

制度力量不仅体现在文本效力上，更多的是在制度模式的建构层面。2000年以来N市加强对非正规经营主体的行政管控力度，尤其在创建全国文明城市、迎接国家创卫检查、迎奥运大干100天等运动时期，建立起一套联盟式、自上而下的空间管控模式（H社区和J社区也是如此）。这种治理模式通过微妙的行政机构联盟对非正规经济空间进行网络化管控，进而全面约束和控制空间违规行为。

这种管控联盟模式主要包括网络化管理机制和行政联盟两部分。需要注意的是，这里讲的管控联盟属于N市政府在制度建构层面的一种理想化的管控模式，它的缺陷或者说在实践中的失效，详见本章第四小节——权力之网的间隙。

（一）行政工作联盟

在整个N市的城市空间层面，建立城市非正规空间治理的行政工作联盟。在整个城市尺度，从上到下形成市—区—街道整观式的联盟整治体系。从根本上讲，这种模式试图打破不同部门各自为政的传统方式，通过跨部门的空间限制、管控与惩罚，实现全域、全员、全时的系统性和全观型空间治理（见图4-3）。

---

❶ 资料来源：2014年《关于进一步加强违法建设治理工作的实施意见的通知》中规定：1990年6月18日前在本单位或个人用地范围内，用于生产经营、出租营利的，优先予以查处；1990年6月18日至2012年11月30日期间建成的历史存量违法建筑根据本地区的实际情况，按照“五先五后”的原则，在城市改造出新过程中逐步消除，并一律实行零补偿；2012年12月1日《N市城乡规划条例》正式实施以后产生的违法建筑，坚决拆除，要在“再干两百天、环境再提升”期间查处完毕。

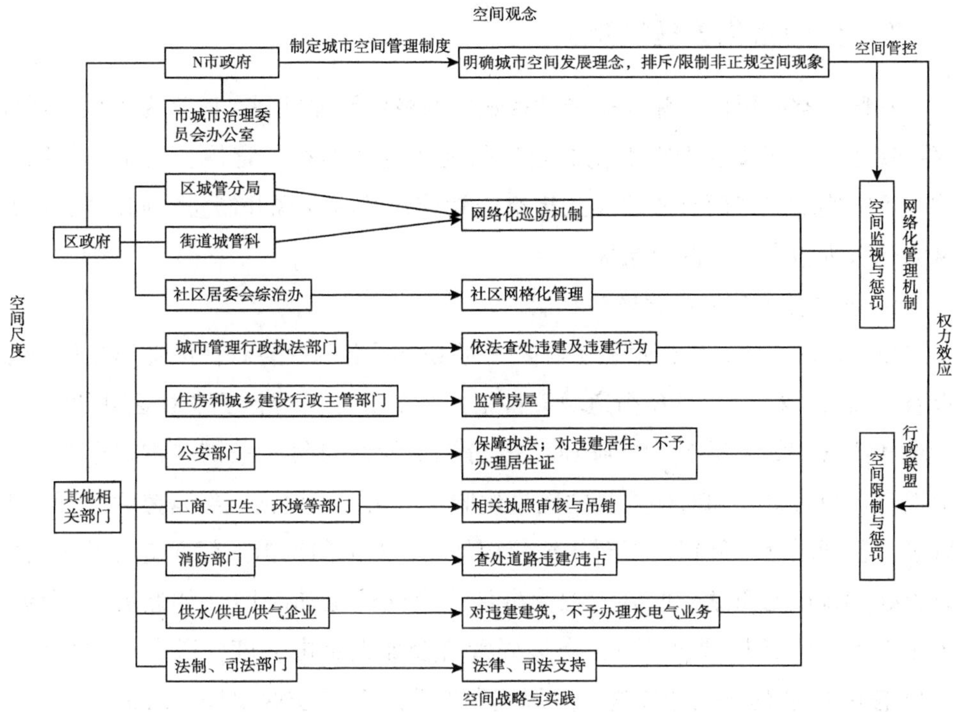

图4－3　针对空间违规行为的管控联盟

首先，市政府及城市治理委员会负责空间理念的制定与规划，为整个城市空间管理的运行建立科学、合理的制度体系，提供空间管控依据。

其次，各区政府依照市级指示，结合各区情况，对不同的违建/违占情况分区治理。与此同时，除了区级城管和街道城管系统，其他相关行政部门都要配合非正规空间管制行动，通过部门联动型职能发挥，起到对违规行为的限制和惩罚作用。比如，R街道城管中队发现J社区有生存性违建（用于居住的违建房屋），如违建者不听劝阻，仍强行占用公共空间，城管中队可向住房、住建委和城乡建设行政主管部门申请，对违建属性进行确认；一旦核实，城市管理行政执法部门就配合依法查处违建，并对违建行为进行制止，甚至做出相应惩罚。

这种多管齐下的方式，从源头上进行查处、从多方进行堵截，进而形成空间监视—限制—惩罚的全方位治违模式。总而言之，对非正规空间的管控不单是城管的责任，也需要其他相关部门的有力配合，从而强化权力效应。

（二）网格化管理机制

在区级空间层面，建立全景敞观式的网格化管理机制。以区为单位，形成区—街道—社区尺度不断细化的全景敞观式空间巡查、管控、限制与惩罚模式，旨在实现严密而有效地非正规空间管控，及时发现并制止空间越轨行为。网络化管理包含以下两个层面。

1. 街道负责的网络化巡防机制

以J社区为例，R街道将J社区分为4个网格，主要对社区道路进行日常巡查、监视和检查。据R街道城管科工作人员介绍，分派到J社区共43名城管员和协管，每天从7：30到18：30分三班轮流对每一条街巷进行巡视，形成巡查员与负责空间对接人员的网格化监管机制，并对占道经营摊贩进行分类管理，包括教育、处罚甚至暂扣经营物品等，对倚门出摊的门面进行教育或处以100～1000元罚款。此外，在大事件或全国性运动时期（如迎奥运/青奥、大干百天、“三创”期间等），街道城管科会加大突击力度，联合居委会等对J120巷和J1巷的顽固地段进行大规模专项整治[1]。（访谈编号：GF07）

2. 社区负责的网格化管理

网格化管理通过层级监督与巡查，使地方基层政府能够迅速发现、处理问题，提升管理能力和应对效率，建立起监督与处罚相分离的管理机制。空间网格化使基层政府的权力（街区行政管理力量）自上而下地渗入城市和社区管理的每一个角落，全观性地把控单元网格的动态。社区空间成为政府实施空间治理策略的基础场域，充分体现了空间的政治性和工具性。

以H社区为例。2012年9月H社区开始实行网格化管理，社区空间被分为3个单元网格，代号分别是0901、0902、0903，由不同级别的网格人员管理：一级网格由街道代表和社区居委会主任共同负责，并由街道代表统领，覆盖二级、三级和四级网格；二级网格设3个网格长，分别负责0901—0903网格，每个网格监督员对应18幢楼；三级网格配置5个网格长，分别对应8～9幢楼；每幢楼每一单元（5个单元/楼）设楼长，215个楼长共同组成四级网

---

[1] 杜培培，李惠芬．城市社区非正规经济空间生产的互构性分析：基于N市J社区违建商铺、流动摊贩的实证研究［J］．城市发展研究，2017，24（6）：74－80．

格。其工作原理是：通过地理编码将所管社区划分成三个网格区域，使网格内公共空间（包括基础设施、道路、绿化带、地下室、停车区等）和公共事务（包括党建、居民社保、就业、计生、优抚救助、环境卫生、突发应急事件、社区秩序、综合事务管理等）数字化，并将公共空间管理、公共事务管理与网格化单元及负责部门相对接，形成信息一体化管理控制系统，旨在确保辖区内问题能及时被发现、反馈与解决。政府借助空间网格化来实现街道、居委会、社区、小区、楼栋、居民六联动，这也是权力的空间策略之一。

第四节　情理逻辑的负外部性与空间管控问题

笔者在 G 区两社区的调研中发现，基层政府在权力实践（即空间管理）过程中，在某些情境中会对情理逻辑的包容性进行不当解读，催生了情理逻辑的负外部性（如行政管理间隙），最终导致非正规空间治理的低效或失效（为社区违占违建现象的产生提供契机），同时也对正式规章制度构成的法理空间造成了一定的冲击。

一、情理逻辑的负外部性

第三章已经指出，情理逻辑是基层政府治理 J 社区和 H 社区的基调与姿态，比如对社区问题（尤其是违建违占现象）的包容/容忍、对居民诉求和违规行为的理解等。但是，这种情理应该有一定的前提、限度或标准，否则便会产生负外部性，如行政管理工作中的过于柔性化，会伤害大多数的利益，使违规整治工作陷入不治理—难治理的怪圈，同时也会削弱法治权威。以下是笔者在 H 社区对居民的调研：

问：你对目前政府治理院落违建的结果满意吗？

答：当然不满意！你看一楼到处都是私自围起来的院子，整治七八年了，越整治越多。我们小区停车位本身就少，如果把一楼这些私自占的地方共享出来，会缓解停车问题的。当初刚有违建的时候，没有及时管，然后就越建越多，有的是为了满足日常需求，有的就是跟风。政府后来也管不住了，就教育大家对违建要“规范化”管理。怎么规范化？就是政府放手，居民可以违建，但是要管好各自的“建筑物”、要好看些。这明显就是“不作为”嘛！（访谈编号：CHP13）

这种情理逻辑的负外部性与陈映芳、缪毅容等学者的研究具有相似之处。陈映芳❶在研究上海老城西区 F 路的违建违占现象时，便指出政府借助“道义”与“情理主义”来建构某种“合情合理”的非正式操作空间，用所谓的“情理”或“道德政治”“包容性治理”来为官方非正式的管理操作辩解，一方面掩盖官方的某种功利目标，另一方面试图塑造一种“父母官”“亲民”“服务型政府”的道义形象。缪毅容、朱珉迕等❷也发现上海浦江镇的大型保障房中，基层政府已经将马路市场上占道经营的摊贩视为一种规定之外、情理之中的“合理”现象，一种对正规市场缺乏的补充经济形式。

然而，街区环境整治工作者这种“民生”“公益”等类似道德政治的选择性整违策略，反而为空间越轨建构出一种投机时空，某些居民便利用这一机会空间进行空间非正规化建设。包容性治理方式也为非正规空间的维存提供一种屏障，违规居民在揣测空间管理者意图后巧妙而大胆地进行长期违建违占，甚至将空间管理者的包容与柔性策略视为一种官方“认可”或“许可”，而面对后期突然出现的严格管控或约束，反而会大胆地采用对抗性策略，以维护既得空间利益。届时，违规者往往不再从“所有权是否合法”中寻找法理性依据，而力求从不同形式和程度的空间争夺方式中去维持自己那一份非正规空间的“存在即合理”状态。因此，当所谓的情理逻辑在社区空间的日常管控中占主导地位，法理空间和管控制度的合理性也会备受质疑，法理空间的边界便会内缩。

笔者在调研中发现，G 区的街区空间管理部门和工作者习惯使用这种情理逻辑来应对社区中各种各样的违规群体，尤其是面对下岗群体、流动摊贩、贫困户，甚至将这份对底层群体的同情与包容扩大至对违规行为的容忍。一方面这与社区工作者的某种自利性目标有关（比如居委会为获得社区选举中居民

---

❶❸ 陈映芳. “违规”的空间［J］. 社会学研究，2013，28（3）：162－182，244－245.

❷ 缪毅容，朱珉迕，陆一波. 小区菜摊的困惑［N］. 解放日报，2012－02－20.

的选票，便要在日常工作中注意与居民的关系维护)，另一方面是考虑尽量避免与居民产生冲突，增加管控成本，甚至影响执法队伍形象。部分基层工作者在公益性与自利性之间，巧妙地创造出规则—情理之间的一个“灰色地带”[3]，模糊了法律与情理的界线。当然，这里面的“情”与“理”不再是单纯基于民生/弱者考虑的包容、体谅或同情，而多了一份政治考虑，自然产生了情理逻辑的意外后果——街区空间管理者的选择性管控与权力之网/行政管理网格的间隙。

二、政府的选择性管控

吴理财教授在研究农村基层治理问题时，提出一个选择性治理[1]的概念，并指出这是对周飞舟[2]“悬浮型政府”或农村基层政府“空壳化”研究的补充。吴教授认为农村基层政府职能的有限性一方面源于财政问题等客观原因，另一方面是自身选择的结果——在与自身利益密切相关的情境中，会卸下“悬浮无力”的伪装，表现出超乎寻常的行动力。而笔者在调研中发现，G区基层政府在城市空间管控和社区清违的过程中，也会基于情理进行选择性管控。

(一) 公共地下室的分配风波

本章第二节交代了H社区“停车场缺位”的来龙去脉，也提到2006年区政府将楼栋下面的地下防空洞改为公用地下室，供居民日常停放自行车、电动车或储藏杂物等，试图用空间替代的方式消解既往管理工作失当的不良影响。公用地下室原本是开放、共享式的空间，有需要的居民都可以使用，但不能够占用。2007年YS物业（区房地产开发公司的下属组织）管理社区时，却私自“出售”了这一集体财产。访谈中，一提起地下室这件事，受访对象都是“愤愤然的”，指出这是一切违建违占的源头。H社区居委会的张主任回忆说：

---

[1] 吴理财. 以民众参与破解选择性治理 [J]. 探索与争鸣，2009 (4)：29－30.

[2] 周飞舟. 从汲取型政权到“悬浮型”政权：税费改革对国家与农民关系之影响 [J]. 社会学研究，2006 (3)：1－38，243.

那个地下室应该是全体业主停自行车的地方，但是 YS 物业不经我们服务站和业委会同意，就开始卖。比如交个几百元或者几十元钱，他就把地下室给你一间；或者谁和他们关系近、送个什么礼，他们也会把地下室私分给你。后来我们发现后就把这个物业赶跑了。

但是物业“被炒”之后，为何反而引起居民抢占之风呢？居委会为什么没有及时进行再分配呢？H 社区居委会的陈主任是这样解释的：

物业把地下室卖出去一部分后，把钱也私吞了，我们没有办法把钱退给居民，交了钱的居民自然也不愿意放弃地下室。这个我们可以理解，毕竟钱没追回来，谁都不愿意人财两空。后来有些居民就陆陆续续也要私占地下室，为了“公平”起见，我们自然没有理由阻拦。（访谈编号：GF01）

看似当时社区服务站是无奈的，但这其实属于一种选择性管控或选择性治理行为。服务站选择联合业委会“炒掉”物业，但是在需要对公共物品/空间进行再分配时，却退却了。这种妥协以“公平”“合理”为名，虽然维护了部分强势居民的利益，但是却损害了其他没有地下室居民的公益——那么，这种做法又和 HS 物业有何区别呢？在交谈中，居委会代表人员向笔者讲了许多居民为了抢占地下室到居委会“闹”的故事。对他们而言，再分配意味着更大的麻烦（如日常工作中受到更多的干扰和吵闹）和风险（如换届时失去部分居民的支持），甚至要付出更多的管理成本。

（二）J_1 巷的选择性弃管

前文讲到 J_1 巷拆迁是政府整体拆迁的一种“宣称”或“预告”，所以老菜市场名曰停用，但实际上并未禁止流动摊贩和临路违建店铺继续使用，社区非正规经济群体仍可在该巷进行常规经营。正如 R 街道城管科工作人员的解释：

目前正处于疏导阶段，老菜市场即使停用了，你还是可以看到 J120 巷和 J_1 巷老菜市场这边还是有很多摊贩和违建商铺，这是居民和商户长期的一个习惯，政府的空间重构和更新也考虑到这一点，体现人性化管理。毕竟小摊小贩和老百姓的生活也是不易的，我们也都是老百姓，能体会更多。J 社区为开放型老旧小区，小区内道路四通八达，且紧挨着 R 路菜场。R 路方圆 5 平方千米内只有这一个比较大型固定的菜场，摊位有限，不能为更多的商贩提供摊位，解决更多人的吃饭问题，又要为将近 7 万人提供新鲜的瓜果蔬菜、鸡鱼鸭肉，仅靠菜场内的供应，也满足不了周边居民的需求，流动商贩也就特别有市场。但是该管还是要管的，不会完全放任自流。目前这个社区的居民基本都知道将来要拆迁，我们现在是一步步地将这些摊贩清出去。（访谈编号：GF07）

从访谈中笔者再次看到了基层政府的情理逻辑：

（1）对底层群体的包容。城管等基层政府部门“体谅”摊贩等底层群体不易的——违建商铺的店主大多是单位片区的下岗职工，流动摊贩基本都是无正规工作的低收入者，对他们的强制驱逐或许意味着“饭碗”的丢失。

（2）满足当地居民的需求。老菜市场长期的存在已经成为社区居民固定的消费场所，对这块儿非正规商业空间的暂时弃管意味着保存了这个便民场所，也是一个“义举”。

（3）降低管控成本。基于（1）和（2）的考虑，基层政府如果强制驱逐非正规就业群体，势必会遭遇较强烈的抵抗，为了在空间争夺中获取胜利，官方要付出较高的管控成本；目前普通民众和社会媒体对这些底层群体普遍持同情与理解的态度，即使管控成功，官方也会被贴上“空间强者”的标签，不利于为民工作者的形象塑造和和谐治理权威建构。

（4）选择性弃管，不意味着完全不管控，城管等管控主体会在环境整治运动时期显示出强硬的姿态，或者在将来借助整体拆迁的时机将这些“流动商店”和违建商铺彻底拆除。在这种情况下的强拆，会获得更有力的政治支持，使强拆行为更具有合理性和合法性。

三、权力之网的间隙

本章第三节提到为了实现有效的环境整治、塑造良好的城市形象，N 市政府自上而下建立起管控联盟，涵盖市、区级相关行政部门及街道和居委会等。

从程序上讲，在行政联盟和网格化管理机制的多重力量管控下，任何不符合正式制度要求的行为和现象都难以存续。但是，为什么老旧小区J社区和拆迁再置房H社区中仍存在大量公共空间违占现象？调研发现，理想的行政部门空间管控工作是相互联动的、部门间紧密连接的，但是管控实践中却存在“权力间隙”（即行政管理网络间隙）。

（一）行政联盟的松散性

原则上，行政联盟旨在通过部门间联合，形成一张无所不在的整违之网。但是权力部门在实际操作过程中，由于分管违建/违占的不同行政部门间存在目标冲突，最终导致行政联盟呈现一定的松散性，影响了违建整治的效果。

比如《关于进一步加强违法建设治理工作的实施意见的通知》（2014）明确规定由工商、环境等部门负责审核和吊销违章建筑的执照，但是实际上这些部门主要关注申请人的经营资格和条件，并未关注“空间的违占性”。而城管等部门在执法和检查时，主要关注空间的性质，并不会重新申请对其执照的吊销。最终，整违便不能形成“环环相扣”的空间限制与惩罚。比如J社区内一些违建商铺是有照经营。从社工小张口中得知：

> 巷子里的小发廊、菜摊、馄饨店，基本都是十平方米的小门脸，如果没有餐饮执照或其他合法的经营执照，是不可能开的。这些“有照”违建给整违运动带来很大麻烦，由于涉及经济利益，而且规模大，城管等部门现在已经默认它们的合法性。（访谈编号：GF03）

（二）网格化管控的松散性

网格化管控包含街道城管科负责的网络化巡防机制和社区基层的网络化管理。但是由于城管和居委会的选择性或逃避性工作方式，造成网格化管控的松散性。

1. 城管“不敢管”

城管对社区内居民违建违占是选择性甚至逃避式空间管控。城管虽然是清违的主力军，但在实际执法过程中，普遍存在逃避心理。比如院落内违建，城管在接到居委会拆违报备时，他们通常不会在第一时间进行拆违，而是等待居委会劝拆的结果（往往是不成功的）。H 社区居委会的工作人员表示，对新建违建的拆除要直接与居民接触，大部分居民态度很蛮横，甚至还会到居委会"闹""缠"，将私人利益放在公共利益之上。而城管在长期的拆违工作中也经常受到居民的谩骂、撕扯甚至殴打，所以他们有时候会延期拆违。

2. 居委会"不愿管"

（1）过度行政化。一至三级网格长都由居委会主任及部分成员担任，居委会作为代表居民利益的自治组织，应密切观察社区民情，并主动向街道反馈、寻求负责部门的合作。但实际上作为国家行政末梢，它代表政府权威承担基层工作：一方面，它承担各种繁多、复杂的行政工作，从上级指派的各种检查、会议、宣传到社区内部的党建、民政、社保、环卫、综治等，已疲于应对。居委会成员身处琐碎繁多的基层行政工作情境中，对未触及行政管理工作底线或产生严重社会危害的的日常违建违占现象，往往无暇顾及或延缓处理。另一方面，居委会自身能够处理社区公共事务的人财物资源均有限，对社区内部的一些事务也"有心无力"，难以发挥自治角色。

调研案例中居委会的主任和其他工作人员每周都会接上级安排参加各种主题的大大小小会议，还要赶各种不同性质的报告和稿子。由于人员配备有限，真正每天值班的只有 1～2 人。这样的人力和物力面对复杂的、难缠、烦琐的各种拆违、停车、低保、环卫、房屋保障等问题，自然是心有余而力不足。而在日常管理时期，如未发生"创文"等大事件，街道对居委会反映的违建违占难题，往往选择非直接干预或授权处理。居委会因顾虑同村居民形成合力，比如拉帮结派在日常办公时"捣乱"或不支持居委会工作等，一般不会采取强制性的整违措施。

（2）"隐形"的四级网格。调查发现，43 个楼长组成的第四级网格实际也是网格工作中的行政末梢，主要负责协助完成行政下派任务，而违建违占等信息搜集及反馈并非必要性工作。楼长作为社区管理的基层单元，应成为维护社区秩序的"哨岗"，但实际上他们只是居委会的"秘密筹码"，主要参与协助居委会成员完成人口普查等下派性信息采集工作。居委会不对外公布楼长名单，以免增加这些社区积极分子的负担，这种做法等于撤销了关注小区的第一道"哨卡"。这延误了违占行为被发现及制止的第一时间和最有利时间，违占空间一旦形成，便很难清除。居委会委员凌女士认为：

（楼长）名单不能公布。小区这么复杂，公布后居民不断找他们反映问题，我们又解决不了，楼长烦不烦，都不干了怎么办？（访谈编号：GF01）

（三）压力型体制与运动型整违

非正规空间存在的历史因素和成因复杂性为常规性整违拆违等环境整治及摊贩管理工作增加诸多工作难度，并使其呈现一时紧一时松的间歇性空间管理及运动式治理❶特点。一些硬性整违规则的出台往往与某些特殊事件或运动结合在一起。比如为迎接“十运会”全面开展的“老城环境整治”运动（2004年12月至2005年9月）❷；《关于在全市开展“大干一百天环境大扫除”环境专项整治行动的通知》提出在2014年4月中旬至8月上旬“迎青奥，大干一百天、彻底大扫除”的任务，计划从动迁、拆违等十六个方面开展环境整治工作。2015年进入后奥运时代，又大规模启动“再干两百天”环境综合整治。这些大干一百天或者两百天的运动性环境整治，是围绕“青奥会”“十二五末”两大节点提出的全面改善城市环境面貌的任务要求。这些制度话语的建设与自上而下的政治运动和社会建设密切相连，呈现阶段性和动员性。虽然不乏时效性，但是是否能确保城市管理问题得到有效化解还有待考证。

第五节 小 结

城市社区是国家的政治权力和市场的经济权力共构的一个权力空间，其中政府主导着城市空间的生产。也就是说，政府和市场对社区的规划、建设、开发与管理等都代表“政治与经济权力在微观社区层面的空间化”。具体而言，本章从权力空间的视角来分析政府与市场对J社区和H社区的规划与管理，同

---

❶ “运动式治理”是借用孔立飞在《叫魂》中的提法，后被推广，泛指中国式官方的临时性、专项整治运动。周雪光. 运动型治理机制：中国国家治理的制度逻辑再思考［J］. 开放时代，2012（9）：104－125.

❷ 市政府批转市建委、市老城办关于《2005年老城环境整治实施方案》的通知，宁政发（2005）35号。

时找到导致居民空间违规的政府因素，最后得出以下三点结论。

第一，权力空间的生产是以经济利益为核心的价值交换，主要体现在三个方面：首先，社区建设遵循同质化和经济性的指标，而不是差异性的居民需求；其次，社区空间对政府和市场而言都是具有营利性、可交换的商品，从J社区老菜市场的拆迁和H社区停车场的缺位事件可以看出，经济成本预算和空间开发的再升值是社区空间规划考虑的重点；最后，在城市和社区管理层面，通过对城市政府形象政治建设、环境整治运动和整违运动之间关系的分析，挖掘出城市和社区空间管理背后的政治考量与经济因素。权力空间主体试图借助法理政治的力量来实现空间有序化的政治目标。

第二，交换价值导向的社区建设与规划压抑了居民对使用价值的需求。这是导致违建违占的主要原因（详见第五章）。这一部分主要体现在本章第一节和第二节的阐述中，主要从政府和市场（权力空间）的视角来回答“地方政府的权力实践是怎么导致居民违规的”，也是为第五章“居民为何违规”的剖析做出铺垫。

第三，在社区治理过程中突出呈现选择性管控。基层政府和地方管控部门对非正规群体的失度包容反而会导致情理逻辑负外部性的出现，最突出的表现是选择性治理降低了权力管制效果，为居民空间违规制造机会。违规群体会适时利用权力间隙进行权利空间的生产，也就是接下来要探讨的权利外溢现象。总之，情理逻辑的负外部性为违规行为提供契机，弱化了法理空间的权威。

第五章

权利空间：居民的诉求与实践❶

对政府和市场而言，社区空间是以政治—经济利益考量为核心的权力空间；但对居民而言，社区代表一种权利空间，即居民居住与生活的场域，是居民试图通过（再）建设、改造、占用等空间实践来实现日常生活诉求与权益的场域。权利空间具有两层含义：①权利诉求的表达，主要指居民围绕使用价值声称的各种诉求和权利，包括空间使用权利和社会权利（居住、就业、交往、自治等）。②权利缺失的感知与能动性实践。从第四章可知，权力空间主体（地方政府和市场）以交换价值和政治价值为导向进行城市空间的规划、建设和管理，但是他们所建构出来的社区空间J社区和H社区并不能满足或未能照顾到居民的多样化权利诉求，并使居民产生"权利缺失"的认同。在这种情况下，居民的能动性（agency）❷便会被激发出来，并做出一些空间自治或空间争夺的行为，以寻求空间使用价值的实现。而这种能动性的空间改造行为不仅会改变权利空间本身，也会影响甚至改变权力空间的一些规则或战略的布局与实施。具体而言，居民的能动性实践旨在实现空间使用权利和社会权利。

本章以J社区和H社区中居民违建违占的行为为研究对象，从空间使用者

---

❶ 杜培培. 城市过渡型社区非正规空间的生产机制与治理反思［J］. 学习与实践，2021（6）：34－45.

❷ 列斐伏尔对空间生产中能动性的解读隐藏在"空间实践"之中，将其称为行动者的"潜能"；而吉登斯（Giddens）的结构化理论超越了能动者—结构的二元论（dualism）对立的局限，并将其上升至二元性（duality）的高度。详见王志弘. 多重的辩证：列斐伏尔空间生产概念三元组演绎与引申［J］. 地理学报，2009（55）：1－24.

（居民）的视角出发，剖析出社区空间对居民到底意味着什么，并且挖掘出居民空间非正规化的真正原因，他们又是怎样进行违规的，最终揭示权利空间、空间违规、使用价值三者之间的关系。

第一节 开端：空间供需落差导致的空间违规

在调研中，笔者发现权利空间的主体（居民）作为社区空间的直接使用者，在某些情境中会能动地做出一些与正式规定不相容的空间违规行为，比如说将公共地下室私有化、破坏绿地等，而激发这些空间违规行为的最直接因素便是空间供需落差。对居民而言，他们不是在违规，而是在争夺最基本的空间使用权利而已（尤其是存车及停车需求与权利）。

一、空间供给与刚性需求的落差：存车、停车难

第四章已经对J社区和H社区空间规划与建设的相关背景与故事做了交代，本小节继续分析交换价值主导的社区规划与建设是怎样导致空间供需落差的。

随着社会经济的快速发展和人们生活水平的提高，居民对“行”的方便性有更高、更强烈的要求，自行车、电动车、摩托车、小汽车等已经成为老百姓日常消费的必需品，而车辆存放与停泊问题也成为困扰城市住宅区管理与发展的一个不可忽视的难题。J社区和H社区也同样处于“出门难行，回家难停”困境之中。虽然两个社区建设年代不同、停车需求产生的背景不同，但都需面对同样的停车、存放车问题。

（一）社区空间容量不足

J社区和H社区车辆存放和停泊虽然都面临困境，但是成因却大不相同。首先，看老旧小区J社区。J社区建于20世纪八九十年代，基于当时的经济发展情况与人们的消费水平，社区规划以居住空间为主，而且格局狭小，并没有

规划与建设配套的车辆存放与停泊空间[1]。而H社区的空间规划与建设问题更多是人为导致。J社区居委会主任在谈到停车位难题时，表示很无奈。她说：

现在小区车棚需求量大，私建的铁皮棚子多，就属于这个问题。但老旧小区基础设施差，硬件条件差，没有市场化物业管理，车位需求量逐渐增多，但是受现有条件限制，没有条件建车棚。街道层面想替小区解决这个困难，但是确实没有空余地方。目前所有的做法都只能缓解车辆摆放问题。后来我们呼吁街道支持我们小区出新，这样小区硬件条件就能提升，像一些凌乱的车棚都要拆除，统一规划，包括花坛建设、路灯。但是小区出新需要资金，而且J社区空间的确不足，日后出新时改善难度还是很大。（访谈编号：GF01）

20世纪90年代末期以来，电动车、自行车逐渐增多。笔者调研发现，目前电动车是J社区居民的主要出行工具，一户拥有一辆电动车或一辆自行车十分普遍，小汽车约0.2辆/户；由于没有专有的停车、存车的地方，空间供需矛盾就日渐凸显。新建的H社区，居民平均消费水平要稍高于J社区，几乎每户都有一辆电动车和自行车，平均每10户拥有小汽车约4辆；在这种情况下，虽然H社区比J社区宽敞很多，但车辆抢占空间的情况也十分明显。

（二）社区车辆失窃率高

除了没地方停车，另一个困扰居民的是容易丢车。以J社区为例，20世纪90年代后，电动车和自行车越来越多（价格便宜、可消费得起、出行方便），起初居民大多将车辆随意地停放在自家一楼的单元门厅、出入口或过道处；当门洞处过于拥挤时，就停放在牌楼外部的路边，这种乱停乱放的方式不仅造成道路拥挤、杂乱无章、出行不便，也存在丢车、盗车隐患。戴先生说：

小偷多，丢车也多。年年有，过年、年底更严重，上房偷，三楼四楼都能够到，胆子很大，偷到就走；我们平时都在自己屋里，不交流、不出

---

[1] J社区更多是历史因素导致的。据统计，我国在2000年后逐步进入汽车时代。而20世纪八九十年代的建房对车位开发与建设的考虑明显具有滞后性。屈昌辉．当前我国城市住宅小区车辆停放存在的问题及管理对策［J］．城市发展研究，2015，22（3）：23－26．

门、不扎堆，自然看不到偷东西的，尤其冬天小偷就更多，电动车和自行车放在外面容易被小偷“顺走”。（访谈编号：LJW13）

针对这种情况，居委会是这样解释的：

开放式小区嘛，就有这个隐患（小偷多），不可能每个地方都管住。我们呼吁有关部门给我们装监控、摄像头、防盗门。现在政府装防盗门/电子门有优惠政策，一个单元补贴2000元左右，其余自己出。但是小区居民意识不到位，他们虽然知道装防盗门有用，但是让他们出费用，他们就不愿意。小区摄像头是辖区派出所装的，很少，我们管不了，因为要监控，我们目前做不来。他们在派出所监控。（访谈编号：GF01）

H社区居民也有类似的困惑。据H社区安保站统计，2014年已备案的失窃事件多达50余起，且冬季夜间为多发期；社区内部惯偷居多，其中大部分案件属于“自己人”偷“自己人”❶。造成这种现象的主要原因有：①未安装摄像头；②路灯间距过大，在夜晚或阴雨天（尤其冬季）光线过暗，使人行道和路灯失去监视，道路和住区之间的互补和包容关系被隔断，街道成为缺少监视、滋生犯罪的地方❷。③安保力量不足，巡视力量薄弱；④与惯偷同住一个环境。正如卢女士所言：

我们都知道他（小偷）住哪栋楼，他以前在村里就喜欢偷鸡摸狗，没正经工作，大家碍于熟人情面不好“撕破脸”，只能防着。还有那些犯过事儿的出来也住这儿，没工作，他能不偷？有前科谁敢惹他？（访谈编号：CHP02）

二、空间使用权利的争夺：自建自划存车/停车区

按照学术界对弱势群体的定义，案例社区中的居民属于社会性弱势群

❶ 孙其昂，杜培培，等．“规训—反规训”空间的生产：N市H社区公共空间违法侵占的实证研究［J］．城市发展研究，2015，22（3）：39－43，50.

❷ 简·雅各布斯．美国大城市的死与生［M］．金衡山，译．南京：译林出版社，2006：52—57.

体❶。谢永庆等❷学者在构建社区中社会性弱势群体的生活质量评价体系的过程中，依据马斯洛需求层次理论，发现生理需求、安全需求和归属需求是这一群体最主要的需求。其中，生理需求不是指食物、水、睡眠等维持生存的因素，而是对应这一群体对基础设施与公共服务设施的需求。结合两个社区的具体情况，停车、存车等属于生理层面的基础需求；而这一最基本、最常用的空间使用权利受限，是推动居民进行空间争夺的首要因素、最基本的原因，也是引发社区空间违规的开端。

图 5－1　H 社区的自划停车位

无论是新小区的 H 社区还是老旧小区 J 社区，最早的空间供需矛盾都主要是由存放自行车和电动车这种小型车辆引起的。为了保证车辆停放安全，不同楼层的住户会采取不同的策略：①一楼住户一般在窗户外借助建筑墙体凹凸面的空间围起一片区域（大概能放一两辆小车），圈地的材料有木板、钢丝网、铁皮等，比较讲究的人家会加盖一个防雨盖。②其他楼层的住户因为没有一楼这种天然地理优势，就会考虑利用楼道间或住宅楼前的一些空间。比如用砖、钢管、铁皮等砌筑简易的单间车棚，这种方式造价较低，并且为自行车和电动车的保养提供了有利的条件，还可以储藏一些杂物。这种简易棚后来被经久耐用的蓝色铁皮棚取代并存续至今。后来，随着汽车消费时代的到来，居民抢占停车位、自建自划停车位的现象就更加普遍。如图 5－1，尾号“269”的一辆“大众”轿车公然停在有黄色禁停标志的区域内。

❶ 社会性弱势群体是指由贫困、（半）失业等经济因素导致的，与残疾、疾病等导致的生理性弱势群体相对应。吴玲，施国庆．我国社会性弱势群体发展的五大趋势［J］．南京社会科学，2005（7）：64－69.

❷ 解永庆，荆锋，杜澍．基于社区视角的弱势群体生活质量研究［J］．城市规划，2014，38（S2）：59－66.

第二节　蔓延：道义政治支撑的空间违规

如果违建违占仅限于对停车、储物等最基本空间使用权利的争取，那么案例社区或许就不会如今天这般无序。实质上，这些拉开了空间争夺的序幕，也激发居民占据更多空间的潜能、生产更多非正规空间。在日常生活的体验中，为了从现有使用功能局限的、居住品质较低空间中获取更多空间使用的权利，他们找到了一种专属“弱者”的武器——“道义政治”。道德主义[1]不仅是斯科特笔下东南亚农民进行日常反抗的隐藏文本[2]，也是J社区和H社区居民为赢得生存、居住和自治等社会权利的有力武器。具体而言，社区居民的道义政治和道义资源主要包括三个方面：“为了活下去”“为了有地方住”和“为了社会公正”。

一、违建商铺、马路经济与生存权利：为了活下去

第三章已经介绍过J社区和H社区由于国企改制和拆迁出现一部分“非正规就业群体”，他们或者成为违建商铺的店主（有的是违规出租），或者就在巷子、路边摆摊。这一群体占据了J社区的J_1巷和J120巷，形成了一条看似脏乱不堪、鱼龙混杂的T字形非正规经济空间；在H社区内他们的群聚规模要小很多，要么是分散在小区居住区内的几家违建商铺，要么是聚集在北门（非正门）附近，形成两排摊贩。这些非正规经营群体由本社区居民和外来流动人口共同构成。

与有固定场所经营的违建商铺相比，令笔者最为动容的是同为底层群体、同样有“非正规就业者”身份的流动摊贩。在这些违规群体的叙事中，我们很容易对他们产生道德认可。有多少次闭上眼睛，笔者都会回忆J_1巷在角落

[1] 詹姆斯·C. 斯科特. 农民的道义经济学：东南亚的反叛与生存［M］. 程立显，刘建，等 译. 南京：译林出版社，2001：前言.

[2] 郭于华．“弱者的武器”与“隐藏的文本”：研究农民反抗的底层视角［J］. 读书，2002（7）：11－18.

摆摊卖菜的那位已年过七旬的胡奶奶。

胡奶奶基本是摊贩中年纪最长者，家住江北，老伴已经去世。两个儿子虽已娶妻生子，但造化弄人，前几年大儿子查出患有肺癌，之后二儿媳也突然查出身患白血病，反反复复的检查与治疗让这个小家庭负债累累，二儿子为了还债并继续为家人治疗，外出打工。老太太感叹命运的捉弄，无奈地将自家小菜园的菜挑进城卖。一个扁担，两个菜筐，一杯水和两个馒头就是这个年过七旬老人的日常。胡奶奶每天凌晨四点出门，然后转三四趟公交车来这个查得不严的J社区卖菜。她日日从早上八点到晚上六点，几乎风雨无阻。年迈的老人为了延续家人的生命，坚强地承受着命运的磨难，来回脚程近8个小时，守地摊近10个小时，休息时间不足6个小时……周围的人提及老人都是唏嘘与感慨的，而老人是寡言的。她没有别的选择，只能安安分分地积攒每天赚到的那一点点钱，甚至在收到假钱、面对城管清理街道时从未谩骂、反抗，所有的苦与她凄惨的命运相比都显得那么不值一提。（访谈编号：LJW11）

还有因下岗而自然获得弱者身份，并有强烈“道义反抗性”的群体：林女士下岗时不到40岁，她回忆说当时年纪和自身学历技能在市场上再就业并没有太大优势，而且在心理上一时没办法接受丢掉“铁饭碗”的现实。当时孩子还在上学、双方父母都需要照顾，她便不能像年轻一点的下岗工人一样去上海、广州等大城市打工，于是就开始做点小生意补贴家用。因为卖衣服利润高些，她就一直摆摊做生意，至今已经十几年。后来发现很多人都“开墙破洞”自建门面房，官方管得也不严，于是她就效仿别人也开了一间，不仅门面扩大，而且摊位固定、更方便，生意也做得越来越好。由于J120巷在小区内部，而且下岗群体较多，城管管得并不是很严。当然，在这十几年中，不乏与城管等发生冲突的情况，林女士谈到与城管争吵的经历时十分激动，她表示自己是正经经营，城管无权干涉，而且自己儿子刚考上大学，养老人也要花一大笔钱，绝不会妥协（多次将城管“打跑”）。同时，她十分气愤：

> 凭什么不让我们卖东西，违建商铺怎么了?!政府当时让我下岗，谁管我了？国家领导人来了，我也要这样讲！（访谈编号：LJW08）

“家家有本难念的经。”对于这些底层群体而言，他们做的是本本分分的正经买卖，没有损害谁的利益，反而还会给市民带来方便，为什么要被驱逐呢？为了支撑起整个家庭的生计，他们节俭度日、不怕吃苦，即使穿得不好、住得不好，在街头巷尾摆摊也不怕丢脸，因为所有的这一切都有着一个极为正当的名义——为了自己、孩子和家人的生存——这是一种充满家庭责任感、利他性和道德性的体现❶。当城管等驱逐他们或拆违时，这些“为了活下去”“为了家人”“为了孩子”等宣称都会成为一种道德资源，来维护违建违占等非正规经济行为的正当性——这便是“底层群体的道义经济”之于“生存权利”的意义。生存，作为一种最基本的社会权利，在违规者看来，应该被所有人理解、认可并接受。这种“次要的不服从”（subsidiary disobedience）对管控主体而言，也是可以被“包容”和“容忍”的，应当在条件允许的情况下“睁一只眼闭一只眼”、给他们“一条活路”（访谈编号：GF04）

二、私搭陋室与居住权利：为了有所可居

除了生存需要，违规者还会以居住需要来进行空间非正规化行动。这部分违规主体，有的在一楼私盖小屋（木屋、铁屋）自己居住，有的则是在楼栋间空地搭建铁皮简易屋低价出租。对这部分低收入者而言，“居有定所”是最基本的生活权利和生存要求，是社会公正的体现，也是最大的政治❷。

他们不觉得居住在极其简陋的简易房中是羞耻、丢人的，反而会用自己亲身经历的苦、泪、无奈、心酸等来感化管控者。面对拆违人员，他们会将自己对居住权利的维护上升到对生存权利维护的高度——没有地方住，怎么能在这个城市待下去呢？怎么能和自己家人在一起呢？对他们而言，“拆违”不仅仅意味着居无定所，甚至意味着家庭的离散。因此，“为了居住”会以“为了生存”“为了家庭”等道德符号出现在各种建违和反拆违的情境中。

通过了解居民的个人和家庭史，笔者发现外地居民租住违建陋室主要源于生活贫困，而本社区居民对自己行为道义性的解读则会另外增加其他几个基本理由：①经历过不公平的或国家强权导致的事件或时期，自身或家庭命运被迫

---

❶ 陈映芳．“违规”的空间［J］．社会学研究，2013，28（3）：162－182，244－245．

❷ 郭于华，沈原．居住的政治：B市业主维权与社区建设的实证研究［J］．开放时代，2012（2）：85－103．

改变，如知青下乡、插队、下岗等；②对征地拆迁补偿的不满；③对社区规划中开发商违规的不满，对社区功能不齐全的抱怨等。这些对权利贫困有强烈感知的弱者，善于用自己生活中的苦、泪与无奈来感染空间管控者（如居委会与城管），用苦情战术来为自身积累道义资源，进而影响甚至可以说操控管控主体的行动与决策。如果他们“命运不公”的经历不被认可，或者这种生存性违建不被认可、不被官方保护，那么官方会被贴上“剥夺弱者居住权”“没有人性”的“反道德”标签，他们自身违建违占的行为反而成为一种不证自明的社会公正与宽容的符号。

H社区中就有这样的案例。调研中，笔者发现有家一楼被圈占的后院中特别搭建了一个木屋（其他圈占的后院一般是用来休闲和种植），里面住着一个智障女孩。由于这家情况特殊，其家人不愿意与外人接触或交流。他们的邻居卞先生讲：

> 他们家男人好像已经不在了，住的是这个女孩的母亲、奶奶和姐妹。全家主要靠吃低保，没有和外人接触过。小姑娘很可怜，是个智障，二十多岁了吧，经常衣不蔽体往外跑。他们家人就围个院子，让她待在小木屋里。（访谈编号：CHP08）

居委会的张主任也表示：

> 智障女孩家里情况特殊，家境比较困难，也比较难沟通。最初他们要搭屋子，我们就要拆。她家母亲就来哭闹，说以前在村里住有个院子，傻姑娘还可以关在院子里不乱跑，现在难道整天关屋子里不见天日么？后来，我们就默许她盖小屋了。（访谈编号：GF01）

再如J社区在非正规空间中居住的返乡老知青孙大妈。20世纪60年代，孙女士刚高中毕业就遇到“上山下乡”运动，无法继续读大学，被下放到农村农场。后来她嫁给当地一个农夫，育有一儿一女。可是她一直不习惯农村生活，而且丈夫没有文化、性格不合，孙女士一直很渴望回到城里。20世纪80年代知青返乡潮，孙女士由于家庭问题留在农村，但时常接到老同学劝其回城的信函。丈夫怀疑她与城里旧友有不正当感情与关系，时常对其谩骂。20世纪80年代末，两人离婚，孙女士带女儿独自回南京，投靠J社区的亲戚。由于年纪和技能缺乏原因，娘俩仅靠做临时工为生。随着两家子女长大，亲戚家房子也比较小，他们就将一楼院落围起来，搭建居住房屋，主要给孙女士母女住。每逢遇到居委会和城管出面劝拆，孙女士便会哭诉自己的不幸与苦难，用苦情击退了官方的拆违行动。（访谈编号：LJW06）

三、料理空地与自治权利：为了社会公正

有关生存权利和居住权利的分析还不足以解释案例社区中各种空间违规行为及非正规空间的发生机制。事实上，政府管理者面对的主要对抗者往往是享受城市生活保障的本地社区居民，他们为什么已经获得了居住在城市中的权利，还要做出各种各样与正式法规相抵触的行为，行走在法律边缘呢？笔者在调研中发现，对于这部分群体而言，所居住的这个所谓的现代化空间，并未达到实质的现代化标准——在低质的、各种社会权利缺失且无法保障的环境中，他们只能通过能动性地空间自治、在对土地的料理中实现社会公正——这对他们而言是一种极其正当合理的道义抗争资源。

感知空间贫困与权利贫困的居民通过对日常生活空间的零零散散占用，用一种非对抗性质的争夺行动，能动性地游走于地方政府建造的城市同质社区空间中，为自己争夺更多的空间权益。对他们而言，这不过是日常生活实践中最普通的一部分而已，是在空间困境中寻求出路的自救策略，是一种积极的、能动的、自下而上的空间自治方式。正如哈贝马斯所言，变化不仅始于核心，也始于边缘。[1] 在这个自上而下的空间解构过程中，居民建构了一种空间自治的生活理性，这是指导他们实现社会公正的行动逻辑。

居民对于“公正的政府”“为人民服务的政府”和“公正的社会”的理解是基于自身利益的解读。国企改制、土地财政、征地拆迁、老城更新等从长期看会给城市发展带来繁荣，但是在一定时期内，对于老百姓而言则意味着被强制置于一种问题情境之中：新旧交替的不适、跟不上时代或者被竞争淘汰的无奈、老旧小区日益衰败的尴尬、新再置社区指标化建设带来的低质感及其配套

---

[1] 哈贝马斯．在事实与规范之间：关于法律和民主治国的商谈理论［M］．童世骏，译．北京：生活·读书·新知三联书店，2003．

不全带来的不便等。无论处于社会的哪个阶层，居民都渴望生活中受到公正对待，比如自由就业、有足够停车空间、有安全的居住环境等，同时他们对政府部门的责任和能力也有很多期许。

笔者在社区的调研中发现，越是处于底层的老百姓，他们对政府的依赖性越强，更渴望政府出面解决社区问题；但是由于各种客观条件限制，这类社区也是地方政府难以治理的地方；在这种情况下，一些居民往往简单地指责政府的“无能”与“腐败”（访谈编号：CHP07），并因此将乱建乱占上升到“自我料理空间、实现社会公正、重获社会权利”的正义高度，如“政府不管，我们就自己做”（访谈编号：CHW10）。而居委会等基层政府的默许、“软管控”等在一定程度上促使这种违规行为的合理化和蔓延，最终越来越多的居民加入“空间正义开拓者”的行列，社区楼栋间和道路上的空地、甚至绿地本身，都被私自搭建的晾衣架、铁皮储藏屋、棋牌屋等所占据。

第三节 后果：权利外溢导致社区空间的非正规化

一、何为权利外溢？

（一）权利外溢的内涵

外溢是指一种溢出的状态，而权利外溢在这里是指对合理合法权利边界的逾越。居民在日常空间的实践中，能动地突破了空间管控者的约束和限制，并生产出具有差异性意义的空间——基于日常生活权益需求的空间。然而，居民这种能动性的权利实践行为在一定程度上讲是“合理却不合法的”，而且居民之间的空间争夺本身就是一场零和博弈，一方的获利便意味着他人受损。因此，违规者对公共空间的侵占，看似是以权利和正义为名，实则不过是个体权利的“外溢”（超越了合理合法的界限），最终势必造成公与私、私与私之间的矛盾及冲突（详见第六章）。居民个体的这种能动性实践虽然指向权利，但是个体权利的实现却以牺牲公共利益或其他居民个体权益为代价，已经逾越了合理合法的权利界限，属于权利外溢的空间越轨行为，最终导致空间秩序失范。

当有序的空间景观逐渐被无序化，人们在违建违占中争取更多权利的同时，也在创造一个新的空间——一个能够满足空间诉求的“希望空间”。权利的争取与实现，似乎是复苏空间功能与活力的激发器——人们在低质、衰败的社区中重新找到了日常生活所需要的安全感、便利性以及交往的乐趣等。然而，这种空间私有化或争夺其实也代表权利“外溢”，它犹如一把双刃剑：一方面使社区在一片无序中有序地运转起来，但是同时也令社区物理空间变得更加非正规化，J 社区和 H 社区愈加成为一个“不可治”难题。

（二）权利外溢的能动性实践：使用价值主导的空间违规

权利外溢遵循需求—行动的观念与逻辑。对两个社区的居民而言，生存性或非生存性空间非正规化行动均是基于生活权利的合理诉求，是自治的、创造性空间。如表 5－1 所示，J 社区和 H 社区蔓延的各种违占现象都遵循空间需求—空间违规的逻辑。对他们而言，公共空间是可再造的。如表 5－1 所示，社区公共空间内的道路、绿植、废弃场所等均可列入自治性空间改造名目，功能不完善的区域被灵活再造，进而创造性地满足居民日常生活的基本需求。

表 5－1　社区非正规空间的需求与违规

空间需求	权利诉求	空间违建违占	违规区域		违规行为
			J 社区	H 社区	
居住	居住/生存权利	生存性违占	楼房周围空地、道路、旧门卫室、一楼院子等	地下室	私自搭建铁皮房、木屋等
停车	空间使用权利	非生存性违占	空地、道路、绿地等	空地、道路、绿地、地下室	安装地锁、建停车位
储物	空间使用权利		楼栋间空地	楼栋间空地、地下室	私建储物房或停放电动车
休闲娱乐	交往/自治权利		楼栋间空地、绿地、树下	楼栋间空地、绿地、树下	私建棋牌屋（铁皮房）或放置桌椅
种植养殖	休闲/自治权利		楼房周围空地、绿地、院子	楼房周围空地、绿地、飘窗、六楼屋顶	铲除绿地后或在白地上种植，私建阳光房、木屋等养殖家禽；飘窗外扩；六楼屋顶开窗建花园

续表

空间需求	权利诉求	空间违建违占	违规区域		违规行为
			J 社区	H 社区	
晾晒	空间使用权利		露天电缆、空地	空地	在电缆上挂晾衣物；安晾衣竿
就业	生存权利		临街一楼住宅、J120 巷、J_1 巷	3 家一楼住宅；北门口的违建商铺和流动摊贩	J 社区是开墙破壁私建商铺、倚门出摊；流动摊贩私摆摊位、占道经营。H 社区 3 家一楼住户利用阳台、私自破墙开后门经营

图表来源：作者自绘❶。

笔者在调研中发现，社区层面居民的非正规行动更多是原子化、个体化的。空间违占行动呈现灵活性、策略性，在能动性地空间再造中与政府管控空间相应对。这是他们基于日常生活诉求的草根性空间“二次生产”，这种空间艺术与德塞都日常生活实践理论中的战略与战术密切相关。战略属于强者的行为，掌握权力的主体占有一个属于自己的场所，使其运用空间优势维持生存并制定场域规则——强者用空间战胜时间。相反，战术属于弱者的艺术，行动主体没有独立的场所，被强者的战略所支配；不能与强者正面对抗，必须巧妙地利用时间和机会，迂回（间接）地潜入他人的地盘，分散地占用场所——用时间换取空间。❷ 正如马克思所言，这是用时间消灭空间的艺术。❸ 社区空间违占作为一种能动性的空间改造行为，正是运用战术与权力管控主体进行周旋、策略性地占用公共空间并将其据为自己日常使用空间。

1. 心理战术

空间违占行为往往是躲避的、零散的，违占主体在揣摩社区空间管理者意图和态度后才进行行动。

---

❶ 生存性违建和非生存性违建是官方的说法。

❷ DE CERTEAU M. The practice of everyday life [M]. Berkeley, CA: University of California Press, 1984.

❸ 中共中央马克思恩格斯列宁斯大林著作编译局. 马克思恩格斯全集：第 46 卷 [M]. 北京：人民出版社，2006：16.

以H社区为例。2005年H小区竣工验收时，原有地下停车场“消失”，区政府策略性地将地下防空场所改为公共地下室（敞开式，无间隔），供居民停车。老实本分的农家习性使居民接受了这个“惠民”措施。大约2008年，原社区服务站老站长突然私自在公共地下室中圈占了一个小储藏间。随后，其他居民便争先效仿，大小不等的储物间便腾空出世，并均加锁以示所有权。但有限的地下空间根本无法分配给所有的居民，没抢到的居民空间利益严重受损。空间抢夺战便蔓延至每单元一楼外部的绿化区，零星出现一楼住户圈后院现象，面积10～25平方米，原有的绿地被铲除，公共空间被私有化。社区服务站意识到问题的严重性，但“带头占”的恶名已使其丧失正义之名，违占风气之盛已难以遏制，便默许这种行为。官方的默许、过度容忍、管理滞后与法不责众心理造就了H社区不可规划的现状。

J社区的情况也是类似，以路边到处可见的蓝色铁皮房为例。2000年后随着电动车和自行车的增多，J社区内车辆偷窃事件也逐日增多。居民不断向居委会反映，但是由于没有老旧小区出新资金投入，车棚难以建设。于是，就有居民自己搭建停车屋的情况出现。居委会由于没办法解决停车问题，对最早“带头吃螃蟹”的违建没有强制拆除。这种默许与谅解形成一种隐形文本，似乎是一种官方准许行为。之后，越来越多的铁皮房开始出现，而非正规违建的用途也不局限于停车，私建小花园、违建商铺等空间失序现象更是难以遏制。

2. 时间战术

在这个违占圈子中，居民不断地争取公共空间，但并没有经过正规的交流、调控与协商，而是运用时间战术不断地制造“不言而喻”的空间非正规化默契与规则。比如H社区四处可见的“后花园”。居委会和城管工作时间是周一至周五，尽管网格化管理是松散的，但也不是完全无效的。在这个强者的游戏时间中，弱者一般都假装合作、遵守法规行事。一旦监督者离开岗位，居民们就抓紧时间，在管制间隙中进行个性化地公共空间改造：搭棚、圈地、围院子、种菜种花、侵占绿地……

二、J社区空间的非正规化演变

相对于J社区20世纪80年代初期至今的正规规划建设及历史变迁，单位房片区居民、回迁房片区居民、拆迁再置房片区居民以及外来流动人员，大部分都积极地参与到“全民违占”风潮中，不断地进行空间争夺，为权利与利益而战。结果，J 社区的巷子、道路、菜市场、院落、楼间空地等空间不断被重构，呈现出非正规化演变的趋势。街巷界面因门面违建而改变，主要道路因商铺违占外扩而被压缩、因流动摊贩的摆摊和贩卖而改变交通空间，楼间空地因被侵占而私有化，小院格局因居民的自建而重构，天际的旧电缆因衣物悬挂而成为一道“风景”……社区公共空间的非正规化演变现象发生在中国不同的街头巷尾，而对 J 社区而言，这种空间侵占似乎是最平常不过的情形，利用公共空间中任何可以利用的地方、将其私有化已经成为 J 社区居民的一种习性。他们搬迁至此或将终老于此，社区的每一处空间都是他们生活的中心，因此无论何种形式的非正规化使用，对于居住空间而言都只是一种民间自治的正规化路径而已。

（一）J120 巷和 J_1 巷商业空间的变形记

走入 J 社区，首先映入视野范围的是商铺和摊位林立的 J120 巷。这条巷子原本只是这个四通八达的老社区的一条主要道路而已，后来因为另一条相接巷子 J_1 的老菜市场的变迁而不断变化。

（1）20 世纪 90 年代末，房改后居民人口异质化情况越来越明显，需求量不仅增大而且也更加多样化；同时期在城市化和旧城更新背景下，拆迁户和回迁户大量涌入 J 社区，老单位片区不再独大，J 社区成为混居不同人口的商品房住宅区。这种情况加剧了居民总体的日常消费需求，流动摊贩逐日增多。这些摊贩有的是紧靠商铺门面经营（在马路牙子上），有的则是直接在街道路面上占道经营。摊贩大体在 J120 巷形成较为固定的两排流动摊贩，左右两排宽幅各 1 米左右。

（2）1997 年至 2005 年国企改制将 J 社区老单位房片区部分居民卷入残酷的下岗风波中，部分被解聘而又难就业的 J 社区居民（住在临街的 1 楼）将一楼住宅墙壁打开、私建商铺、自雇就业。J120 巷上的私建商铺是开墙破壁、加盖后门，并布置门面，除了门面上增加的门头，其实并没有多占街道空间。但 J_1 巷则不同，由于处于老菜市场地段，商机更多。如图 5－2 所示，原科设厂住宅区一楼后面也出现一排临街商铺（有十几家），开墙破壁后，依傍自家后墙搭建起铁皮房出租或自营，每个面积是 10～15 平方米。有些不住在一楼的居民为了争夺经营面积而在小区内小巷子岔路口转角处私自搭建商铺，有的是搭建蓝色铁皮房，有的是搭建简易木屋或菜棚，面积是 4～10 平方米。

（3）正规商铺也会为扩大经营面积，采取一些“瞒天过海”的方法。城管只将扩增到路面上的经营视为需被整顿的“倚门出摊”行为，对于商铺屋檐滴水线以内的经营是不干涉的。[1] 因此，在 J120 巷有外凸屋檐的商铺就会得到“额外的福利”：他们理所应当地将摊位扩增至屋檐下，甚至沿着滴水线外扩 0.5～1 米。有的甚至更加巧妙地变本加厉——利用加建大招聘广告来扩建屋檐，然后延续以往的惯例外扩门面，这样就可以多得半米的空间。

（4）这些商铺还利用传统的“挂面”摆摊模式提高空间利用率。他们将商品（包括服装、书刊、干货等）放置在挂板上（挂板的大小不一，最常见的大约高 1.5 米，宽 2～3 米），然后紧靠自家门面外的墙壁放置挂板。这种销售形式移动性强、操作简单，在临街临巷店面普遍出现。

在这些商铺和流动摊贩发展起来之前，J120 巷大概有 6 米宽，J_1 巷大概有 10 米宽。可是流动摊贩和商铺的无序扩张，使 J120 巷道路宽度减少了 3～4 米，J_1 巷减少了 5～6 米。街巷的空间布局和扩张路径如图 4－2 所示。

目前，正规的老菜市场已经迁到新的白云亭市场，屡禁不止的违建门面房（见图 5－2）和流动摊贩成为构成 J 社区非正规空间的主要类型（见表 5－2）。其中，J120 巷沿街有 31 家违章搭建的商铺，另一条 J_1 巷内违建商铺约有 12 家，而流动摊贩则零零散散地遍布在违建商铺周围（调研发现经常出现的有 22 个）。如表 5－2 所示，违建商铺仍然是本社区居民居多，而流动摊贩则大多来自农村和周边的城乡接合部地区，女性居多。违占的原因大多是生计压力，所售商品也都是符合本社区居民消费层次的低层次生活用品和必需品，总之基于这些原因，J 社区的非正规商业空间虽然一直被压缩，但是仍旧如顽强的野草“生生不息”。

---

[1] 参见《N 市城市治理条例》（2012）第四十二条：禁止“在店铺门窗垂直投影之外进行经营、作业或者展示商品等活动”。

图5－2　J社区J_1巷违建门面房

注：图片来自网络。

表5－2　J社区非商业空间的基本情况（$n=65$）

类型	来源	年龄	男女比例	营业时间	通勤方式及时间	产品	违占公共空间方式
违建商铺	多为J社区居民	以30～55岁为主	11：32	7：00—22：00	单车，0.5小时内；步行，0.5小时内；公交/地铁，0.5～1小时	果蔬、鱼肉、副食品、餐铺、日用品、儿童电玩、服装、美容保健、书刊文具	1. 打通一楼住宅墙壁开商铺；2. 倚门出摊；3. 私建/扩建商铺
流动摊贩	多来自农村和城乡接合部	以35～58岁为主	9：13	8：00—18：00	步行，1小时内；自驾车，1～4小时；公交，2～4小时	果蔬、小宠物、便民服务、废品回收、书刊影像、算命预测、饰品、盆栽	1. 私摆摊位；2. 占道经营

资料来源：笔者调研后整理。

2012年起，为争创文明城市和卫生城市，市政府领导各区严格开展“整违”运动，主要打击违建商铺的“倚门出摊”和流动摊贩的占道经营。由于“创文”“创卫”是运动式的，在城管全面出击或值班时期，各种违规行动都会收敛。较之空间扩张期，街道的空间格局有较大改观。环境整治前，J120

巷上供行人行走的空间宽幅布局为：摊贩和门面之间 1 米，同排摊贩之间 1 ~ 2 米，对排摊贩之间 2 米。整治后，摊贩向商铺后撤，商铺禁止倚门出摊，目前巷子上的空间宽幅为摊贩和门面之间不到 0.5 米，同排摊贩之间 0.5 ~ 1 米，对排摊贩之间约 3 米。

总之，商业空间的生长如逐群而居的鱼类，如图 4 – 2，在四通八达的小区内，空间的连贯性容易引发规模效应，空间失序不断蔓延，将街头巷尾、不同类型和规模的空间串联起来，将同质空间不断异化（如从同质的楼房到五花八门的商业空间）。空间的发展挣脱了原来官方规划的空间格局，商业空间和消费空间依据内在需求不断变化，同时受城管等部门的外在管控而不断规范自营行为。目前，虽然处于萎缩期，但商业空间仍然保留十几年来形成的独特的“乱中有序”的状态。J 社区被访的大部分居民表示，已习惯空间非正规化的景观，并未觉得影响生活。制度与规章对违占的约束反而将这些空间失序统筹进正规化的环境中，如规定他们对巷子、门面和商铺材质、墙面等进行统一粉刷和打造，严格控制流动商贩和倚门出摊等不规范行为，反而在一定程度上实现空间有序的同时，帮助他们更好地隐形进正规化空间中。

（二）楼间小道的“空间压缩”

除了非正规商业空间的无序生产与发展，居住空间内部也在不断发生变化：楼栋间的道路与空地面积越来越小，公共通道部分已经变为储物空间或居住空间；将每个单元区隔起来的小围墙，反而成为一楼居民扩建居住空间后的自家边界；天际的电缆线也不仅仅是运输隐形电流的媒介，对居民而言，它们是天然、耐用的绝缘体橡胶晾衣绳……道路、庭院和电缆线的其他功能不断被开发，居民利用自己的智慧在生活实践中悉心培育出另一片充满生机的居住空间。这片空间的蓬勃生长不是官方规划的，而是由非正规力量自建的、为满足短期居民日常需求而开发的功效最大化的空间，具有小市民功利主义性质。

顺着四通八达的社区小道随便转一圈，映入眼帘的是无数蓝色的铁皮房。大部分的铁皮房是沿着社区边界的围墙紧挨着建成一排，高度和宽度一致（分别均是 2 米和 1 米），但是居委会建的和居民自建的单位长度有较大差别。居委会建的大小一致，都是大概 2 平方米，而居民自建的却显得更随意，由于建设年代不同，大小也不一样（2 ~ 4 平方米）。这些铁皮房由于颜色、材质、大小相似，而且沿围墙排列整齐，每一个上都有锁，看起来像统一规划出来的一般。笔者最初走入社区调研时，误以为这些都是官方为满足居民需求而建设的，在深入调研后才发现这些连片的铁皮房都有自己不同的用途、故事和建设背景。

图5－3 J社区楼前搭建的停车棚

铁皮房一般而言用来储存杂物（如图5－3所示）、停放小型车辆或用作娱乐的棋牌室。由于老旧小区内没有公共停车、储物场所，社区人员混杂、公共治安不好，偷窃案件常有发生。居民为保护自己的私有财产，就通过公共空间圈占或自建铁皮储藏屋来实现。居民刘女士讲：

> 小区里住的什么人都有，破破旧旧的楼房里甚至有吸毒和偷窃惯犯，那些小偷小摸的都被抓进去好多了，屡教不改。这片儿谁没丢过自行车、电动车？我们家就丢过两辆！都是工薪阶层，收入不高，丢个车很心疼的。我们就自己建停车屋，下班后停个车什么的。这个电是我们从楼上（3楼）扯下来的。（访谈编号：LJW03）

此外，还有居民利用楼栋间空地搭建房屋、出租营利。在调研过程中，笔者与一位租房的龚大爷做了深入交谈，得知：龚大爷来自安徽农村，1954年生，未婚，他的两个兄弟都在N市打工，介绍他来打份小工养活自己。由于年龄大，小学没毕业、属于半文盲，他找不到好工作，平时就打些零散的小工过日子。龚大爷说：

> 我是光棍汉，一人吃饱、全家不饿。现在住这里，是旁边一楼那个人家盖的，已经五六年了。一个月房租100多元钱，水电另算。

龚大爷的安身之所十分简陋，大概6平方米，仅有破旧的床褥、煤气罐、简陋的餐具和一个7英寸的小电视机。这些东西有些是龚大爷捡的或从市场低价购买的，有些是从老家带过来的，也有些是房东救济给他的。（访谈编号：LJW04）

(三) 楼栋小院的空间重构

进一步深入每栋楼舍小院，你会困惑："围墙里的院落是规划好的还是自建的?"据居民程奶奶讲，20 世纪 90 年代回迁房和拆迁再置房刚建好时，每个单元楼都被院落围墙区隔开来。但是没过几年，院落景观就发生了很大变化，内容丰富的院落违建大量出现。(访谈编号：LJP05) 调研发现，院落内部的违建大多是一楼住户搞起的。如表 5－1 所示，部分是生存性违建，但更多的是用于储物、停车等的非生存性违建。

关于生存性居住违建，有自己开发自己居住的，也有出租的。有的住户从社区建设初期开始入住，三十多年来由一家三口变为一家六七口，祖孙三代同居一个空间。为了改变拥挤的居住空间，一楼住户便利用地理优势，在自家窗前搭建木屋或砖房（一至两层不等，单层面积约 10 平方米)。据笔者初步统计，在 J 社区院落违建内供居住使用的自建房有 30 多间。这些自建的房屋有一些甚至把树包在房子里，这一奇观与 1998 年上映的电影《没事偷着乐》里的情节极为相似（电影主人公张大民所居住的卧室里就长着一棵树)。这些树原本是种植在小院里或路边，后被圈进了违建房里。

此外，也有利用院落空地种花种菜、饲养家禽的。几乎在每个楼栋，院落违建都会延展至院外的墙边——在墙根处，花草和蔬菜随处可见。不过，这些被开发出来的自留地大都规划得比较整齐，看似是天然或官方规划出来的样子；而且居民会按时节不同种出不同的花草和蔬菜，有的仅是为了院落的美观、陶冶情操，有的则是为了种菜减少开销。回迁房片区的居民孙阿姨给笔者算了一笔账：

> 楼前这些空地最初有的是绿化带，但是因为没有物业管理，有的死掉了，有的疯长，我们就觉得还不如开辟成自留地、种些花草蔬菜之类。你沿着小区走一圈，会看到很多花卉品种，比如美人蕉、夜来香、绣球花、蔷薇、大月季、满天星等，春天和夏天都会有不同的花开，很不错的。有的也会种上西红柿、豆角、韭菜、上海青、丝瓜等，都是靠着墙种的，规模小，也不会影响他人。这些东西成本都很低：花苗 10～30 元，韭菜、丝瓜等蔬菜种子 5～10 元，一把锄头 20 元，一包肥料 15 元（有时候我们

自己会囤积人工肥料），豆角等可以顺着墙体自然生长，攀藤竿也不用买。而且像韭菜、小葱之类的一年四节都可以生产，长了掐、掐了长，几拨轮换，没断过，这样算来一个月可以省 100 多元钱，一年节省 1000 多元呢。种菜不仅减少开支，还可以运动筋骨、美化环境，因此很多人都乐意当菜农和花农。（访谈编号：LJW14）

三、H 社区空间的非正规化演变

综上所述，J 社区的空间失序都发生在随处可见的地表，数量多、面积和规模大且明显。虽然两个社区都有生存性违占和非生存性违占，但对空间的利用方式有较大区别。从表 5－1 社区非正规空间的概况可以看出，在 H 社区内，地面上的违建和各种违占现象虽然显得整齐划一，但是更神奇的是地下实际上也隐藏着更多不为人知的秘密空间。

（一）私有化的公共地下室

第四章第四节已经介绍了居民抢占公共地下室的背景。区政府将 H 社区地下防空区域暂时变更为公共地下室，但是第一家物业公司却擅自将一部分地下室出售出去，后来虽然居委会和业委会与“父子”物业公司解除服务合同，却将地下室使用权问题留给了社区。“地下室是公有还是私有”这一问题一直困扰着 H 社区，业委会并未商议出一个能够服众的方案，居委会等基层政府的选择性弃管也默许了居民各种各样的空间争夺行为。除了最早付钱购买地下室的小部分群体，其余居民基本都参与过地下室的争夺战，具体而言分为两个阶段。

第一阶段：所有居民“乱占”

物业出售地下室以及业委会和居委会的旁观，无形之中弱化甚至消除了地下室公有的属性，而居民之间的抢占彻底使它从一个共享空间变为排他性空间。这种排他性主要体现在对物理空间使用权的占有方面。对居民而言，“自己不占别人占、吃亏的是自己”；而这种对“得不到”（失去）的恐慌或害怕是导致居民主动抢占地下室或跟风（效仿他人，“不占白不占”）的主要原因之一。2007年至2008年是地下室抢占风波最激烈的一段时期。这种抢占是无规则的、混乱的，几乎家家户户都参与到空间争夺战之中。一般而言，“先到先得”。占得早的居民可以占到面积较大的、位置较好的房间，有的甚至会多占几间；而且他们都会给自家地下室安门上锁，以示所有权。没有抢到地下室的居民，最初会找居委会抱怨，但正如我们在前文分析，这些基层政府代表基于多种利益和因素的考量，在社区生活政治中展现出一种听之任之的第三方姿态（这时的情理考量是复杂的）。当“求助”无效，这些居民一方面会说自己“倒霉”“运气不好”，另一方面会抱怨基层政府的管理无效（“政府不作为”）（访谈标号：CHP07）。这种深藏在内心深处的不甘心会在某一时刻爆发出来，并引起第二轮“地下室抢占风波”的到来。

第二阶段：驱赶“非本楼住户”，重新划分地盘

2008年年底至2009年春，地下室抢占风波达到炽热化，并无形中分为非本楼住户和本楼住户两种派别。在第一轮“地下室抢占风波”结束后，所有的地下室都被瓜分完毕。H社区的地下室原本是民用防空设施，而且是每两栋楼共用一处，根本不足以平均分配给每家每户，这便意味着第一轮争抢过后有很多未得利益者。笔者了解到，未得利益群体如果本身居住在有地下室的楼洞里（简称“本楼住户”），这种“不甘心”感觉会更强烈。而且他们在日常生活中也会互相抱怨自己的失利，慢慢地这种抱怨转变为一种对外来侵占者（非本楼栋人员占据地下室的居民）的反感和敌对，最终酝酿出一场“悄悄”的“反击战”——要将外来者（非本栋楼住户）赶出地下室。非常有趣的是，原本地下室是公用的，无论是本楼住户还是非本楼住户，本身都无权私自占用这一共有空间，但是在争夺之中，本楼住户似乎因为地缘（离地下室近）获得了一种自然的合理外衣，并最终取得了第二轮“反击战”的胜利，而被驱赶的非本楼住户也甘心接受了这一结果，没有再次“反击”。居民孙先生回忆说：

> 本楼住户对地下室的再次抢占其实并不是集体行动，而是各自行动，大家就是在平时互相通个气，比如说地下室哪一间是其他楼居民占的、可以把锁撬掉，哪些是本楼居民占的、不能动。大家一般都是在晚上偷偷地行动，敲掉别人的锁、把东西抬出来、安装自己的新锁。一般为了保险起

见，很多人都安上了防盗门，有的甚至在地下室住了好几天以保卫“阵地”。最初被赶出去的人肯定会闹、吵，还有打架的，最后谁厉害、哪方势强就赢。没有共用地下室的例子，而且基本外楼的人都比较吃亏（占不到）。（访谈编号：CHP09）

2009 年至今，地下室已经全部被安门上锁私有化，大部分用来存放物品、停放自行车和电动车，但也有用来居住的。吴老汉快 60 岁了，安徽人（外地人），已经在 H 社区做了好多年的环卫工，一直和老伴住在违建的地下室里。作为外来人，他们自然没有理由占到地下室，就在负一层找到了两处空位，自己搭建了两个简易地下室（相距不到 10 米）。一处在通向地下室的楼梯转角，借助已有半封闭空间加装一道铁皮门，作为日常的厨房（大概 5 平方米）；厨房里有两个煤气罐、一张捡来的桌子，还有一些厨具和餐具，墙壁上贴满了废旧的、发黄的报纸，整个厨房满是油烟味和发霉的味道。另一处在两栋单元楼的交界处，他们恰好找到一个空闲区域，就自己用铁皮圈建起来作为卧室（大概 15 平方米）。卧室里堆得乱七八糟，有一张双人床、一张小桌子、两把小椅子，都破旧不堪。墙上扯着一根绳子，上面挂着一些衣服，日用的清扫工具（大扫把、簸箕等）放在墙角，房间里也堆满了老人们回收的废品。吴老汉讲：

我们都是从偏远的农村过来的，儿子和儿媳都去广州打工了，打工的钱够他们一家三口过日子。我就和老伴出来打些零工，做个保洁之类，有时候也在小区里捡些废品，比如塑料盘、纸盒啊，都可以卖些钱。做环卫工人每天起早贪黑，工资也很低，再拿钱租房子就不划算了。而且我们老人家上了年纪，身体难免有个不舒服，做这行也相当于给自己攒个养老钱。（访谈编号：CHW11）

（二）消失的楼间空地、草坪和道路

社区建成之初，六层高楼的楼间距前后 6～8 米。楼后一般是有 2～3 米宽的草坪和林木，楼前一般是 1 米宽的林木，中间道路 3～5 米宽。可是近些年，地面违建逐渐增多。一楼后面的草坪都被住户私下铲除，自建出各种风格不一的“后院”。

居民开墙破壁、在住所和后院间开一道后门，将新旧空间相连。这些后院从10平方米到40平方米，大小不一，有的用规整的铁栅栏圈建，有的用简易的木栅栏围挡，有的则搭建玻璃阳光房。新建的院落是私人性质的，有的被规划成美丽整齐的花园和菜园，有的是鸡、狗、猫等的放养地，有的堆满杂物和车辆，有的林木环绕、杂草丛生，也有的与楼栋混为一体、成为居住空间……而楼前的林木一般疏于管理，或死或被砍，最终大都成为私人菜园或小花园（如图5－4所示）或者放置车辆和杂物的地方。改建之后，楼栋间的公共空间被压缩，仅余下中间的小道供行走。

图5－4　H社区违建“后花园”

除了排楼前后，楼房周围、临近社区围墙的草坪和道路也被修改得面目全非（如图5－5、图5－6、图5－7所示）。最初是居民自己将草坪铲除，放置车辆并安装地锁。后来为解决社区停车难问题和遏制居民违建违占现象，居委会、业委会和物业共同商议，对车位进行统一管理，私有化的停车位成为共有的停车空间，收费、规则等由物业统一管理。但是仍有车辆违占黄线（高压线走道）和紧急通用车道。另外，也有居民在道路牙子上面私建铁皮房来存放杂物，但是这种现象不多。据笔者初步统计，这种大约4平方米的铁皮房在H社区不到10个。此外，比较有趣的是，居民经常在路边树下放置桌椅，做临时的棋牌娱乐场所。

图5-5 H社区违占停车区

图5-6 H社区违建车棚

图5-7 H社区违建储藏屋

（三）北门口的非正规商业空间

在第四章第一节笔者已经交代过H社区建成初期的整体布局特征——商居分离（商业区和居住区相互独立）；从图5－8看出，北门附近的农贸市场原本是H社区唯一的“生活次街”；而随着时间推移，居住区内逐渐形成自建的非正规商业区域。不过，相比J社区，H社区的非正规商业区域要小很多，主要包括北门附近的一排违建商铺（8家）、6个流动摊位和居民区内零散分布的3家违建商店。笔者对这17家非正规经营群体进行了访谈，总结出这一群体的基本特征，详见表5－3。

表5－3　H社区非商业空间的基本情况（n＝17）

类型	来源	年龄	男女比例	营业时间	通勤方式及时间	产品	违占公共空间方式
违建商铺	多为H社区居民	以30～55岁为主	11：32	7：00～21：00	步行，0.3小时内	副食品、餐铺、日用品、儿童电玩、服装、美容保健、书刊文具	1.（HZ物业）在路边搭建移动房或简易房； 2. 一楼“开窗经营”“破墙开店”
流动摊贩	多来自农村和城乡接合部	以35～58岁为主	9：13	8：00～18：00	步行，0.5小时内；自驾车，1～2小时；公交，1～2小时	海产、果蔬、小宠物、修车、缝补衣物、盆栽	1. 私摆摊位； 2. 占道经营

资料来源：笔者调研后总结。

那么，为什么相对集中的违规商业区分布在北门附近呢？南门是H社区的正门，是整个社区的门面，2005年7月拆迁户入住时已经设置有出入口道闸和门卫，对违规者而言南门处于居委会等管控方的直接监控区，不易形成规模化的商业区域。而北门则不同，北门是通往社区农贸市场的一个小门，第一家HZ物业管理时期并未在北门安排设置门闸或门卫，为流动摊贩的出现提供了契机（2005—2007年）。对于空间违规者而言，北门附近是较为安全的区域，而且与农贸市场一墙之隔，理应作为附属商业区并发展起来。2005年年底，HZ物业在北门近围墙的道路上搭建了一排移动房或简易房（共8间，每间10～15平方米），出售给社区居民。笔者在调研中了解到，这些商铺的建设

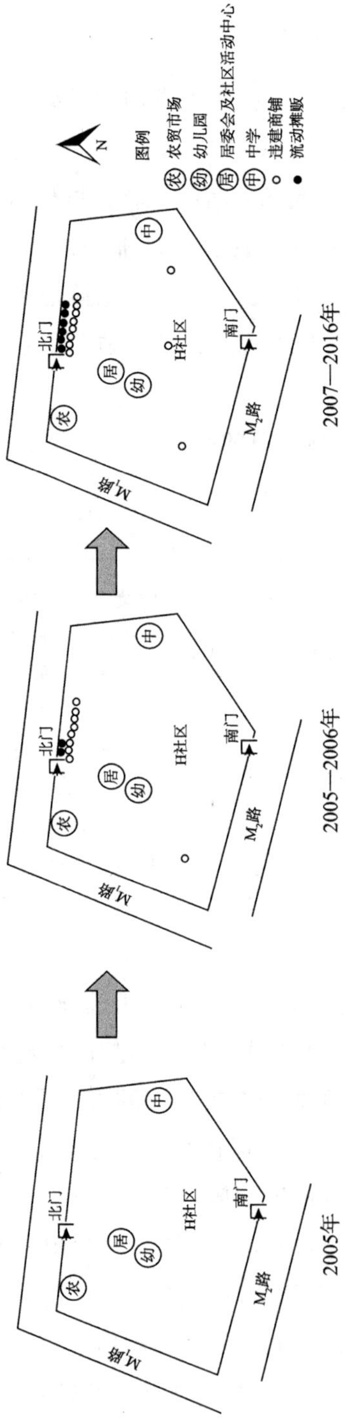

图 5-8 H 社区非正规商业空间发展变化（2005—2016 年）

图片来源：作者自绘。

并不在已有规划范围之内，也没有报备相关部门审批，甚至当时的社区居民服务中心负责人也不知道这件事；而购买并经营商铺的居民，部分没有办理正规的营业执照。而后期 HZ 物业撤出社区管理之后，居委会和城管基于情理的考量，对这部分非正规经济群体的管控也是“睁一只眼闭一只眼”，以致慢慢吸引更多流动摊贩的群聚，使北门演变为一片真正小型“生活次街”。这些违建商铺从外表看基本是同样的颜色和规格，好像是正规建设出来的一样。

最后我们来看一下分散在小区内部的 3 家违建商铺。如果说北门是依托正规农贸市场的衍生区域，那么这几家零散分布的违建商店则是其重要补充。农贸市场偏居北隅，这种功能区的独立式布局虽然符合相关政策法规规定，是一种标准化的定制，但没有考虑商业区活性与居住区分布的空间关系——对于南面的居民而言并不是很方便，这便是违建商铺开设并一直存在的原因。整体而言，这 3 家违建商铺都是一楼住户，违规者将阳台作为主要贩售区，主要方式是开窗经营（马家、何家）；而金家比较特殊，属于破墙开店——在楼房后面，打开一面非承重墙，安装防盗门，直接开门做生意。对于这 3 家违建商铺住户，笔者依次做了访谈，发现这些“住宅变商铺”的原因十分相似——“没有工作、补贴家用”的道德政治支撑（马家、何家、金家）。这些商铺经营的都是居民所需的生活用品，地理位置和价格的优势也是支撑其长期维存的重要原因。（访谈编号：CHW05/06/07）

第四节　小　结

本章主要围绕两个问题展开：居民为何违规？以及怎么违规？这两个问题都可以从居民所在的权利空间中找答案。

第一，什么是权利空间？简单而言，社区空间对于空间的实际使用者——居民而言，实则是一个日常生活诉求与权益导向的权利空间。具体而言，权利空间包含以下两个层面。

（1）权利诉求表达。居民的权利空间是以使用价值为导向的，对居民而言，社区空间是一种功能性场所，而非牟利性的交换场所；他们的诉求包括停车、储物、谋生、居住、休闲、交往等。从权利角度讲，停车和储物是大部分居民应当享有的空间使用权利，是基于空间刚性需求的一种最基本的权利；而谋生（就业）、居住以及自治（改造社区空间进行休闲、交往等）则是居民依据自身情况声称的社会权利，并非是一种共性的需求。如果说空间使用权利的诉求更具正当性和合理性，那么社会权利的实现则是依赖违规者自身的道义资本。

（2）权利缺失的感知与居民的能动性实践。事实表明，指向权利诉求的能动性实践会损害公众和其他居民的个体利益，逾越了合理合法的权利边界，因此在本质上属于权利外溢；权利外溢的结果是社区空间的非正规化。整体而言，社区空间失序是一个过程，首先是由争夺停车和储物的空间使用权利而引发的，其次在居民争夺社会权利的能动性实践中开始蔓延，最终两个社区整体陷入失序化的困境。

第二，为何违规？前两节结合空间非正规化的历史脉络讲述了居民空间违规的原因——对空间使用价值的追逐。如第一节所言，空间供需落差（主要表现是停车存车空间严重不足）是导致部分居民违建/违占停车区的诱因和根源；而车辆问题引起的空间争夺则拉开了两个社区空间违建违占现象规模化的序幕：为了满足就业需求、居住需求以及其他储物、休闲等需求，居民以“道义政治”为武器，将社区公共空间改造成各种各样的违建商铺、临时居住房、棋牌场地等。

对居民而言，所谓的违规只不过是他们维护自身权利的一种合理方式而已。而居民权利受损的状态与政府行为密切相关：交换价值导向的社区规划、建设与管理无法满足或忽视居民日常生活的一些正常或基本的诉求（老旧小区J社区的空间供需落差也有时代原因，这是J社区与“年轻的”拆迁再置房H社区差异最大的地方），损害了居民的权益，是居民违规的根源。此外不可忽视的是，如前文所述，地方政府基于情理逻辑导致的空间治理间隙的确为居民违规创造了条件。

居民对权利（包括空间使用权利和生存、居住、自治等社会权利）的追逐及捍卫是在打破原有社区空间秩序的基础上产生的，本质属于权利外溢（超出原本的边界/界限），进而造成了空间失序——即空间非正规化。第三节从社区空间非正规化演变的视角详细描述了J社区和H社区空间失序的过程，实质上也回答了本章第二个问题——怎么违规？这种非正规空间正是居民通过能动性实践，以使用价值为导向改造出来的一个自治性的“希望空间”。

第三，共性中的差异。两个社区空间的非正规化用途虽然基本相似（详见表5-1，具体包括居住、停车、储物等），但在空间非正规化结果和特征上仍有不同：①H社区除了地表空间争夺，也有地下空间（地下室）的非正规化，J社区没有地下室，仅有地表空间的违建违占；②较之H社区，J社区非正规商业空间更具有活性、区域更大，而且非正规居住空间也更多。

第六章

社区非正规空间的冲突分析

第四章从政府的视角回答了“什么导致违规”及“政府哪些行为为违规创造了条件”，第五章从居民的视角回答了“为何违规”及“怎么违规”的问题，本章将延续第四、第五章的脉络，具体分析一下违规的后果——“导致空间冲突”，并对非正规现象出现后空间冲突主体间的关系及行为模式进行阐述与分析。

第一节　空间冲突的类型

对社区公共空间的争夺将空间行动者分为三大群体——违规者、未违规者与管控者。依据利益关系不同（如图 6－1 所示），社区层面的空间冲突基本可分为权利空间内部冲突和权力—权利空间之间的冲突两大类；而权利空间自身同时包含违规者—非违规者及强势型违规者—弱势型违规者两种内群体冲突，违规者—管控者与之对应，构成外群体冲突。

需要解释的是，内群体冲突和外群体冲突是科赛在讨论社会冲突时提出的两种冲突类型。其中，前者指同一单位/群体成员间的内部冲突，后者指不同团体间的外部冲突。[1] 在本研究中，权利空间内部的社区居民间的冲突类似科赛的内群体冲突，而管控—被管控主体间的冲突则类似不同空间主体间的外群体冲突（权力—权利空间）。

---

[1] 刘易斯·科塞. 社会冲突的功能［M］. 孙立平，等 译. 北京：华夏出版社，1989：54，73.

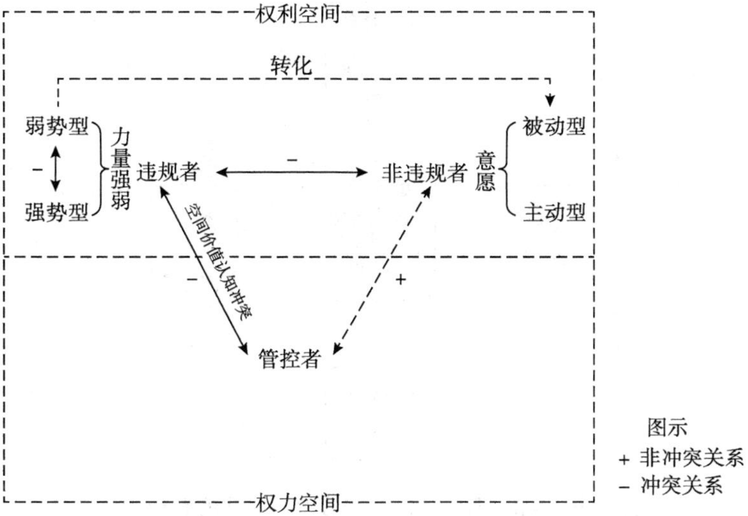

图 6-1　社区违规空间的冲突类型

一、权利空间的内群体冲突

权利空间内部的冲突主要包括两种类型，即强势型—弱势型违规者之间的冲突；违规者—非违规者间的冲突。

（一）冲突类型Ⅰ：强势型—弱势型违规者间的冲突

无序的空间争夺定然不会满足所有违规者的诉求，毕竟社区公共空间是有限的。这种无序的私有化毁掉了公共空间的共享性，使其蜕变为一种排斥性空间：一方的获得意味着另一方的损失。因此，违规居民最终占据的空间不可能是均质的。调研发现，空间争夺战一旦拉开序幕，违规者内部会自然分化为两种互相排斥的群体：强势型违规者和弱势型违规者。其中，势力较强的居民能够占据更大的面积、更方便的地理位置，进而更好地满足自己的需求；而势力较弱的一方则处于劣势，或者占据较小的空间和不利的位置，或许什么也占不到，重新成为被动型非违规者。具体而言，如图 6-2 所示，影响违建违占者势力强弱的因素有 4 个，分别是个体气势与需求强度、相对距离、争夺策略和社会网络支持。

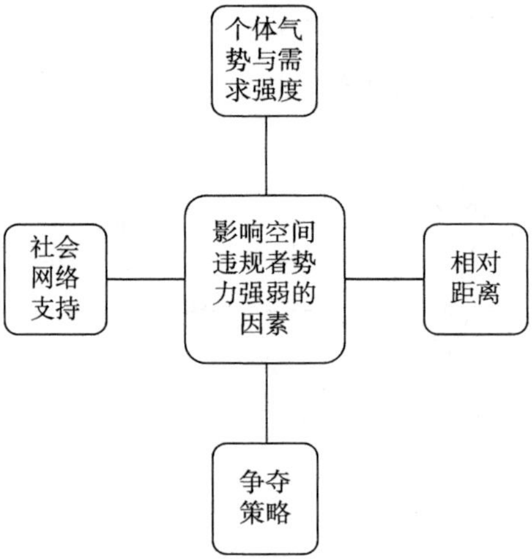

图 6-2 影响空间违规者势力强弱的因素

1. 个体气势与需求强度

其中，个体气势主要体现在争抢者的个性上。笔者从众多违规空间争夺的案例中发现，个体气势强的（主要表现为个性强、为人霸道、厉害、不讲理、敢闹、敢争等）容易成为强势违规者，在空间争夺中获利；反之，个体气势弱的（主要表现为容易退让、怕事等）则沦为弱势违规者，甚至退出竞争，成为被动型非违规者。而影响个体气势强弱的重要因素在于行动者的需求强度，即居民对某一空间需求的迫切程度；强度越大，则意味着弹性越小或者目标空间的替代性越小，行动者会表现出更强烈的欲望，也会释放出更强的气场以占据更为满意的空间。

这种关乎个体气势的抗衡主要体现在两个社区的停车/存车空间的争夺中，尤其是J社区的居民常因此事发生冲突。J社区没有专门的车库或停车区，车辆一般停在楼栋前的空地或道路两侧，而且大都私自安装了地锁，以确保自己有个固定的停车位。如图6-3所示的A型地锁（或称车位锁），是J社区回迁房片区童先生家在自家单元楼前的空地上私自安装的。一楼住户黄先生最早将这块空地料理出来——清除了杂草和垃圾，摆放了石桌和石凳，平时用来打牌或喝茶。童先生家2007年左右买车后一直没有固定停车位，随着车辆增多，小区停车位更加紧张，便试图说服黄先生拆除石桌和石凳，腾出空间。老旧小区房子居住空间并不宽敞、公共空间也并不多，因此黄先生一家一直十分看重这块儿自建的休闲区域，也不愿意退让。在黄先生看来，“先占先得”是天经地义的；但对于童先生，停车需求比休闲需求更为重要、更迫切。在协商无果后，童先生趁黄先生一家外出时偷偷撤去石桌石凳，并安上地锁，再次将公地私有化。黄家发现后，与童家发生了激烈的争执；童家表示绝不退让，并威胁黄家“如果强拆地锁就报警”。在这一地锁事件中，与休闲需求相比，停车需求更是一种刚需，因此童家不惜扯破面子，与邻里闹翻，而黄家虽然心怀不满，但最终也被迫接受这一结果。（访谈编号：LJW12）

图6－3 J社区居民私自安装地锁

2. 相对距离

相对距离指违规者居住位置与违规空间的距离。调研显示，这种地缘优势在两个社区公共空间违建违占的案例中普遍存在：相对距离越近，对违规者越有利；反之，则越不利。毕竟离目标区域越近，越有利于违规者进行空间监控，可以选取最有利的时机展开行动或“反攻”，最终将“对手”赶出“竞争区域”，并能够更持久地守卫空间。一般情况下，居民都不会在距离自己势力范围较远的区位进行违规操作；而且，一旦出现同一区域的空间争夺，相对距离较远的一方往往就会退出竞争。最突出的案例是H社区居民对公共地下室的争夺（详见第五章第三节中“私有化的公共地下室”部分）：较之非本楼住户（弱势型违规者），本楼住户（强势型违规者）拥有天然的相对距离优势，最终也取得了地下空间争夺战的胜利——经过两轮反复争夺，非本楼住户都被迫放弃了空间争夺。

3. 争夺策略

争夺策略主要指争夺手段的有效性。社区居民的空间争夺看似是无序的，实际上也讲究策略性；策略性越强，居民越有可能成为强势型违规者，否则将在争夺战中处于劣势。一般而言，虽然空间争夺与冲突已经是一种常态，但居民处于邻里网络中仍会尽力避免重叠区域的争夺（除非暂无可取代区域），从而避免直接冲突。

那么，什么样的行动策略往往是有效的、可以帮助违规者获得更大更便利的空间呢？调研发现，常规型的争夺策略主要讲究时机和持久性：①时机。文中反复强调，“先占先得”已成为一种默认规则。因此，越早发现可违建违占区域，越早进行空间非正规化行动，对违规者越有利。②持久性。如果失去了最初违占先机，如何成为后来居上的强势型违规者呢？实践表明，能反复进行争夺、并不断抓住时机进行“悄悄扩张”的群体也能最大限度地满足自己的日常诉求，对这一部分群体而言，“用时间消灭空间”是一种更低成本且更有效的方式。

此外，在重叠区域的争夺中，知道怎么闹、会闹的一方往往会获得更多利益。如果说“敢闹”体现个体气势，那么“会闹”则更多是一种策略性。无论是强势型违规者还是弱势型违规者，对公共空间进行私占都不合法；既然没有法律依据，那么违规者便会从情理和道义等非法理性角度寻找支撑自己违建违占的理由。在这种情况下，搬出老人、孩子或者用自己遭受的不公正待遇（如下岗、强制拆迁等）来哭闹都可以逼退同一场域的竞争者，获得更多非正规空间。比如J社区回迁房片区戴、郭两家同住一楼，戴家由于人口多，便在院内搭建了两层简易木屋（大概8平方米，用于居住与储物），同时在郭家那一侧院内靠围墙处圈占了一片小菜园，并搭建阳光棚（大概3平方米）。一般一楼住户会自觉平分院落违建区域，戴家的做法却打破了这种平衡并挤占了郭家的停车空间。然而戴家让近八旬的老母白天坐在院内看护菜园，其母每逢郭家抱怨，都会不断说教甚至谩骂。郭家不敢也不愿与老人争执，最终放弃了空间争夺。（访谈编号：LJW13）

4. 社会网络支持

社会网络支持主要指利益共同体的建立。而社会网络支持的力度，包括利益共同体的规模、组织化程度等，都会影响到违规者势力的强弱。笔者在调研的过程中，发现违规者间（基于地缘、血缘、亲缘、业缘或共同利益等）形成的社会网络主要包括正式和非正式两种形式。

其中，非正式的社会网络形成于日常零零散散的、个体化的空间争夺中。比如亲友邻里间互相“通气儿”❶、帮腔等，典型例子是H社区本楼住户间形成的非正式联盟、通过隐形的互助合作赢得了“地下室反击战”的胜利。再如J社区非正规商业空间中“本社区非正规商贩”间长期存在一种非正式的社会网络，违建商铺店主和无店铺的流动商贩间会彼此照应，比如固定摊位的守护❷、不形成恶意竞争❸等。这种非正式的本社区商贩联盟使外来流动摊贩在长期非正规空间的争夺中处于一种劣势，占不到较好的贩售据点或难以长期入驻等，如外来卖菜的胡奶奶只能长年占据老菜市场的外围、非核心商业区域（如图6－4）。（访谈编号：LJW11）

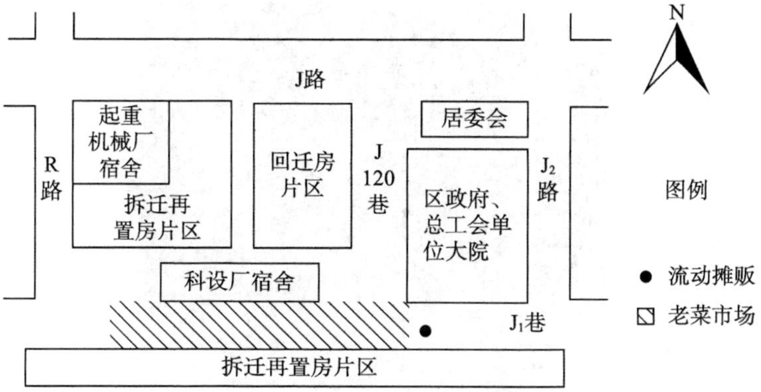

图6－4　J社区胡奶奶的摊位

图片来源：作者自绘。

而正式的社会网络形成于群体性的对抗事件中。H社区中部分面临拆迁再就业困难的居民相继加入了G区的一家出租车公司，两人一车，共承包了十几辆车。每天从早上6点至次日凌晨2点两班倒（下午4点交接），每月需向出租车公司交份子钱约7500元/车。为了交接班及休息方便，司机们将交接地

---

❶“通气儿”是民间的说法，指互通消息。

❷本社区商贩都是互相熟识的，也有长期相对固定的贩售据点，彼此会相互关照、防止外来者抢占摊位。

❸主要指商品种类的差异性和价格设置方面。

点定在了H社区里面，同时也需要一个固定停车位以供凌晨休车期停泊使用。于是，他们和其他居民一样，通过破坏草地、树木或占用道路等方式获得了十几个停车位，以确保随到随停。于是，H社区私家车停车冲突便演化为私家车与出租车停车冲突。业委会出面与开出租的居民进行协商，试图劝阻其在小区内部交接班或停泊。最初，出租车群体碍于情面同意将车停在社区外的路边。而不久后，N市为迎接北京奥运和承办世界城市论坛自上而下展开了全面的环境整治运动❶，出租车道路违停也成为打击对象，H社区居民的出租车也因违规被罚。出租车司机为了保护自己的利益、降低违规成本，再次将车停泊在小区围墙内（按地锁或标号占地，如图6-5所示），停车冲突再次激化。业委会劝阻失败后便召开业主全体大会，并决议联合物业，不再对出租车放行，并强行拆除出租车主安置的地锁。（访谈编号：CHW03）

图6-5 H社区出租车私占停车位

（二）冲突类型Ⅱ：违规者—非违规者间的冲突

非违规群体依据行为特征与意愿可以分为两类，即主动型非违规者与被动型非违规者。其中，前者基于公德、个体需求及客观条件❷的综合要素考虑而

❶ N市政府关于印发《2008年N市城市环境三项整治总体方案》的通知。

❷ 比如H社区2楼以上住户都不会参与到“圈建后花园”的空间违规行动中，主要是没有一楼住户的天然地理优势。

主动不做出违建或违占行为，后者则是在空间争夺中失败后由弱势违规者转化而来的。作为被强势型违规者驱逐出空间争夺场域的失败者，大多数被动型非违规者仍因诉求未满足而心怀不甘或有些许愤慨。如果说空间违规居民间的冲突是围绕空间大小和地理位置展开的，那么违规者和非违规者间的冲突本质在于公共空间共享权利和个体空间使用权利的认知与实践冲突。基于两个社区复杂的空间问题背景，违规者和非违规者中任何一方都可为自己的行为找到合理依据，而且双方均视自己为权益受损者和正当的权利行使者。

1. 非违规者与公共空间共享权利

这里的公共空间指社区内业主共有的、公共性的物理空间，包括绿地、花园、道路、停车场、空地及公共地下室、防空洞等。对主动型非违规群体而言，非正规空间的存在意味着公共空间共享性的丧失。他们认为，空间违规者所标榜的“空间自治”，只不过是为了追求个人所享有的空间使用权利和社会权利，然而个体却忽视了责任的承担和社会公共利益的维护与考量，最终导致集体利益受损——这种将个体置于社会之上、极其重视个体权利而忽略责任的行动，实际上遵循权利个人主义[1]的逻辑，也是笔者第五章所说的权利外溢现象。比如两个社区一楼大量存在的院落违建（如图 6 – 6 所示），都是绝对具有排斥性的私有领地，同时压制了这些公共空间改造为社区公共停车场、晾晒区或休闲场所的所有潜能。

2. 违规者与个体空间使用权利

对于违规者而言，他们的空间需求是不证自明的，所有的违规行动都是基于道义政治和生活正义的，是一种捍卫个体空间使用权利的合理选择（详见第五章的相关论述），而这种个体选择与公共空间的共享性是相悖的。通过深入观察与访谈，笔者发现促使权利外溢或权利个人主义生成的不仅是权利缺失，而且背后隐藏着更深层次的社会原因。

一方面，随着单位制的解体和国企改制下岗潮到来，单位共同体逐渐失去“物质黏合剂”的功效，J 社区内个体化社会开始出现，个体权利取向的行动

---

[1] 权利个人主义是洛克的主张，他强调个人自然权利的维护，却没有倡导个人责任的承担。因此洛克的权利个人主义是一种权利高于责任、个人优于社会的说法，后来受到康德等人的批判。参考资料：陈强．权利个人主义与道德个人主义辨析：兼论当代中国的个人主义现状和趋势［J］．道德与文明，2014（5）：34 – 40.

图6－6 H社区1楼违建的“后花园”

开始普遍化[1]。科设厂宣告破产、解脱了自己，起重机械厂通过“换血”不断甩掉冗员包袱、轻松上阵。组织、文化、思想等不断变革，也不断弱化、消解单位与员工之间的联系，使职工和家庭不得不面对失去单位保护和福利后撕裂般的疼痛。随着传统公有制企业逐步民营化和市场化，单位不再是一个社会共同体，而是一个经济营利组织；随着企业文化逐渐从“单位是我家，建设靠大家”变为“绩效第一”，职工身份也相应地从“单位人”变为“社会人”，甚至是“下岗失业者”；职工及家属不再以单位为豪，曾经的集体意识和荣誉感都不断消解，价值衡量和行动选择标准从“服从奉献”转向“经济利益取向”。微弱的补偿、家庭的压力和再就业的困难不断将他们推至社会的下层。在这种特殊的体验中，失业者及家庭经历短暂怀旧和挣扎后，清楚地认识到“回不到过去了”，最终接受“利益取向”的“生存理性”的指导，从自雇就业和日常生活的空间争夺中寻求出路。

另一方面，拆迁后传统乡土共同体彻底瓦解，而再置后新的社区认同并未形成，容易出现违反城市文明公约的个体化行动和一些盲从、跟风违占行为。对两个社区的再置居民而言，村集体和传统村规民约的束缚彻底不在，尤其是之前显性的空间地理边界（如耕地边界、宅基地边界）不再存在。个体化的

[1] 田毅鹏，吕方．“单位共同体”的变迁与城市社区重建［M］．北京：中央编译出版社，2014；冯莉．当代中国社会的个体化趋势及其政治意义［J］．社会科学，2014（12）：20－27.

新城市居民并未认可人与人之间、公与私之间的权利边界，对他们而言，“公家的便是共用的、自己的”。权利边界和空间边界意识的模糊，导致个体空间使用权利的异化——重个体权利而轻公共责任与道德。❶ 为了实现自身利益最大化，他们肆意地进行空间自治。个人权利与维护公益义务日渐失衡，大多数人丧失了对公共权威、公德公约和社会舆论的敬畏，居民个体愈加崇尚空间争夺的乐趣和个体权利获得的愉悦。对他们而言，能够长期“霸占”一个免费的停车位足以体现个人的能耐；在空地上私搭一些铁皮房（出租、储物或停车），都是必须占的便宜；通过纠缠、闹、耍横等方式阻挠居委会和城管等官方的拆违行动，是不向强者低头的“正义”之举……在个体化的社会背景下，社区认同空间整体上呈现离散型特征。权利与责任的失衡和规则意识（如遵守城市文明规约）的弱化，让大多数人丧失了衡量行为准则的标准。违占肆虐的社区现状，更加营造了“法不责众”和“随大流”的心理。对他们而言，“不占白不占”“先占先得、不抢不得”都是合理的生存法则。

二、权力—权利空间的外群体冲突

（一）冲突类型Ⅲ：管控—反管控者的冲突

外群体间冲突的根源源于双方对空间价值的认知冲突。对权力空间主体而言，城市与社区空间是具有强烈政治与经济意涵的，且空间的规划、建设与管理等都应遵循权力治理的逻辑。因此，管理制度强调空间违占的“非正规性”，在正规—非正规的二元对立中凸显对违占行为的排斥。

在N市城市空间管理的各项规章中，无论是环境整治还是针对性的违建治理，都将非正规空间归入对公共空间的违法侵占范畴。在建设现代性国际大都市的语境中，尤其是在争创文明城市和环境整治的形象政治工程中，非正规空间已然是有损文明城市形象的空间失序现象。尤其在市政府2014年批转城市管理局的《关于进一步加强违法建设治理工作的实施意见》（以下简称《意见》）中，强调了违建有“危害公共安全、造成环境污染、破坏自然环境”等

❶ 张良．现代化进程中的个体化与乡村社会重建［J］．浙江社会科学，2013（3）：4－10，155．

负外部性，表明要将违建治理放置在十八届四中全会和中央“依法治国”的框架内，整合多方力量，优化查处机制，有效、多角度限制与违法建设相关联的各种行为。《意见》（2014）试图通过治理机制转型与改革，全面提升整违工作的法制化、社会化和系统化。2012 年市环境综合整治运动（9322 计划）中对不符合规定的有明确的罚款，比如流动摊贩产生的垃圾未按规定清理的，需向城管缴托管费（550 元/车）；道路街巷门店，倚门出摊的，责令更改，拒不更改的，处以 100～1000 元罚款。此外，“还原小区居住功能、取缔自由市场”“取缔流动摊贩、整顿违建商铺”“规范车辆停放”“坚决拆除违法建设”“整治非正规空间”等规定在“创卫”“创文”环境整治、城市治理的相关文件、意见、规划中不断出现、被强调（如省 931、市 9322/362/9305 和 G 区城管局 3026 计划与文件）。

现代性城市空间管理制度具有排斥性，它遵从政治意图和市场利益的引导，势必忽视被管控群体的客观利益需求。就 J 社区违建商铺和流动摊贩构成的非正规部门而言，他们是城管打击与管理的重点对象，是脏乱差和空间失序的主要原因。然而，这部分受排斥的边缘群体，他们或者是 20 世纪 90 年代因下岗而“再追梦”的自雇就业者，或者是为了生计从农村进城谋生的小本生意人。这个群体是弱势的，没有体面稳定的工作。正式制度强调空间的正规性，但是却忽视了导致非正规空间产生的弱势群体诉求。

总而言之，非正规空间，无论是储物、娱乐、摊贩或是居住，都是乱搭乱建、脏乱差的空间失序表征，是“乱搭建、乱摆卖、乱停放、乱拉挂、乱堆挖、乱张贴”六乱的代表，是被制度空间所排斥的。对每个分管区的负责部门和领导而言，无论是社区居民院落，还是背街小巷及楼道，甚至小至车棚，都是他们争创环境整治业绩、完成考核指标的着眼点。为此，某些区政府还加大资金投入，用每月奖罚兑现的措施进行激励。[1] R 街道城管科相关工作人员向笔者谈了自己对整违规定的看法：

J 社区违建商铺的情况非常严重，一个巷子走下来有 30 多家，从 90

---

[1] 参见 N 市市容管理局公布的《全市“三清一查”专项整治工作检查情况通报》：“区委区政府高度重视，加大资金投入，出台了《城市长效综合管理十项措施》，着重突出了每月奖罚兑现的措施，激励效果十分明显。”

年代至今，时间长又有历史因素，非常难治理。而且大部分违建商铺店家工商执照一应俱全，给“违建”披上合法的外衣。对于我们这些执法人员而言，是很难处理的。但是近些年出台的《N 市违法建设制止和查处办法》就明确给出路子，不予受理配套设施安装，比如在一定条件下我们可以向上申报断电断水。还有一些外地人来打工的，由于收入比较低，有的住在违法搭建的铁皮房里，或者租违建房屋。以前对于这些情况是很难处理的，毕竟出于人性化考虑，情况比较困难。但是现在性质不同了，从依法执行的角度看，相关部门最终是不予办理居住证的。长远讲，这对整个社会、城市、社区的治安稳定和环境政治都是大有裨益的。（访谈编号：GF05）

从中可以明显看出，正式规章制度对违建违占等非正规空间是绝对排斥的，甚至已经形成多个部门联合管控的情况。

（二）实践层面：管控—反管控的冲突

两个社区的居民在日常生活实践中形成了一种新的过日子的生活理性——没有空间，就去创造/改变空间。他们试图在自治性空间改造中，重新获得一种过日子的能力，发掘出日常空间的隐藏价值。他们的行动图式是丰富的，包括依法而争（与住建委员协商）、明争暗抢（个体间空间争夺战）、不得不争（如停车位的抢夺）、随大流之争（别人占地下室，我也要占）、私利之争（圈后院、建花园）等。

无组织的个体化力量同样不可忽视。[1] 如本研究案例显示，个体化的空间改造行动悄无声息地蔓延，具有顽强的生命力，他们善于周旋：时而妥协、时而进攻。每个人似乎都具有审时度势的能力，大家在毫不声张的行动中形成一种潜移默化的力量与默契。在这个空间改造过程中，他们建构出属于权利空间的行动认同，从而有效或暂时遏制了权力对社区空间的控制，影响了地方治理在社区中的治理逻辑和管控效果。比如 J 社区 J_1 巷老菜市场的改造之难。

总之，在空间争夺中，社区空间对个人和国家的不同意义和价值得以清晰

---

[1] 中国战略与管理研究会社会结构转型课题组. 中国社会结构转型的中近期趋势与隐患［J］. 战略与管理，1998（5）：1－17.

彰显出来。正如列斐伏尔所言，空间是展现社会冲突与矛盾的场域。[1] J社区和H社区便是“公—私”空间问题的聚焦地，不同力量和利益主体交织在一起。民居将社区公共空间改造成一个新的、开放的空间，一个充满矛盾、生命力、机会与创造性的空间。

第二节 空间冲突主体间关系及行为分析

从第一节的分析可知，违规空间中存在两种主要矛盾（违规者VS非违规者；违规者VS管控者），那么三个冲突主体间的群际关系或者博弈关系又是如何呢？在不同的违规空间中，冲突主体是怎样进行行动的呢？

一、空间冲突主体间关系的分析

笔者在调研中发现，无论是拆迁再置房H社区抑或是老旧小区J社区，权力—权利空间之间除了直接的冲突关系与空间争夺矛盾，（尤其当空间边界确定之后）内群体间和外群体间也会出现一种非冲突关系。影响冲突主体关系和行为选择的因素主要是违规空间的属性和管控类型。

1. 违规空间的属性

违规空间虽然都被居民私有化，但因用途不同会导致空间呈现互惠性或独享性。

（1）互惠型违规空间的违建违占主体是违规居民，但并不排斥非违规居民进入，最典型的代表是非正规商业空间（毕竟“有买有卖”才能构成消费空间）与非正规休闲娱乐空间（如违建棋牌桌/屋）。互惠型违规空间是一种先私有化再公共化的场域——当违规居民与未违规居民需求或利益一致时，权利空间主体们会选择共享同一违规空间，或者说违规者会允许他者进入自己的领地（如果没有其他未违规者的参与，此类空间也无存在意义），但如何使用仍归违规者主导。在两个社区中，典型性的共享性违规空间主要包括流动摊贩

[1] HENRY LEFEBVRE. The production of space [M]. Blackwell Ltd, 1991: 365.

和违建商铺构成的非正规商业空间以及部分非正规休闲娱乐空间（如一些违建的棋牌桌/屋等；这些自建休闲场所有些是收费的，可划为非正规商业空间范畴，但也有免费、共享性质的娱乐空间）。整体而言，权利空间主体（社区居民）在互惠型非正规空间中构成了某种利益共同体。

（2）独享型违规空间和互惠型违规空间不同，它的违建违占主体和使用主体都是违规居民。也就是说，违规者是唯一的使用者，不允许他者入侵或共享，比如私建私占的菜园、花园、储藏屋、车库等（如图6－7、图6－8、图6－9所示）。对独享型违规者而言，非正规空间的存在不需要他者的共享或参与，反而与他人共享意味着自身权益的减少。与互惠型违规空间不同，独享型违规空间规模更大、牵涉的利益群体更复杂，基本都是拥有较强道义资本和生活正义资本的本社区居民。（访谈编号CHW01/04/02）

图6－7　H社区一楼空地上圈占的菜园

图6－8　H社区一楼住户圈建的“后花园”

图6－9　H社区违建的蓝色铁皮房

2. 管控类型

管控类型主要分为情理型管控和法理型管控。管控时期分为日常管控时期和运动式特殊管控时期。在日常管控时期，管控者主要依据情理逻辑进行管控，笔者将其定义为情理型弱管控。情理型管控是城管和协管等日常巡视时常用的策略。而遵从情理逻辑的弱管控不仅是基于对居民的照顾与同情，本质而言，更是权力空间主体基于具体情况主动构建的一种“治理术”。但是到了特殊时期（尤其是年终考核和一些大事件时期，比如“创卫”“文明城市测评”“迎青奥”等），权力部门的手腕就会“硬起来”，依据法理逻辑进行管控，笔者将其称为法理型强管控。但调研发现，在运动式管控时期，面对独享型违规者，管控者往往使用“软硬兼施”的手段，兼顾情理与法理。

结合违规空间的属性和管控类型，如图 6－10 所示，冲突主体的关系则不仅仅是对抗性的冲突关系，也包括合作、共谋等非冲突性关系：

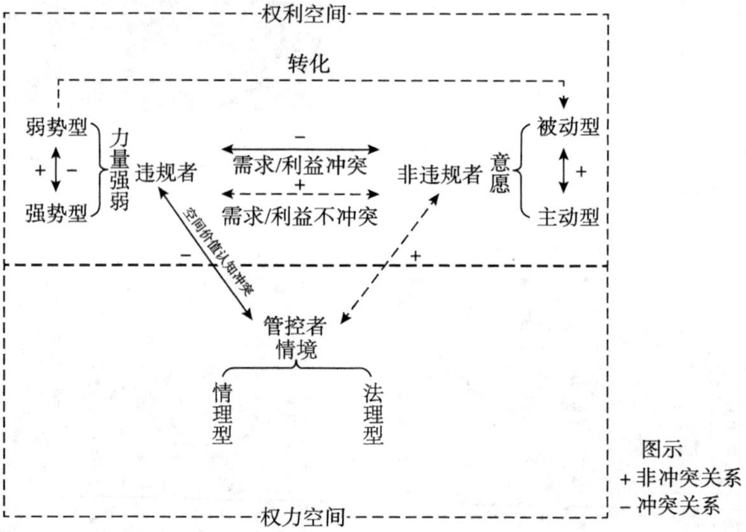

图 6－10　社区违规空间主体间的关系

（1）违规居民和未违规居民都属于权利空间的行动者，当彼此需求或利益一致时，双方将保持一种非冲突关系，尤其在互惠型违规空间中（典型代表是非正规商业空间与非正规休闲娱乐空间）。

（2）强势型和弱势型违规者之间虽然会因空间大小与位置起争执，但面对管控者或非违规居民时，两者又构成违规共同体，需要共同应对来自“反违势力”的冲力；反违势力来自（被动型和主动型）非违规者及管控者共同产生的压力。

（3）管控者作为权力空间的主体，依据不同情形会演化成情理型管控者与法理型管控者两种逻辑与策略不同的行动主体，进而对权利空间主体（包括违规者及非违规者）展现出不同姿态。

二、空间冲突主体的行为分析

为了深入分析冲突主体间的行为互动模式，笔者将其分为4种情形，即互惠型违规空间—情理型管控、互惠型违规空间—法理型管控、独享型违规空间—情理型管控及独享型违规空间—法理型管控（如表6－1）。具体分析权力—权利空间主体的行动选择如何影响权力边界和违规边界的内缩与外扩，空间交换价值与使用价值的权重变化是怎样发生的。必须注意的是，即使在同一情形中，社区中是否有业委会、物业及官民之间是否形成反违合力也是影响权力—权利空间主体进行选择的变量，并最终影响J社区和H社区非正规空间生产的不同走向。

表6－1 违规空间冲突的四种情形

管控类型	违规空间属性	
	互惠型违规空间	独享型违规空间
情理型弱管控	情形Ⅰ	情形Ⅲ
法理型强管控	情形Ⅱ	情形Ⅳ

资料来源：经调研，笔者自绘。

（一）情形Ⅰ：互惠型违规空间与情理型管控

整体而言，权利空间主体（社区居民）在互惠型非正规空间中构成了某种利益共同体，而权力空间主体在日常生活中进行管控的主要行为依据是情理逻辑（详见第三章和第四章相关阐述）；因此，当互惠型非正规空间遭逢情理型管控，“弱冲突”便是这种情况下的主要特征；基于此，互惠型违规空间得以维存并扩大，而权力边界在违规边界外扩时则处于内缩状态。

1. 权利空间：互惠型共同体与渗透权力战术

以非正规商业空间为例，违规群体内部以及违规者—未违规者之间已形成一个互惠互利的共同体，并构建出一个相互支持、通过渗透权力来应对管控的社会网络，对违规空间的产生和存续（或发展）发挥直接或间接的影响。

首先，方便与实惠是“家门口市场”（社区非正规经济空间）的主要便民属性，也是吸引两个社区及附近居民❶长期惠顾的主要原因，而居民长期养成的消费惯习则支持了非正规商业空间的存续或扩大。笔者在第一章已经指出，两社区中有大量来自城乡接合部和城中村的拆迁再置居民，赶集对他们而言是一种地方性的传统文化与习俗，而非正规经营群体的聚集及贩售方式非常贴近村镇的市集经济，对他们犹如一种固定式的场景再现。无论是 J 社区的 J120 巷、J_1 巷老菜市场，还是 H 社区北门附近的“生活次街”以及小区里几家零散分布的违建商铺，它们的存在对两个社区居民而言都是“有利于生活的”——熙熙攘攘的人群、讨价还价的闹市、物丰价廉的供给对于居民而言才是极富生命力的，这种生活象征远比空间秩序、街道整洁、市容市貌等官方定义的正规性更有意义。

其次，非正规经营群体间也存在互惠互利的网络联系与支持。基于相似习性、血缘、地缘、业缘及情感认同等形成的社会网络及群体认同是非正规部门开展经营活动的重要社会资本。相近阶层（中下层或底层）❷、相似经历（下岗、拆迁再置、进城务工等）、相处相知（同一社区、同一职业）等主体相似性不断将这些异质群体同化，并造就出胜似亲朋的情感认同与群体认同。基于这种认同，非正规经营群体之间形成了一种非正式的社会网络：违建商铺在对外招租时采用熟人介绍而不是广告招租的模式❸；“寸土必争、寸土必守”的违建商铺主反而愿意与其他经营者共用空间。比如 J 社区的“马丽美容屋”原

---

❶ 比如白先生是住在附近 E 社区的退休教师，经常来看望 J 社区朋友并顺道买菜（访谈编号：LJP07）。

❷ 按照陆学艺的十大社会阶层划分理论，并结合 J 社区和 H 社区的非正规部门收入情况，两个社区非正规经营群体属于社会中下层或底层，即拥有少量（或基本没有）经济资源、政治资源和文化资源的个体工商户阶层、商业服务业员工阶层或城乡半失业人员阶层。陆学艺．当代中国社会阶层研究报告［M］．北京：社会科学文献出版社，2002：9.

❸ 对私建违建商铺主而言，店铺的非正规性是不可为外人道的；公开招租过于招摇，而租给认识的人更为稳妥、放心。

本是 J120 巷马家的一间屋子（约 15 平方米），马家开墙破壁后将其隔成两间，并把一小间（约 3 平方米）租给了同社区的孙某卖书报杂志，而且还招呼摆摊卖小发饰的朴婶（非本社区居民，江北人）挂靠在自家店面外。在这种空间格局中，消费者似乎也被培养出理发—看报—买发饰打扮的消费惯习（访谈编号：LJW01）；J 社区中这种互相挂靠的经营模式是常见的，比如缝补摊位的姜婶常年在张家的“平价衣服店”旁边摆摊（访谈编号：LJW09/08）；而正规业主也未有抵触情绪或排斥行为，如“鲜果店”卖水果的老板同情摊贩的不易，不会驱赶在门口卖菜的赵女士（访谈编号：LJW02）；再如 H 社区北门附近修自行车的孙老汉每天下班后便将修车工具寄托在旁边的“张氏面馆”，其他店主和流动摊贩之间也会互相照顾，比如互相看孩子、临时照看店面或摊位等（访谈编号：CHW08/09）。

总之，居民购买行为的支持、非正规群体的群体认同将权利空间凝塑成一种互惠型共同体，在面对城管、协管的日常例行性管控时一般会采用“渗透权力战术”来消解管控权力：①“帮腔”，即帮忙说话，主要体现在城管管控街道经营的过程中，权利空间主体会形成一片阻碍城管执法的声势（包括劝阻、谩骂等），维护共同的空间利益。比如商铺店主和购买居民在遇到城管驱逐摊贩时，都会帮着说话、让城管体谅弱者的不易。“帮腔”的背后隐藏着一个非正式联合网络，代表权利空间主体和底层群体内部认同，也是他们宣称生活正义与道义政治的行动体现。对非正规经营群体而言，相互构成的规模越大、越稳定，违规空间存在的合理性就越强，面对管控主体时也“越硬气”，越有可能保留住这个互惠型空间。②“收买”。部分摊贩和违建商铺店主会采用这种策略；他们所谓的收买通常不是金钱行贿，而是通过人情礼的方式收买被管控空间的直接控制者来实现对权力的渗透。这些被渗透的权力空间主体是城管和协管员。由于长期与这些摊贩、店主打交道，这些工作人员容易产生同情和认同；而且他们和被管控对象一样，都属于收入不高的群体，他们乐于“给一份面子”。

比如在 J120 巷中段有固定摊位的菜农赵师傅讲倘若只是例行式检查，如日常巡逻，他们就配合性地注意一下卫生、摊位大小和位置，摆出“按规定摆摊”或“准备收摊”的样子，待协管走后便立即摆回原样、“扩大势力范围”。赵师傅讲：

我有时候会不定时给来巡街的城管老哥买包烟，或者送点新鲜蔬菜，以这种方式疏通我们之间的关系，这样可以换取认可。有时候我们不小心占道了，他们也会宽容些，不会特别强硬。当然他们也会时不时透漏些整治行动的消息，我们也会把这消息分享给其他同行，避免在正规整治活动中碰钉子。当然，平时检查时我们也是很配合的，最起码在看到城管来的时候会整理一下地面、收缩一下摊位什么的。

老赵摊位是混合型：摊位的主体是回迁房片区一家住户开墙破洞私建的一个门面，不足10平方米，后出租给老赵卖菜；另外，老赵还将运菜的大三轮停在店铺外，上面摆满菜，属于扩展摊位。为规避城管违占路面的惩罚，他都将车紧挨墙壁斜放在马路牙子上，只留一个轮子在路面上。（访谈编号：LJW05）

2. 权力空间：日常时期的弱管控治理术

（1）权力退让与情理型政府形象建构。权力退让主要源于居民权利诉求、弱者武器及社会舆论产生的压力。面对这些互惠型违规空间，政策制定者深谙其产生的背景（详见第四章中关于“交换价值导致指标化建设”的论述）；无论是H社区商业空间布局问题还是J社区老菜市场强制拆迁与停用，地方政府都是重要的战略决策者。尤其面对下岗者、拆迁户等这些特殊的利益诉求群体，基层政府为塑造“服务型政府”形象或者说基于“维稳政治”的考虑，必须选择权力退让，进而构建出与人民有鱼水情的情理型政府（详见第三章第三节“社区政治与情理逻辑”）。

管控政策话语的转型便是治理权力情理化和技术化的文本体现❶。整体而言，从N市相关整违政策和环境整治政策的修改和完善中，可以明确看出政策制定者已经将非正规部门的合理诉求纳入考虑范围；在日常巡视与管控过程中，城管部门一方面坚持规则化治理，同时也强化柔性执法与人情执法的实施；针对执法队伍良莠不齐的现象，加强对非正式编制协管队伍（如城管协管员）的培训与约束，力求避免有法不依、执法过严等“乱执法”现象，尽量规避街头行政场域的“暴力政治”；值得一提的是，N市各辖区不断进行管

❶ 杨亚南．街头行政场域中城市管理综合执法的研究——基于柔性执法的视角［J］．城市发展研究，2014，21（8）：109－113．

理制度创新，如“流动摊贩合法化的试点”❶“流动摊贩实名制”❷等，兼顾情理和法理。

（2）权力收缩与执法者的选择性管制。管控话语的情理化转型对直接管控主体（如城管、协管）的管控行为和力度有重要影响。作为权力—权利空间的“夹心层”（中间层），这些直接管控主体不仅要对“上面”负责（绩效压力），也要应付非正规群体的反抗。在社区管控—反管控互动中，管控者对违规者产生更多的同情、了解与认同，这也是他们不愿意进行强行管控的重要原因之一。为了摆脱“夹心层”的管控/执法尴尬，他们更愿意从情理政策中找到选择性管控的法理依据，收缩权力管控范围与强度；接受违规者权力渗透的做法（“乐于被收买”），对违规行为“睁一只眼闭一只眼”；或者弱化对非重点路段的监察（访谈编号：GF04）。而街道及城管局等也是默许甚至鼓励这种逃避性管控谋略，虽然这种逃避与明文规则并不相符，也会造成无效执法。正如第四章第四节指出的，选择性管控作为情理逻辑的负外部性而产生，虽然帮助管控者避开“弱者武器”的冲击、通过消极管控缓解了管控—违规者冲突，但是从客观上默许与支持了非正规空间的产生。

（3）权力隐形与空间重构。日常例行检查时，管控主体主要针对的是街道整洁与秩序维护，而不是“消灭非正规空间”。但这并不意味着权力彻底失效，反而它会隐形于正式文本中来实现空间重构，“用空间压缩空间”、弱化管控—违规者的直接冲突。空间重构是权力空间通过重新划分社区正规商业空间边界来实现的，比如规定非正规经营主体（流动摊贩）只能在某一区域（如马路牙子上）经营，但是老旧小区内部的道路和巷子本身就很窄，马路牙子也是居民的交通或停车空间，这一规定势必引发居民与违规者的冲突。因此，区域划分的实质是一种转移矛盾、限制非正规空间的管控方式。

3. 违规边界外扩，权力边界内缩

总之，在互惠型违规空间中，权力空间主体与权利空间主体都在争夺各自的边界。但在互惠型空间—情理型管控这一情形中，似乎权力管控者处于一种“被牵制”的状态，而违规者在空间争夺中获得了更多主动权——借助权利外

---

❶ 资料来源：http：//news. xinhuanet. com/focus/2009 - 07/24/content_11759857. htm.

❷ 孙婧. 南京首创流动摊贩实名制，城管不收任何费用［N］. 南京日报，2013 - 12 - 29.

溢来享用更多的使用价值。在日常例行管控过程中，非正规经营者一方面利用空间互惠性赢得了居民的理解和支持，并通过群体认同聚集了社会资本来维系日常经营，使非正规商业空间得以维存。与被管控主体的“主守”姿态相比，管控者似乎是“不情不愿”地进行被动管控。虽然他们有行使权力的法理依据和维持空间秩序的使命与责任，但“如何掌控情理法的分寸”反而使管控者束缚手脚。对形象政府构建的考量使他们不愿在“例行管控时空”中实施“硬权力”，而这种情理逻辑会在自上而下的生成中不断扩大与升级，最终在“街头行政场域”中选择性管控将成为最具策略性的治理术。而“权利渗透权力”的结果，便是互惠性违规空间边界的不断外扩、权力管控空间边界的不断内缩（详见图4－2与图5－2中对两个社区非正规空间扩大与蔓延的展示）。

（二）情形Ⅱ：互惠型违规空间与法理型管控

在法理情境中，普通居民也会退出权利空间的互惠型结盟，而非正规经营者将阶段性地进入被管控场域中，强管控力量将不断逼退违规边界、重新界定权力空间的势力范围。

1. *权力空间：运动式治理与强管控治理术*

值得注意的是，运动式治理并不是突发的，而是基于情理考虑的过程。

（1）全面宣传，提前预警。每逢大检查或强力环境整治运动之前，N市政府无一例外会召开动员大会，以不同的大事件为主题强调环境整治的重要性，并开展多种渠道的意识形态宣传活动。就社区居民而言，带有历史事件的标语与宣传栏就是政府管控的权力符号，标志着新一轮整治运动的到来。而城管局和街道也会提前进行预警，安排城管、协管和居委会提前宣传，暗示非正规经营群体自我约束，避免“硬碰硬”。

（2）系统布防，联盟整治。与日常理性管控不同，大事件时期的专项整治运动由省市层级直接推动，会获得更多的政治资源支持（典型的压力型体制）；而政府注意力越集中，强管控便具有越多的合法性承载[1]。直接执法部门也会跳出常规的选择性执法逻辑，积极启动行政管控联盟（详见第四章第

---

[1] 徐岩，范娜娜，陈那波．合法性承载：对运动式治理及其转变的新解释——以A市18年创卫历程为例［J］．公共行政评论，2015（2）：29－53，186．

三节)，使理想型运动式治理发挥功效。当然，促使最基层权力部门管控强度从弱到强变化的最直接动力应是压力型体制的绩效考核。以 R 街道对 J 社区非正规商业空间的专项整治为例（如图 6 - 11 所示），以下是笔者与 R 街道城管科杨科长的对话。(访谈编号：GF07)

问："为何直到 2016 年春才强拆掉 J120 巷违建商铺?"

答："自由市场一直是 J 社区的顽疾，摊贩和违建商铺就如牛皮癣一般，难以根治。今年（2016 年）市里面要进行创卫复审，政治压力比较大，上面一层层派发各种文件和指标，考核末位的要'谈话'。J120 巷是对我们街道评分影响较大的一个，必须抓住时机从违章搭建的商铺入手。"

问："强拆有没有其他相关部门参与?"

答："我们联系了住建局、工商局、药监局、公安局等相关部门联合执法，先下达限期整改通知，再依法查处取缔。把无证经营、没有经过食品安全检疫检验与存在安全隐患的违建商铺（尤其是餐饮食品类摊点）进行强拆。"

图 6 - 11　J120 巷违建商铺被强拆❶

2. 权利空间：规避/反抗权力战术

普通居民在特殊管控时期一般不会参与管控—违规者的对抗，而违规群体也会主动规避权力。规避意味着不抵抗与不抗争的顺从、迂回与阶段性妥协，

---

❶ 图片来源于网络。

在佯装对权力制度尊重、臣服的同时，巧妙地进行揣度与应对。它是斯科特所讲的“弱者的武器”。

如果是在上下动员时期，他们将时刻处于警惕中，随时留意城管和协管的巡视与检查。比如“迎青奥，大干一百天”，他们一般不会出摊，或者老实地待在指定地方（比如隐蔽的角落或马路牙子上面），不会“越雷池一步”。在J120巷尾摆摊做缝补生意的张阿姨说：

> 我们原来是拆迁户，搬到J社区后不种地、不工作，闲着也是闲着，就把家里缝纫机搬到路边帮大家缝补缝补、顺便卖些手工制品（鞋垫、小孩衣服之类）。以前这边有老菜市场，摊贩很多，管得也不严。现在菜市场撤了，管控也越来越严。城管说不能占马路，那我就把摊摆在马路牙子上面，靠着墙。他们管得不严的话，我还会把这些手工制品摆在路面上，方便展示。要是遇到整治很严的时候，必须马上撤，要不这些工具和东西被收走，损失就大了。（访谈编号：LJW10）

“敌进我退”（猫鼠游戏）是他们在日常生活实践中摸索出的生存法则。而外来的摊贩更加灵活，为了降低被没收物品的风险，他们甚至会打起“游击战”。比如在城管下班、吃饭的时间段摆摊，其他时间先去一些城管管得不严的社区或地方。

除了规避管控，在管控—被管控直接冲突的情形中，违规者也会进行反抗。阶段性的环境整治也会采用突击检查的方式，而“突袭”通常会产生两种后果——违规者迅速地逃避或激烈地反抗。突击检查有时是管控指标化的结果（为完成整治任务），街道城管科会列出主要整治范围、对违规空间进行“突袭”，主要针对违规面积大、为人霸道（平时对执法者态度过于强硬、敢“硬碰硬”的）、躲避不及时的，但对于明显弱势的违规者（尤其是年长者和小摊位），则仍会留些情面。比如第五章第二节提到的张女士，下岗后破墙开店，并且常常倚门出摊，在周边算规模最大的服装店。而且她自恃有强烈的道义资本与正义资本，在平时常常与城管起争执，因此是专项整治时的特殊整治对象。张女士告诉笔者，她根本不怕城管，也不愿意向城管低头或说软话；在专项整治时期，为了不使倚门出摊的服装被扣押，她多次和城管有肢体冲突。（访谈编号：LJW08）

3. 违规边界内缩，权力边界外扩

总之，在特殊时期，自上而下的政治动员与压力型体制下的环境整治运动会集中放大社区微观层面的空间交换价值；交换价值的意义与城市形象、政治绩效捆绑在一起，这种压力型体制将赋予法理型强管控更多的合法性。在这种情形中，管控者将重新回到“强者”的位置，退去情理型弱管控的“外衣”、开始强硬地清除违规空间。而被管制者也会灵敏地感触到弱—强管控的情境变化，并策略性地规避权力。结果，权力空间主体借势重塑权力边界，有效限制非正规商业空间。

（三）情形Ⅲ：独享型违规空间与情理型管控

独享型违规空间内部存在两种冲突，即违规者 VS 未违规者与违规者 VS 管控者。

1. 权利空间：双反抗

“双反抗”包括普通居民对违规者的抗议以及违规者对管控权力的反抗。

（1）未违规者：“空间正规化”行动。本章第一节冲突类型Ⅱ中，笔者已经指出普通居民与违规者因公共空间共享权利和个体空间使用权利的差异而产生矛盾与冲突。具体而言，拆迁再置房 H 社区的居民以业委会为代表不断进行“组织化/精英反违行动”，而老旧小区 J 社区因没有成立业委会，居民的反违诉求表达与行为展现则是个体化或非组织化的。但由于没有获得第三方（比如居委会）支持，两个社区的空间正规化行动基本都是无效的。

先看拆迁再置房 H 社区的组织化反违。H 社区业委会由民选精英[1]组成，是代表普通居民进行“反违”的组织化力量。尤其针对停车空间不足问题，业委会试图以一楼居民私自圈违的“后花园”和菜园为突破口，将违规空间正规化，改造为公共停车场。从 2010 年左右开始运作违规空间改造，业委会多次召开业主大会动员，首先试图通过各个击破的方式、说服一楼违规者主动拆违，但大多数违规者都不愿意放弃既得利益，因牵涉到拆违成本与补偿问

[1] 社区民选精英一般都是热衷社区公共事务的积极分子；由于社区普通居民参与公共事务的积极性并不高，业委会成员大都是居委会提名的。

题，最终违规者和业委会无法达成共识，第一阶段的正规化行动被迫停止。其次，业委会精英多次通过信访途径向区政府反映停车场问题，但因专项基金不足，一直未得到解决。后来，业委会一些成员因私交从区六中队募集整违及空间改造资金，并取得全体业主2/3同意改造。当业委会精英们进行社区公共空间改造规划时，区住建委称接到居民投诉"业委会私自改造社区公共空间，侵犯居民权利"，对H社区居委会和业委会展开调查。部分违规者趁机联合造势，拿出道义资本，宣称要维护生活正义，反对拆违。由于拆违面积较大、抗争势力处于上风，而普通居民只寄托于业委会出面摆平，并未形成直接对抗联盟，结果业委会孤立无援；区六中队相关捐资者迫于压力，不想"蹚浑水"，放弃资助。最终，一楼后花园改造行动以失败告终。

再看J社区的个体化"反违"。J社区最初是单位家属院，建成之初便没有组建业委会的传统；后来因拆迁户和回迁户搬入而扩大住房数量，但是复杂的治理难题和社区急剧衰败消减了居民参与公共事务的热情，业委会一直没有成立（原因详见第三章第二节）。当公共空间共享权利和个体空间使用权利发生冲突时，居民一般采取三种措施：①私下协商；②找居委会；③网络问政（比如在"龙虎网"[1]上可以搜到相关居民对J社区非正规空间的投诉，但区政府网络问政制度似乎只有政策咨询使用）。其中，当私下协商无效时，居民会向居委会投诉，但居委会一般会采用"和稀泥"的方式进行调和，对非违规者正当权益的维护并不起作用（情理逻辑外部性的体现，详见第四章第四节）。

（2）违规者：反抗权力战术（"闹"与"缠"）。对于找到违规机会与空间的居民而言，公共空间非正规化意味着空间使用价值的最大化，而空间正规化则意味着空间私有化状态的终结和空间使用权利被剥夺。因此，为维护既得利益，在日常管控与治理过程中，违规者会一反"空间弱者"的姿态，不再佯装示弱与顺从，而是公开进行空间争夺与权利维护。与当下流行的"闹访""缠访"相似，违规者在空间争夺过程中也会以闹事、纠缠、谩骂、语言威胁等不正当的过激方式来实现自身的诉求。

---

[1] 龙虎网是N市一个综合性的新闻门户网站，涵盖政务、房产、城建等多方位的民生资讯，也有政府开放的问政通道，相关区政府安排网络发言人答复网民咨询。

2015年春，J社区在整违运动中强制拆掉了拆迁再置房片区的一排民建铁皮房，后改建为公共停车棚，派专人看管自行车和电动车，以减少窃车案件发生。由于停车空间有限，居委会采用抓阄的方式分配车位，结果自然有一部分人没有得到停车位。其中一个杨姓人家觉得不公平，就经常挑衅滋事。据J社区居委会社工小张透露：

杨家之所以这么气愤，主要是由于他们家之前有个私建车棚被强拆了，而后来又没分到车位。所以他们夫妻两个来居委会闹了好几次，还带着一帮亲戚虚张声势。他们谩骂居委会工作不到位、不负责，还动手拍桌子摔椅子，我们主任办公室的门都被踢坏了。后来影响太差，我们就想办法给他们找了个停车位，平息纷争。（访谈编号：GF03）

2. 权力空间：妥协与“官违”

在日常例行空间管控与治理过程中，权力空间主体坚守情理逻辑；而这种情理逻辑其实是复杂的，实际上是一种对基层政府形象、政绩及社区居民诉求的整体计算，也是对政治平衡的一种追求。

最常见的便是我们在第四章提到的松散化的行政联盟，包括城管不敢管、居委会不愿管等各种异化现象与妥协行为。不同行政部门为实现利益最大化、空间冲突损害最小化，使管控联盟呈现松散性，逐渐模糊空间规则制定者（地方政府）所试图建立的明确的空间边界（老旧小区问题复杂，街道为防止居民闹事；居委会行政事务压力大、无暇处理复杂空间问题，如果出现冲突会影响改选时的居民支持；城管为避免最直接的暴力冲突与清违纠纷，以大事件检查时绩效评估为底线，放松对日常非正规行为的管控）。[1]

对居委会而言，“和稀泥”是基于情理逻辑的，但如何平衡违规—非违规居民间的诉求也是需要考虑的。街道和居委会是区级行政联盟中的底层关卡，但是居委会同时作为最基层的行政治理部门，必须关注居民日常诉求的解决。公共性与行政性的行为导向有时会产生冲突，比如两个社区内部官方违建的出现（一种合理却不合法的公益行为）。官方违建是居委会向街道报批后，对居

---

[1] 杜培培，李惠芬．城市社区非正规经济空间生产的互构性分析——基于N市J社区违建商铺、流动摊贩的实证研究［J］．城市发展研究，2017，24（6）：74－80.

民违建进行拆除或整修，进而改造的公用场所或设施。拆除路边成排的私人蓝色铁皮房，改建成居民公用的停车场，这种拆违做法容易获得民意认同，但是土地使用性质并没改变，相关供电公司以违建为由不会为其办理供电业务。负责该区域供电的公司职员孙女士解释：

J社区所在的R街道是鼓楼老下关出名的违建区域之一，我们这边有市相关行政主管部门颁发的违建地图和名单，按照相关法规，对于这类建筑是不予办理供电业务的。虽然他们居委会和街道表示是官方行为，但是并未提供关于土地使用权或属性变更的相关文书，所以是比较特殊的“官方违建”。（访谈编号：GF06）

3.“违规”边界外扩

总而言之，在独享型违规空间中，违规者与普通居民因利益与需求不同而进行排他性空间争夺；但是由于居民组织化程度不同，J社区和H社区居民的反违姿态与策略截然不同。官方管控力量在日常治理中仍然采用常规型的情理型弱管控——更多是妥协、权力退让与收缩，甚至不会强行与居民（或业委会）结成反违联盟。为了回应普通居民的反违诉求，底层管控部门（居委会）也会进行妥协——官方违建出现；为应对未违规者的诉求，情理逻辑主导的权力空间已逐渐呈现出使用价值的偏向——官方违建便是管控主体用空间取代空间的战略，共享性公共空间逐渐增多。这种特殊的违规空间，与其他被默许存在的违建违占一起，共同推动违规空间的外扩。

（四）情形Ⅳ：独享型违规空间与法理型管控

与互惠型违规空间不同，独享型违规空间规模更大，牵涉的利益群体（基本都是拥有较强道义资本和生活正义资本的本社区居民）更复杂。因此，空间冲突性更强，行为主体间的博弈性也更强，不仅涉及制度话语本身，也有关政治、市场及居民三方力量的博弈。值得注意的有三点：①权力空间主体虽然在特殊时期遵循法理逻辑，但强管控的实施依旧糅合了情理因素，呈现出较强的谋略性；②居委会、物业与业委会是否形成反违联盟直接影响违规空间边界的生产；③两个社区因社区组织化程度不同，空间秩序再生产的脉络也不同。

1. 违建解释权的博弈

违建解释权，即定义何为违建及决定是否拆除的权力。解释权与话语权直接相关，因此是一项十分重要的权力。❶ 而解释直接影响到现实中对空间的定性及违建本身的存续。违规者和政府对违建解释的认定点或出发点是不同的，所要达到的目的也是不同的；两者围绕情理与法理展开博弈。

对违规居民而言，违建违占可以缓解空间刚性需求带来的压力，同时违规空间也代表一种权利、道义与正义的宣称（详见第五章第二节），因此是具有特殊意义和价值的，是需要被保存（护）的。违规者对违建的看法和解释有两层含义：一是强调弱者的身份，二是强调弱者诉求与违建的合理性。这些解释主要指向政府，归根结底，违规者是在强调政府的责任——政府没有在社区空间规划、建设与管理过程发挥应有的作用（不作为）❷，实际上在为违建的合理性寻找支撑点，使弱者的身份成为一种政治资源或抗争资源，进而弱化政府的（强）管控力量，守护或扩大违规空间。

在日常例行管控过程中，基层管理人员受情理逻辑影响，大体认同违规者的做法（详见情形Ⅲ）。但是到了特殊时期，当环境整治运动带有更多的政治色彩（比如为了迎接“十运会”“青奥会”等），地方政府在进行空间治理时会运用强管控治理术（参照情形Ⅱ）。遵循法理逻辑的政府，不可能容忍违建引发的空间失序现象，不能让违建因合理而取得合法性。因此，地方政府运用更多策略和努力来弱化违规者的解释权，重建权力空间主体的解释逻辑。

（1）跳出违规空间产生—政府责任的限定（违规者的逻辑），强调违规空间不合法性、失序性和非正规性，用法理来应对居民道义或情理的束缚。

（2）在集中整治阶段，大规模进行运动宣传，反复向违规者宣讲违建违占的不合理、不合法以及对社区公共空间的侵犯等，进而确立自己违建判定权的合法地位。

（3）制定策略性的拆违原则，比如“五先五后”“3 个确保”以及“分类

---

❶ 翁定军在研究移民冲突时，分析了词语解释权与话语权的联系，指出“控制解释权等于控制话语权”。笔者在文章中借用了翁的说法。翁定军．冲突的策略［D］．上海：上海大学，2005.

❷ 其实大多数普通居民（非违规者）也认同这一观点，认为违建违占是“可以理解的”。

分阶段拆违”❶ 等，配套出台《拆违中经济特困家庭和人员的住房、生活保障办法》，为因为拆违而住房困难的群众提供经济适用住房，发放租赁补贴，提供就业机会，让其中符合条件的群众享受“低保”等❷。地方政府的解释是权力的体现，限制了违规者权利外溢的张力，使居民不能以“没有地方住”作为理由进行抗争。地方政府为困难群众提供帮扶，不是法定或必须的，因此也重获了道德资本、塑造了服务型政府的形象，进而获得了行动的主动性。

在独享型违规空间—法理型管控情形中，围绕违建解释权的博弈和争夺，违规者和地方政府基本打成了“平局”。一方面，违建者并不能借助弱者身份肆意扩大违规空间，但是在政策允许的范围内部分违规空间也得以保存（主要是历史存量违法建筑）；另一方面，地方政府虽然借机清除了部分违规建筑，遏制住两社区蔓延的违建违占趋势，但事实上并不如街道和城管科干部讲的那样，真正“按原则落实了环境整治运动和清违政策”，两个社区现存的违建事实便是不证自明的表述。确切地说，独享型违规者 VS 管控者现有的平衡建立在违建规范化这一双方相互妥协的基础上。

（1）（尤其针对整治难点“院落违建”）毕竟违章建筑已成既定事实，而违规者势必不愿意放弃既得的各种居住、种植、休闲和停车等便利。

（2）对于基层管理者而言，政府对两个社区的现状也负有不可推卸的责任，理亏便是情理逻辑产生的根源之一。

（3）策略性的拆违原则看似是强制性的、依据法理的，但实则体现出对某些违建的包容性。政府的这种包容性也是有限度的，讲究先后原则和照顾原则，并不意味着违建的合法化；在逐步清除的过程中，一些幸存的违建获得了

---

❶ （1）“五先五后”：先党政机关，后社会团体；先党员、干部，后居民群众；先经营性、舒适型违建，后特困群众违建；先新违建，后历史形成的违建；先自拆，后强拆。（2）“3 个确保”：确保不因专项整治出现困难群众无房可住，确保不因专项整治导致困难群众生活无保障，确保不因各项工作不到位出现恶性事故。（3）“分类分阶段拆违”：1990 年 6 月 18 日前在本单位或个人用地范围内，用于生产经营、出租营利的，或严重影响群众生产生活、安全的违建，优先予以查处；其他违法建筑，结合区域环境综合整治提升一并查处；1990 年 6 月 18 日至 2012 年 11 月 30 日建成的历史存量违法建筑根据本地区的实际情况，按照“五先五后”的原则，在城市改造出新过程中逐步消除；对于新增违建（2012 年 12 月 1 日《N 市城乡规划条例》正式实施以后产生的），多管齐下采取有力措施，坚决拆除。要在“再干两百天、环境再提升”期间查处完毕。文献来源：http://www.xici.net.

❷ N 市制定“五先五后”的原则，见：N 市政府机关带头拆违以人为本 但不无原则迁就［N］. 华东新闻，2004-08-19.

一定的过渡期，但也要遵循权力空间主体制定的特殊法理原则，即违建规范化。这也是权力空间主体“以退为进”的谋略型管控——将违建对法理的“挑衅”转化为一种“法外开恩”或“恩赐”，以此证明空间的生产必须遵循权力的逻辑。规则与法理的本质都是政治，是对行动者的一种约束与强制；而规则与法理服从于政治，如果有可能（强者在博弈中占上风），他们也会废除旧的规则，建立新的规则。[1] 因此，如果居民不遵守法规、不对违规空间进行规范化管理，那么他们将面对的仍然是强管控治理术；地方政府根本不会真正放弃对违规空间的管控，一旦过渡期结束或时机成熟，法理型强管控将会毫不留情地将非正规空间正规化。

2. 局部秩序再生产的不同路径[2]

博弈的场域既有冲突，也有妥协与合作。对于法理型空间的分析，不仅应有依法管控的分析，也应有创造规则/法理空间的分析。在失序空间中再造规则与秩序，需要做出判断并有所选择：哪里有机会空间？哪里有合作伙伴？哪里有最多的潜在服从者？而H社区和J社区因社区组织化程度不同，社区秩序再造的路径也不相同。

先看拆迁再置房H社区。在情形Ⅲ中，管控者与普通居民并没有结成反违同盟。但当自上而下的环境整治运动到来，基层管控者获得了更多政治资本，同时也意味着空间重新有序化的时机来临。运用权力对违规者进行直接管控，只是空间强者捍卫秩序的基本手段；而权力的更稳固、更持久、更强大则依赖于秩序营造。秩序或者说规则、规章、法理，代表权力空间的意识形态。在社区日常生活政治中，权力意识形态的内化主要依赖于惯习的作用。让居民养成服从空间规则的惯习（或习性），便意味着权力的扎根；表明行动者认同公共规则、认同公众的同意，实际上是服从于权力。而且权力的操作过程也是隐形的——借助于市场。2012年左右，H社区居委会借助迎青奥环境整治的

---

[1] 翁定军认为“规则的本质是政治；规则植根于权力之中，权力失去平衡，优势的一方就会任意践踏或改变规则”。参见：翁定军．超越正式与非正式的界限——当代组织社会学对组织的理解[J]．社会，2004（2）：12-15.

[2] 并不是社区整体空间都重新有序化，其中H社区主要指地面停车空间的有序化，J社区则是社区空地（除院落违建外）的有序化。

形势，加速了社区社会资源的市场化，其中最重要的一个范畴就是停车资源❶。居委会通过市场筛选、引进了新的G物业，并委托业委会与物业一起制定新的停车场管理制度，包括重新划分停车位、建立公共停车场收费制度等。而新公共停车空间的产生，一部分是对公共空间（包括道路）潜力的挖掘，另一部分是部分违规者的妥协，比如腾空菜地、放弃自划停车位等。新停车秩序的再生产，使物业获得了可持续经营的资金，为居民提供了更多公共空间，也为居委会创造了更多的有序化空间，自然三方都愿意共同捍卫这一新秩序、守护同盟的成果。而社区反违联盟与空间市场化是在居委会（地方政府）引导下达成的，对比情形Ⅲ，居委会与业委会之间存在反违认同，但并未形成同盟，因此，这种空间治理策略（包括协商合作）实质是政府“整违工具箱”❷中的治理术而已。

空间秩序的再生产不仅有赖于官民反违合力，也可通过强权力作用实现。比如在社区无组织化（无物业与业委会）的J社区中，当基层政府迫于环境整治运动的压力，亦会选择法理型强管控治理术促使非正规空间正规化。如果说有H社区组织支撑的策略化强管控代表“权力的隐形”，那么J社区基层管控主体则是完全将权力显露在空间有序化的过程中。笔者在调研中发现，在这一情形中，权力效力的发挥带有明显的时空性与进阶性：①在短时间内，由于J社区整体空间狭小，官方单中心反违的主要策略是“用空间取代/消灭空间”，主要针对的是公共刚性需求最突出的空间，主要整治手段包括强制性地拆除J社区道路和空地中自建的铁皮房、清除院落外违占的菜园等，拆除后街道提供专项建设资金，委托居委会建设公共性的停车空间。由于空间资源的有限性，官方新建的停车房（手续齐全，非官方违建）也是实施空间市场化管理（收费），并通过“抓阄”随机分配。②在较长的周期内，如第四章所言，J社区由于建设太早、在现有基础上改造的难度和成本都很高，而空间资本化可以通过“重新洗牌”的方式将无序的空间整体有序化。实际上，地方政府早已将J社区列入“老城更新”的范畴，而老菜市场的停用

---

❶ 孙其昂. 城市社区老旧小区物业管理模式调研资料汇编［R］. 河海大学社区研究中心，2013.

❷ 何包钢认为“协商民主”是政府“维稳工具箱”中的一种策略，本书将社区“三驾马车”（居委会、业委会与物业）之间的协商合作与空间市场化看作政府“整违工具箱”中的一种治理术。何包钢，吴进进. 社会矛盾与中国城市协商民主制度化的兴起［J］. 开放时代，2017（3）：7，101-124.

便是拆迁的预示与街区更新的“先声”。而情形Ⅱ中对J120巷违建商铺的顺利强拆也是拆迁期快至的一个标志。地方政府通过各种强拆小动作来试探居民，以营造出即将集体拆迁的氛围，以消减正式拆迁时民众的反抗。而J社区居民也已经产生“空间疲惫”，极其渴望通过空间市场化的方式重新进入一个有序化的空间。总体而言，J社区空间秩序的再生产趋势是从局部到整体的一个过程。

3. 违规边界内缩，权力边界外扩

独享型违规空间—法理型管控情形是矛盾较多的一个空间，空间行动者间不仅有对抗，也有合作与妥协。在空间互动的过程中，权力—权利空间主体双方似乎达成平局，但是法理型管制者借势重塑了局部空间的秩序，这种秩序与违建规范化一并遵循着空间权力的逻辑。而居民从不断增多的共享型公共空间中享受到了更多权益，他们也愿意维护这一新生秩序。整体而言，两个社区违规边界不断内缩，而权力边界外扩；但权力空间的管理主体也考虑到了空间使用者的利益，力求维持交换价值与使用价值的平衡。

第三节　互动型空间冲突分析

社区违规空间冲突主体间4种不同的博弈情形本质都体现一种互动的过程，基于此，笔者提炼挖掘出违规空间的互动型冲突模型。透过冲突的互动性分析，可以看出权力—权利空间主体是如何互动的、冲突边界的变化以及非正规空间中国家—社会间的关系。

一、互动型空间冲突模式

违规空间的冲突是一个有关多主体的、冲突情形定义与辩论—冲突主体互动—冲突边界变动的空间博弈过程（如图6-12所示）：

图6－12　互动型空间冲突的构成要素

(一) 冲突情形的定义与辩论

违规空间的属性与管控的强弱，构成4种不同的冲突情形，分别是互惠型违规空间—情理型管控、互惠型违规空间—法理型管控、独享型违规空间—情理型管控与独享型违规空间—法理型管控。其中，权力的治理术因日常例行检查和特殊时期运动式整治的时间段不同而呈现出不同的管控特征（强/弱），而违规空间的不同属性也影响了权利主体间（违规者—未违规者）的关系（冲突/非冲突），同时非违规者与管控主体间的关系（合作/非合作）也因管控时期与空间属性的变化而变化。在每个子情形中，所有相关的权力—权利空间主体都要对所处情形进行定义，并围绕情理法展开辩论。

(1) 行为主体对具体冲突情形进行能动性地认知、自我解释，类似于托马斯的情境定义，是进行行为选择的前提。[1] 联系前文，行为主体的情形定义受需求与利益影响。

① 对于普通居民而言，违规空间既然是需要存在的（如非正规商业空间），他们也愿意维护此类违规空间（情形Ⅰ/Ⅱ），但是对独享型违规空间却充满敌意（情形Ⅲ/Ⅳ）。

② 对于管控者，违规空间的存在是否会影响政治绩效、整治违规的成本

---

[1] 关于情境、社会行动的分析，最早的奠基人应属芝加哥学派的威廉·托马斯。他认为社会环境能够制约或决定社会行动，但同时人们能够主动地对情境进行解释，即情境定义；即使社会环境相同，情境意义定义不同，行动也不同；从情境定义、情境意义到自觉行为是托马斯定理的主要构成。(托马斯·兹纳涅茨基．身处欧美的波兰农民：一部移民史经典［M］．张友云，译．南京：译林出版社，2000；李习凡，何雨．基于情境范式的芝加哥学派犯罪社会学研究［J］．南京社会科学，2011（7）：71－76.）之后，加芬克尔对托马斯进行批判，指出情境、情境定义、行动是三位一体的。(李猛．常人方法学40年：1954～1994［M］//社会学：理论与经验（第二辑）．北京：社会科学文献出版社，2005：113－114.）孙立平和郭于华在研究收定购粮案例中，超越托马斯和加芬克尔的研究，用情境建构取代情境定义，将情境理论看作既定情境—情境建构—情境逼迫的博弈过程，更凸显行动者的主观能动性。(孙立平，郭于华．"软硬兼施"：正式权力非正式运作的过程分析——华北B镇收粮的个案研究［C］//清华社会学评论：第1辑．厦门：鹭江出版社，2000.）

大小以及权利空间中反违意愿的强弱是影响他们进行情形判断的主要因素；整体而言，三个因素的影响力度从前往后逐次减弱，居民的反违意愿并不是影响官方整违的关键，政治、经济因素才是（对比情形Ⅲ/Ⅳ，再次说明权力空间是以政治—经济利益为核心的交换价值导向的）。

③ 对于违规者，现实情形是否有利于反抗管控主要取决于管控力度；管控力度越强，违规成本越高，越不利于反抗（情形Ⅱ/Ⅳ的规避与妥协）。

（2）空间冲突是多主体构成的，因此除了单个主体的情形判定，相关主体都会参与情形辩论、力图找到行为合理化的情理法依据并试图影响其他主体的行为选择。基于情形定义，空间冲突主体间将展开辩论：违建违占的形成与存在是合理的、合理不合法的还是不合理不合法的。空间行动主体都有各自的情理法逻辑，情形辩论的过程实质是情理与法理博弈的过程：

① 对于互惠型违规空间，权利空间主体会围绕其合理性进行辩论（忽视合法性），进而牵动管控者的情理逻辑（弱管控）（情形Ⅰ/Ⅱ）。

② 在独享型违规空间中，普通居民会强调违建违占是合理不合法，甚至反驳其合理性，旨在重获自己应有的、却无法享受的公共空间使用权利，试图强化管控的法理性和积极性。

③ 宏观层面上，整违的管控体系大概可以划分为市、区、街道和社区四个不同的行政层次[❶]；如表 6－2 所示，由于利益诉求的差异性，不同级别的管控主体对情理和法理有不同的认知，也会进行辩论，进而为各自不同的态度、策略和管控强度找寻合理化依据，这也是情理型管控和法理型管控出现分化的制度原因。在进行环境整治的过程中，虽然以管控者和被管控者来区分，地方政府（包括市、区、街道和社区居委会）是一方，社区民众是另一方，但实际上上级政府人员和下级政府人员在心态、思维逻辑和行为方式表现上差别很大。自上而下，行政层级越低（尤其是街道城管科、居委会等），与社区民众直接接触越多，越容易在情形辩论中处劣势、难以摆出强硬姿态，因此也容易采用情理型弱管控治理术；但是在特殊时期，宏观管控系统的法治型管控亦会随之加强，彼此间管控认同程度将达到最高。

---

❶ 姚华松. 空间生产、管制与反管制——基于广州四社区“摩的”司机的实证分析［J］. 开放时代，2012（8）：118－129.

表 6－2　整违的宏观管控系统

行政层级	管控诉求	管控与认同		管控逻辑	
		日常时期	特殊时期	日常时期	特殊时期
市	①特殊时期：如迎十运会（2004）；迎青奥（2014）；创卫复审（2007；2012；2016）；创文❶（2008；2011；2015） ②日常时期：维持良好的市容市貌	－－－－	－－－－	法理	法理
区	诉求同上，落实上级任务，执行力度减小	－－－＋	－－－－	（强）法理 （弱）情理	法理
街道	诉求同上，落实上级任务，执行力度减小	－－＋＋	－－－＋	情理＋法理	（强）法理 （弱）情理
社区	诉求同上，落实上级任务，但与社区民众间关系暧昧	－＋＋＋	－－－＋	情理	（强）法理 （弱）情理

资料来源：笔者调研后归纳。“＋”表示对违规者的认同，“－”表示管控，“＋”“－”数量多少代表管控或认同程度的强弱。

（二）冲突主体间的互动

从上可知，冲突情形不同，行动主体对情形的定义和判定不同，自然行动策略也不同。那么，不同主体间行动又有怎样的相互影响呢？整体而言，空间行动主体围绕情理法不断展开博弈与互动，即相互影响、改变、制约以及形塑。

（1）权力空间主体是主导空间生产的结构化力量，直接影响并制约权利空间主体的行为方式及策略。一方面，决定制度话语的建构，包括“什么是违建违占”及“如何整治”“何时整治”等，将空间非正规化行为从争取权益变为违规行为；另一方面，权力实践也是一种结构化力量：决定违规行为是否能够继续，比如对J社区的整体拆迁规划意味着“重新洗牌”，现有违规空间也将彻底消失；而权力实践也将影响普通居民对违规者的态度，对比情形Ⅰ和情形Ⅱ，居民因管控程度的强化而放弃对摊贩及商铺经营者的支持或者表示中立；同时，基层政府有能力引导被治理群体参与空间秩序再生产，比如情形Ⅳ

❶ “创文”，创建全国文明城市，三年一评。2005年，N市在首批“全国文明城市”考核中落选；2013年，N市因“一票否决”相关事项被中央文明办停止全国文明城市资格。

中H社区居委会促使物业与业委会对停车空间进行市场化操作，重新塑造空间规则。正如福柯所言，规训社会是国家战略性统治的场域，而空间变迁的过程也是权力生产的过程❶。

（2）权利空间主体一直处于被结构化中，但是调研发现，社区民众同样具有能动性的反结构化力量，而这种反结构化战术是局部的、微观的、非正式的、零散的、个体化的、策略式或迂回的，正如斯科特描述的“弱者的武器”。首先，利用弱者的身份，以道义和生活正义为政治资本，博取强者的理解和认同，用弱者的情理改变冲突形势（如情形Ⅰ）——包括管控制度话语的包容性转向以及左右权力空间主体治理策略的选择、迫使管控者用情理型弱管控治理术，使权力出现阶段性的弱化与退缩。其次，影响最基层权力空间主体的选择，如表6－2所示，街道和社区层面的管控主体最易受到民众影响（权利空间主体行为会影响权力空间内部的情形辩论）；对比情形Ⅲ和情形Ⅳ，虽然官方不会因居民有反违诉求而与之联合，却会受到影响，甚至“踩界”来满足居民的诉求（如情形Ⅲ的官方违建）。值得注意的是，管控力量对被管控者的控制并不是绝对的，或者说结构化能力是有限的，比如反复非正规化现象（城管整治后违建商铺“原地复活”“回流”等）。

（3）总之，空间冲突主体间相互影响、制约与建构着彼此的行动。正如吉登斯结构化理论所指出的，行动者的能动性与结构相互渗透，共同作用于社会实践；制度虽然制约着行动，但主体的主观能动性仍可反作用于制度与权力。同时，权力—权利空间主体间围绕情理法不断展开博弈、互动：受制于弱者的情理，管控主体不能一直使用“硬权力”，必须“软硬兼施”，将硬权力转化为一种“巧权力”❷；而权利空间主体也要在服从/反抗之间，慢慢生产着空间创造的艺术❸，或者转变姿态，找到与权力合作的机会空间，进行秩序再造。但无论如何，权力空间主体主导着空间的生产，也是转换冲突的主要力量

---

❶ MICHEL FOUCAULT. The eye of power ［G］ //Power/knowledge：selected interviews and other writings（1972－1977）. New York：Pantheon Books，1977：146－165.

❷ 常晶. 从硬权力走向“巧权力”：文化多样性背景下的国家建设［J］. 当代世界与社会主义，2012（5）：95－99.

❸ 孙其昂，杜培培，等. “规训—反规训”空间的生产——N市H社区公共空间违法侵占的实证研究［J］. 城市发展研究，2015，22（3）：39－43，50.

（如情形Ⅳ）。总而言之，上层社会和下层社会是相互互动、相互建构的❶。

（三）冲突边界变动

行动主体的互动会影响冲突边界的内缩与外扩。整体而言，冲突边界的生产是一个动态的过程。情理与法理盘根错节，有强有弱。在每个子情形中，无论哪一方，只要条件成熟，都会极力促进冲突边界的变化，扩张自己的势力范围。冲突边界是违规空间—合法公共空间对立的地方。我们可以通过物理空间的变化来探寻它的演变脉络，也可以透过边界的变迁看到背后政府（权力）、市场（资本）与社会（社区民众行动）之间力量的对比与变化。也就是说，冲突空间的生产实质包含两个层面，一方面是对具体空间开发、设计、使用和改造的过程❷，另一方面是对社会/抽象空间的改造。正如列斐伏尔对空间的生产理论的阐述，空间的生产是空间与社会相统一的一个辩证法：即空间是社会的产物，社会在生产空间的同时，空间也积极、能动地建构着社会及社会关系；也就是说，从空间中可以观察各种权力和社会的变化，而反过来权力和社会运动也不断重塑空间❸。

结合图6－8，可以总结出违规空间和权力空间各自边界的变化。①违规空间的生产即非正规空间不断外扩的过程，即情形Ⅰ。只有在管控权力示弱时，也就是情理型管控中，违规力量才会呈现相对优势，而这也是情理逻辑的负外部性造成的。情理逻辑的包容性有助于维护居民权益，但是其负外部性（比如选择性管控/缺位/弃管，参见第四章与第六章）也会伤及普通居民的利益，也会使权力效力较低——如非正规空间出现。②权力空间的外扩伴随着违规空间的内缩而进行，即情形Ⅱ/情形Ⅳ。当管控者积累了足够的政治资本，便会在整违工具箱中拿出强治理术，比如驱逐违规者、压缩/重构空间，或者将非正规空间正规化，或者重构局部秩序。当然也包括用空间取代空间的策略，比如情形Ⅲ中的官方违建。它是一种代表权力的特殊的违规空间，标志着

❶ 翁定军．冲突的策略：以S市三峡移民的生活适应为例［J］．社会，2005（2）：112－136．

❷ 马学广．城中村空间的社会生产与治理机制研究——以广州市海珠区为例［J］．城市发展研究，2010，17（2）：126－133．

❸ 王丰龙，刘云刚．空间的生产研究综述与展望［J］．人文地理，2011（2）：19－25，36．

街居权力的强化[1]——与总体性社会相对，基层行政组织获得了相对较多的治理权，但迫于没有足够政治资源支持的情况下、敢于通过“踩界”来满足民众诉求。③反复非正规空间现象与违规者的“回流”也表明，管控—反管控力量仍未达成平衡、权力间隙是存在的，冲突边界的生产是处于动态过程中的。

二、冲突空间中国家与社区民众的关系

基于对违规空间冲突的描述和分析，我们可以对目前中国国家与社区民众的关系进行新的解释。结合两个社区的变迁史，能够更透彻地分析这一问题。

（1）两个社区转型之前，如前所述（参见第三章，表3－1），单位和村委会分别作为传统社会中的“卡里斯马型权威”，使社区民众处于一种对国家（政府）和党的一种服从状态中。国家与民众之间的关系是一种单向的关系，即民众对命令型结构模式的服从、认同甚至是依赖。

① J社区的前身诞生于总体性社会解体的初期，也就是说它经历了去单位化这一社会体制转型的过程。当科设厂、机械厂等（市属/区属）单位仍然是驻地单位，统管各自单位大院的住户、物业及福利时，单位居民对所在单位的安排等是遵从与服从的，而对单位意识的服从本质意味着对国家和政府及党的政策及安排的遵从。在那个时期，“服从国家和单位”是“人民”的基本行为规范，陈映芳将其称为“人民的服从”[2]。

② 拆迁再置房H社区在形成之前，农村社区的治理也有相对权威的核心组织——村委会；从田地的分配到公共事务的处理，村委会这一草根性自治组织和村民之间虽然是原则上的代理—被代理的关系，但实质上是领导—被领导的关系。

③ 如果将两个社区转型之前的社会看作传统社会，那么在这两种平行的传统空间中，无论是单位抑或是村集体，都因掌握着某种集体性资源而获得了强大的政治资本和经济资本，从而塑造出一种“卡里斯马型权威”结构模式、

[1] 李友梅．城市基层社会的深层权力秩序［J］．江苏社会科学，2003（6）：62－67.

[2] 陈映芳．“违规”的空间［J］．社会学研究，2013，28（3）：162－182，244－245.

使民众服从（政府官员也被党纪国法和国家利益严格约束，这也是民众服从的重要条件）。而且人们相信他们的核心组织能够为他们带来生活所需的福利与稳定，因此愿意服从权力核心制定的规则与制度，并遵从其安排与调解。在传统社会中，区域划分是明显的，不同空间（包括公私空间）的边界界限是分明的（比如农田和自建房的“庄子地”❶）；哪里是商业区（城市的菜市场或农村的集市），哪里是公家的，哪里是私属空间，都是泾渭分明的；基于对边界背后权力的认同，人们愿意遵守既定规则与约定。

④ 需要注意的是，传统权威造成民众服从之外，也带来相当大程度的依赖，比如单位思维的惯性——寄托于单位对自己的责任，小农意识的坐等靠心理——极度依赖政府解决所有问题。

（2）转型后，传统空间开始瓦解，而整个社会都处于迈向现代化社会的全面快速转型与变革之中，J 社区和 H 社区也逐渐形成❷。但总体而言，无论是宏观层面的社会，还是微观层面的社区，都处于“旧辙已破而新轨未立的过渡空间”❸之中，社区居民甚至尝试挑战既有规则。现实表明，国家与城市社区民众之间的关系呈现出一种双向互动的关系，但政府权力仍处于主导地位❹。

在后总体性社会（或个体化社会）中，我国社会各个领域都开始出现活跃的分化❺，这种分化随之也引起国家与社会关系的变迁，主要体现为底层政府与社区民众间的含混关系，以及他们整违执政时的“迷失”。而这种“行政迷失”所滋生的情理逻辑不断冲击法理空间，弱化了法治权威。

（3）在过渡空间中（转型期），国家开始由行政主导的命令型结构模式向法理型结构模式转型，但现状表明新的法理型服从尚未形成。在情形定义与辩论中，社区民众的情理逻辑和道义资本会不断改变权力管控主体的策略选择与

---

❶ 宅基地俗称“庄子地”。

❷ 笼统地说，J 社区建设于社会转型之初（也就是总体性解体之初），因此转型后的 J 社区较完整地经历了总体性社会向个体性社会变革的过程；而拆迁再置房 H 社区建设于我国社会 21 世纪初的转型期，所经历的是过渡期的变迁。

❸ 张霁雪．城乡结合部的社会样态与空间实践［D］．长春：吉林大学，2011.

❹ 关于政府的主导地位，最直观的物理空间证据就是：除了情形Ⅰ，违规边界都是内缩的，而权力边界都处于外扩状态。

❺ 文军．个体化社会的来临与包容性社会政策的建构［J］．社会科学，2012（1）：81－86.

行为模式，迫使其采用情理型弱治理术。权力—权利主体的行动是一个互动的过程，情理逻辑弱化了法理政治的效力，但是地方政府（权力）依旧是空间生产的主导力量，也是冲突转换的主体（比如引导反违合力的形成、引导民众与市场参与等）。情理逻辑（及其负外部性）在一定情形下弱化了法理的作用，但是情理逻辑和法理逻辑本质而言都属于我国地方政府整违工具箱中的政治工具，在某种情境中，情理技术相当于一种实施法理的铺垫。正如我们案例分析所表明的，基层管控主体对情理手段的巧妙利用，通过“软硬兼施”（法律的强制依赖情理的铺垫；主要是先情理，再法理；强管控是以情理管控为基础的），与社区民众间构建了一种默契，从而使政府避免陷入“情理俱失”的尴尬局面，而民众也会适时地规避/服从/配合权力与法制，并参与新空间秩序的建构。

此外，可以看出民众依旧对政府管理者有某种期待。传统对政府管理的依赖心理依旧发生影响。居民期望他们为老百姓做出更多（比如期望政府改变违建违占的环境、创造出更多的共享型公共空间）。这种基于对政府信任的期待是一种对传统社会的思维延续，但也阻碍了公共意识和参与意识的觉醒（在J社区中体现得尤为明显）。

①单位思维惰性的延续。J社区具有传统的单位血统，曾经的“单位人”受单位总体性管理的影响，具有强烈的依赖性、缺乏处理公共空间冲突的能动性——这便是单位思维的惰性，是对个体活力和创造性的压抑。源于此，当他们身处“权利贫困的空间”，大多选择默默忍受，而不是积极地形成有机团结的业委会，发动居民和社会的力量去改善居住环境。J社区原工会职工郑大爷（单位房片区居民）的想法是大众化的：

> 我们这个单元之前都是工会职工，房改后单位撤出。之后买断工龄，社保等都重新安排，我们便与单位没有直属关系。单位走后，物业也不管了，新的市场化物业一直没有进驻。二十多年来，有能力搬走的人都已经离开，去了更好的社区，剩下的要么是老年人，要么是没有能力搬离的。住在这个衰败的老旧小区，单位、政府都不管我们，那我们就自己创造条件、创造空间——“占”最可行、简单、有效。其他什么成立业委会，太麻烦，我们都不愿意搞，恐怕也没这个能力。如果政府派人带头成立什

么组织来帮助我们是最好的。(访谈编号：LJP03)

②“坐等靠”。小农心态的另一个特点是“不做出头鸟”。这些“沉默的大多数”善于做看客、围观者；和单位思维的惰性相似，渴望政府、能人或社区领袖带头解决问题。

第四节 小 结

本章主要承前两章的内容，分析了违规的后果——导致空间冲突，主要包括以下三部分。

(1) 冲突的类型。空间冲突主体主要包括违规者、未违规者和管控者三类，共同构成三种冲突，即违规者 VS 未违规者、强势型违规者 VS 弱势型违规者、违规者 VS 管控者。其中，前两种属于权利空间的内群体冲突，而第三种属于权力—权利空间的外群体冲突。

(2) 冲突主体间的关系及行为模式总结。违规者和未违规居民既然同属于权利空间，那么他们之间将并不总是对立的。但两者需求和利益一致时，便会同处于互惠型违规空间中，与之对立的是独享型违规空间。权力空间主体的管控强度在日常时期和特殊时期有所不同，主要表现出情理型弱管控和法理型强管控两种模式。基于此，笔者构建出分析冲突空间的 4 种情形：互惠型违规空间—情理型管控；互惠型违规空间—法理型管控；独享型违规空间—情理型管控；以及独享型违规空间—法理型管控。

(3) 互动型冲突模式。基于不同主体行为模式的分析，笔者总结出互动型冲突模式，认为它是从冲突情形定义与辩论到冲突主体互动，进而指向冲突边界变动的一个动态变迁的过程。最后对国家与社区民众间的关系进行分析。

第七章 总结与讨论

第一节 总　结

研究围绕社区层面的违建违占现象展开，以后单位小区J社区和拆迁再置房H社区为典型案例，运用社会学的实地调研方法，在事实叙述、分析和文本建构的过程中探究违规空间冲突的生产逻辑，探讨究竟是什么导致了社区冲突，冲突主体间的关系及行为逻辑是什么，从而寻求理论演绎、学术探索和实证剖析的有机统一。结合中国情境，建构出我国微观层面社区非正规空间的生产路径，找到情理法博弈与共存的路径，并从中挖掘出国家与社会民众的关系。

具体而言，笔者围绕着权力空间—权利空间—空间冲突，安排两条线索进行分析：①明线——违规的逻辑或违规空间的生产，即什么导致了违规？地方政府的哪些行为为空间非正规化创造了条件？居民为何违规？怎么违规？违规的后果是什么？②暗线——空间冲突的逻辑，即不同类型的社区非正规空间冲突是否存在共性？导致差异的影响因素有哪些？居民违建违占行动为理解中国社区冲突提供了生动、丰富的实践样本，如何从非正规空间的互动实践中挖掘一套富有解释力的本土性理论和分析方法，这是本研究的一项重要学术使命。因此，围绕违规空间的产生和空间冲突的产生对全文进行总结，同时对现有空间生产理论进行回应，形成以下结论。

一、非正规空间的产生：中国情境

整体而言，违规空间的生产是借鉴现有新城市社会学中列斐伏尔、哈维等学者建构的空间生产理论进行分析的，但并非理论与模型的完全照搬，而是结合我国城市社区情境进行的本土化分析，主要包括理论框架、空间生产特征与逻辑挖掘几个方面。

列斐伏尔是研究空间生产的领军人物，提出空间三元辩证法对资本主义社会的空间生产进行批判，建构出再现的空间—空间的再现—空间实践的三元分析框架。按照列斐伏尔本人及哈维、苏贾、科特丁尔、格雷戈里等学者的解析，其中再现的空间是资产阶级统治力量建构出来的抽象空间，代表企业家、规划师和资产阶级精英的利益，追求经济利益和成本控制导向的交换价值，旨在实现剩余价值的极致积累；空间的再现则指日常生活层面具体的空间，强调生活诉求的使用价值；交换价值和使用价值的不可调和矛盾贯穿资本主义空间矛盾和斗争始终，推动资本主义冲突性空间生产的实践，而空间实践即再现的空间和空间的再现之间矛盾与对立呈现的具体场域。

结合我国城市社区违规空间的情形，以及我国特有的政治经济结构和社会文化结构，在列斐伏尔等中西方空间研究基础上，建构了一个微观层面分析非正规空间生产的理论框架，即权力空间—权利空间—空间冲突。具体而言：

（1）权力空间是对再现的空间的延伸。哈维指出，资本主义城市空间生产是空间资本化的过程，是资产阶级统治精英和经济精英的政治权力和社会经济权力共同作用的结果。❶ 结合我国当代城市的发展，许多学者指出城市空间生产也出现市场化❷和资本空间化❸的特征，从而引发了很多空间问题。但是与西方不同的是，我国国家与政府代表的社会主义政治权力（力量）是主导空间生产的主要力量，引导市场资本代表的经济力量参与空间建构，并能够对

❶ 杜培培，杨正联．大卫·哈维在城市空间层面对新自由主义的批判——基于资本的向度［J］．国外理论动态，2017（5）：24－30.

❷ 庄友刚，解笑．空间生产的市场化与当代城市发展批判［J］．社会科学，2017（8）：112－119.

❸ 龚天平，张军．资本空间化与中国城乡空间关系重构——基于空间正义的视角［J］．上海师范大学学报（哲学社会科学版），2017，46（2）：29－36.

其进行制度调控，以维护社会主义空间正义的实现。因此，权力的逻辑是我国城市空间生产的主要逻辑。住建委系统、街道、居委会、城管、开发商、物业公司等地方政府和市场相关力量是城市社区空间规划、建设及管理的主要权力主体，也是规定和管理社区公共空间边界、制约空间非正规行动的空间管控者。其中，开发商等对经济成本和利润等交换价值的过于偏重（甚至“违约”），及居委会及城管等的管理低效或失效，均会制约权力空间正常功能的发挥。

（2）权利空间是对空间的再现的本土化解读。社区居民所在的日常生活空间追逐使用价值，充斥着停车、储物、交往、休闲、居住、就业等具体的权利诉求，因此笔者将其定义为权利空间。权利空间不仅有居民（空间使用者）的具体诉求，还包括他们基于权利贫困产生的认同，这种认同使他们做出空间违规行为。

（3）空间冲突则是权力空间 VS 权利空间互动的场域与结果，是由交换价值和使用价值的发展不平衡导致的。权力—权利空间主体都要争夺各自重视的空间价值，最终引发了违规者、未违规者和管控者三方的矛盾和冲突，损害了空间正义。

现有中西方研究凸显空间—社会的互构性，即资本、制度和社会行动与空间的相互建构、相互作用的关系。结合违建违占分析，我国的空间与社会的互构是：

（1）制度、资本与空间的互构。制度和市场共同作用于我国城市社区空间的生产，而社会主义空间正义导向制度力量始终是空间发展的宏观指导和调控核心。联系 H 社区和 J 社区的研究，国家权力通过国企改制、房改房和城市更新与扩张等运动主导了 H 社区和 J 社区的变迁和转型，地方政府和市场则在具体的社区规划、建设和管理过程中将社区打造为实现政治与经济利益积累的空间，还出现了行政管制联盟。行政联盟代表政府和制度的力量，力求实现空间的有序化，限制非正规空间的生产。而 H 社区和 J 社区空间本身的局限性（不能满足居民诉求）反而影响了基层政府的治理姿态，使权力空间管控主体用情理逻辑来包容社区居民的非正规行为（也是基层管理者在社区空间管理困境中的策略性选择），而其也为违规空间的产生和蔓延创造了机会空间。

（2）社会行动与空间的互构。西方学者描述了很多有组织的社会运动对空间生产的作用，而本研究关注的则是微观社区层面零散的、非组织化的、个体化的居民行动。结合案例，这些微观的居民行动同样对空间的非正规化产生了重要作用，可以说是空间失序的直接力量。总之，无论是有组织化的“身体政治”，还是无组织化的个体行动，都是改造甚至重构空间的重要力量。与此同时，城管系统也通过管控空间来影响社会行动。比如，法理型强治理术通过对非正规空间的限制，瓦解了互惠型空间中违规者与非违规者的互惠性共同体（情形Ⅱ）；H社区的官民反违联盟通过对社区空间的市场化，再次实现了（局部）空间的正规化，约束了违规群体的非正规化行动。

（3）制度、资本与社会行动的互构。在空间资本化的过程中，这三者的互构主要体现为制度—资本联盟与社会行动之间的相互关系。一方面，权力空间的制度与资本力量为了实现自身政治和经济资本的积累，从上而下塑造了管控联盟来约束社区居民的行动，体现权力的结构性力量。然而，在权力空间塑造政治—经济性空间价值过程中，居民所需的差异化使用价值却未得到充分且及时的考虑，指标化建设、建设违规、菜市场拆迁等引发的社区空间问题，最终导致居民个体化的“违规”反抗，体现居民的空间能动性。制度、资本和居民行动共同推动了国家与社区民众关系的变迁，使其从一种单向的命令—服从模式演变为一种双向的权力—权利空间主体的互动。与此同时，社区民众不仅改造出满足诉求的非正规空间，也借助能动性空间实践、推动权力边界和权利边界的变化及合理化。

二、非正规空间冲突产生的5个阶段

笔者在研究文献、理论和解剖案例的基础上，提炼出社区违规空间冲突产生的过程，为现有相关社区冲突研究做出补充和贡献。该过程具体包含5个阶段，即潜在空间交换/使用价值的不平衡、矛盾感知及其扩大化、居民行动及其差异、冲突出现、冲突走向差异及结果（见图7-1）。具体分析如下：

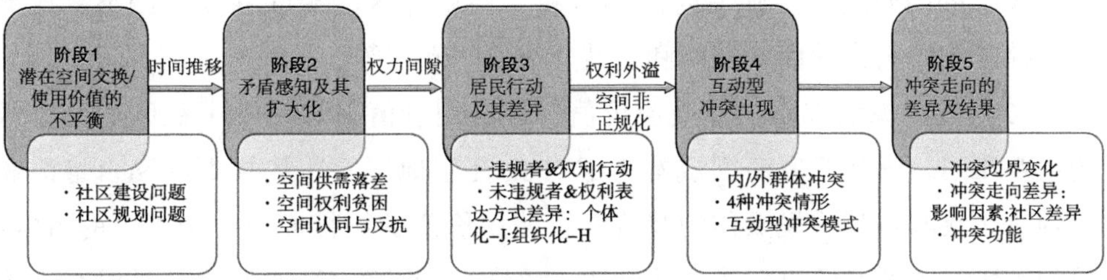

图 7－1　社区违规空间冲突的生产过程

阶段 1：潜在空间交换/使用价值的不平衡

导致社区空间中微观冲突出现的起点在哪里？根源又是什么？如果说第四章刻画了城市空间的政治性和经济性，第五章便是空间的社会性，那么冲突的根源便不证自明：权力空间与权利空间最基本的矛盾就是政治经济导向的交换价值与日常生活诉求导向的使用价值间的矛盾，交换价值与使用价值的不平衡发展是造成两个空间冲突与斗争的起点❶，为社区空间正规化埋下隐患。大体而言，空间交换/使用价值不平衡导致的矛盾和问题主要表现在社区建设和规划两方面。

（1）社区建设方面：同质社区低质空间不能满足居民多样化需求的矛盾。案例中，虽然 J 社区的三大单位房片区是 20 世纪 80 年代所造，每个时代的空间布局各有特色，片区的根基薄弱和局限性是历史原因导致的，但是 J 社区的扩张区域（回迁房片区和拆迁再置房片区）则建于房改之后——20 世纪 90 年代末城市空间资本化时期。拆迁再置房 H 社区虽然是政策的产物、但也是空间商品化时期的一个政策商品。房地产商受 G 区政府委托进行土地开发与社区规划及建设，标志着权力—资本联盟的形成。我国城市开发虽然是地方政府主导的，但是在快速城镇化时期，社区建设极易出现重数量、轻质量的弊端❷。案例中 J 社区和 H 社区的开发便是传统空间开发模式下的一个缩影，城市、街区或社区的开发以量化的指标和任务为核心，却忽视物理建筑的人文属性以及社区居住者多样化的诉求，最后营造出来的往往会是一个个“只见物

❶ 这与列斐伏尔对空间生产中政治斗争的推断是一致的：牟利诉求的资本空间和消费空间的基本矛盾便是交换价值与使用价值的矛盾。吴宁. 列斐伏尔的城市空间社会学理论及其中国意义［J］. 社会，2008，28（2）：112－127.

❷ 陈杰. 经济新常态下的中国城镇化发展模式转型［J］. 城市规划学刊，2016（3）：30－35.

不见人”的同质空间。随着时间的推移，同质社区的局限性便会凸显，比如两个社区共同面临的商业空间和公共交往空间问题等。

（2）社区规划方面：重交换价值、轻使用价值是导致两个社区居民违规的主要原因。比如开发商因成本考虑对 H 社区地下停车场规划的私自篡改和违约、区政府对其违规操作的默许，让使用价值的牺牲成为一个不争的事实。再如 J 社区老菜市场的突然停用和 J_1 巷、J120 巷商业区的发展都是以交换价值为导向的，要么是为开发出推动城市 GDP 的资本空间，要么是为提升城市空间资本而塑造城市形象。总之，在节约经济成本和获得空间增值收益面前，空间使用者（社区居民）的日常利益和诉求在某些情境中被忽视了。

阶段 2：矛盾感知及其扩大化

随着时间的推移，空间交换价值与使用价值的不平衡引发的空间问题被社区居民感知，而需求压迫感的累积会使他们将所处的社区看作低质、缺保障的空间，也会将自己定义为饱受“权利贫困”的弱势群体，这些都将成为违规者将公共空间私有化的道义资本。对他们而言，违建违占是合理的，甚至是指向生活正义的。

居民所感触到的权利缺失，有一些是由社区建设和规划缺陷引发的，包括空间使用权利受限（如存车/停车难、缺失储物空间、无公共晾晒区等）、公共交往权利受限（缺乏公共交往的场所，如凉亭、小花园）、休闲娱乐权利受限（缺乏休闲娱乐的公共场所/设施，如老年活动中心、棋牌室）、消费权利受限（商业空间问题）等，这些都属于刚性的空间供需矛盾，是居民在日常生活中最普遍、最基本的诉求。

当这些基本诉求无法得到满足（H 社区业委会的上访或 J 社区居民向居委会的求助，带来的只是杯水车薪的效果，不能从根本上解决问题），居民的失落与不甘便会逐渐催生更多不满。处于困境的人们往往将他者（尤其是政府）作为造成自身不利的根源或归因，比如下岗失业者对国企改制的不满、拆迁再置后无业群体对地方政府的抱怨，他们往往认为政府要为自己失业/就业难负主责。他们将不满推向社区和政府，认为是它们损害了自身的就业权利。

阶段 3：居民行动及其差异

权利缺失感越强，社区居民依靠主观能动性改变自身处境的动力就越强。但居民间行为选择具有差异性，出现了违规者和未违规者的分化。

对于违规者而言，社区公共空间将成为满足个体诉求的突破口，通过对社区空间进行私有化改造是一种符合生活理性的、合情合理的行为选择，他们还为违规行为找到道义资本支撑——违建商铺和流动商店的存在是为了孩子/家庭、为了活下去；私搭房屋是为了有所可居；料理空地、发掘公共空间的潜能更是一种明智的自治之举，是为了实现社会公正。违规者的行为是使用价值导向的，违建违占的行动与空间使用权利和社会权利（生存/居住/自治权利）也实现了完美的结合并得到了意义的升华。基层政府（如街道、居委会、城管等）面对社区民众的违规，在日常接触时会采用情理逻辑来应对，表达出更多的同情、理解和包容。这种情理逻辑（及其负外部性）客观上弱化了环境整治的行政管控联盟力量，客观上为违规空间的维存制造了机会空间——违规势力在权力间隙中不断自我强化，违规边界逐渐外扩。

但还有另一部分群体，他们并未通过空间违规来实现权利诉求，更多的是通过权利表达。大体而言，两个社区未违规居民有两种不同的诉求表达方式：J 社区的居民主要依赖个体化方式向居委会反映问题，而拆迁再置房 H 社区则由业委会牵头与相关政府部门及违规者交涉。因此，居民组织化程度是影响社区层面协调策略选择的主要因素。

阶段 4：互动型冲突出现

正如哈维所言，空间的本质是一种关系；情境不同，空间内涵也不同[1]。违规者的空间自治行为，在普通居民（未违规者）看来则是一种权利外溢、是对公共空间共享属性的侵犯；而对权力管控主体而言，违建违占导致空间非正规化和空间失序，是对权力逻辑和规范化管理的挑战，也影响到空间交换价值的实现（损害城市形象），自然被划为被管控范畴。因此，违规者 VS 未违规者、违规者 VS 管控者间的对立和冲突便成为影响社区违规空间生产的主要矛盾，其中前者属于权利空间的内群体冲突，而后者属于权力—权利空间的外群体冲突。此外，违规群体内部则因需求强度、相对距离、争夺策略和社会网络支持 4 种影响因素的不同，在空间争夺中出现分化，成为强势型违规者 VS 弱势型违规者两种对立群体。

在非正规空间生产中，普通居民、违规者和管控者并非一直处于对立、抗

[1] 大卫·哈维. 作为关键词的空间 [J]. 付清松，译. 文化研究，2010（10）：45 -67.

衡的状态，三方在情理法的交织中不断博弈，并共构了一幅互动型冲突图式和冲突主体的行为博弈情境。影响三方博弈的包括时间和空间两种因素，可以划分为4种不同的情形（即互惠型违规空间—情理型管控，互惠型违规空间—法理型管控，独享型违规空间—情理型管控和独享型违规空间—法理型管控）。互惠型违规空间中，在日常例行检查时期，普通居民和违规者形成互惠型共同体、通过渗透权力的战术来共同守护非正规商业空间，管控主体主要使用情理型弱管控策略，在一定程度上默许了违规空间的存在，致使空间冲突强度最小化；但到了特殊时期，自上而下的环境整治动员会转变各级管控主体的态度和观念，“激活”法理型强管控治理术，届时普通居民会从支持者变为旁观者，而非正规经营主体也会在强冲突氛围中收敛行为、规避权力。在独享型违规空间，普通居民和违规者的矛盾将公开化。在日常时期，管控者面对违规者对权力的反抗（闹/缠）仍会遵循情理逻辑、弱化冲突，但是一旦大事件来临，他们仍会利用机会空间，轻则将非正规空间正规化，重则重造局部空间秩序，在增加公共共享空间的同时扩展权力边界。

阶段5：冲突走向的差异及结果

冲突走向即冲突边界的变化/趋势。在商品房社区中，两个社区居民并没有遵循既定的空间边界和权力规则，而是在权力主体的治理间隙和空间潜力中自我发掘出了一个具有极大自主性的行动空间。通过公共空间私有化和既有私人空间的外扩，居民能动性地建构出一个全新的宣称使用价值的领域。这种空间自治行动，不仅逾越了法定的物理空间边界，而且超越了民间“隐藏”的共享空间维度，因此自治性的维权行为最终演变为冲突性的空间争夺。普通居民、违规者和管理者在失序时空中围绕使用价值—交换价值展开博弈，在权力—权利实践中不断进行互动，推动国家—社区边界的合理化和重新界定。

冲突边界的变化可以从两个维度来观察，一是讨论子情形中违规/权力空间的边界是如何扩展/收缩的，二是从整体来看社区非正规空间治理发展的趋势。通过对比J社区和H社区，可以看出居民组织化程度或权利组织化程度是影响冲突走向的“基础变量 a”，官民反违联盟是“关键变量 b”，而整违时机则是决定“a”是否能转换为“b”的时间因素“x”。案例中，H社区组织化程度高（有业委会和物业，设基础变量为 a_1），J社区无组织化（无业委会和物业，设基础变量为 a_2）。①在日常时期（设整违时机为 x_1），a_1/a_2 都未转换成 b，两个社区权力边界的回归都是微弱的，违规边界的变化也是细微的；②到了特殊时期（设整违时机为 x_2），a_1 则可以转换为 b，组织化程度进一步加强，推动权力边界的强势外扩和公共空间再正规化和再秩序化（如 H 社区）；而 J 社区中 a_2 仍未转换成 b，官方单中心整违有两种结果，要么是权力暂时妥协——只促进非正规空间的正规化，要么是等待时机，空间彻底重造（旧城更新/拆迁再造）。

虽然两个社区基于自身情况不同而孕育出不同的冲突边界变换特征，但是无论 J 社区或 H 社区，空间冲突的生产都遵循相同的运行逻辑（5 个阶段，见图 7－1），而且社区空间冲突本身作为自变量，也通过建构性功能[1]的发挥影响着社区政治的发展，如图 7－2 所示，对社区内部和外部发展起着积极和消极的作用。

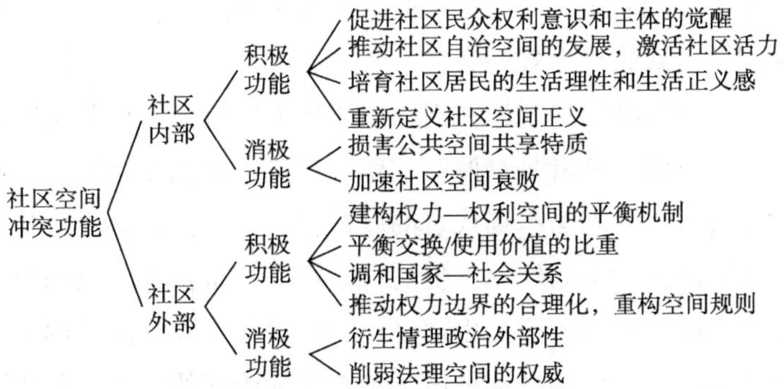

图 7－2　社区空间冲突的功能

来源：作者自绘。

第二节　讨　论

讨论包括三部分：权力空间与权利空间的界定；研究方法与案例选择；如何进行空间冲突治理、实现空间正义。其中，前两部分涉及本研究的不足之处和对未来的展望。

---

[1] 吴晓林，刘泽金，邓聪慧．国内城市社区冲突研究十五年：回顾与反思［J］．天津行政学院学报，2015，17（2）：90－99．

一、关于权力空间与权利空间

笔者结合现有空间理论和案例建构了研究社区违规空间冲突的分析框架，其中权力空间对应政府和市场所在的场域，而将居民放置于权利空间之中，这种划分原因在第二章第二节以及第七章第一节都有详细的解释。但是，权力空间中有一个主体是比较特殊的，即居委会的位置到底应该怎么考虑？在现实社区政治中，居委会既是作为基层政府的行政单位组织，也是法定的基层群众性自治组织。按照这种说法，居委会应是介于权力空间和权利空间之间的一种力量，或者说它既可以属于前者，亦可属于后者。另外，按照福柯的权力观，每个社会行动主体都拥有某种权力，也同时享有某种权利。那么，是否权力—权利空间这种划分方式缺乏合理性呢？

笔者认为，结合社区违建违占现象，本研究中权力—权利空间的界定与划分是合理的。一方面，笔者是参照空间生产理论中对制度与资本、政府与市场力量联盟的分析，将政府与市场代表的政治权力和经济权力放置在同一权力空间中，同时依据居民对空间使用价值的诉求特征，将其置于权利空间之中。另一方面，两个社区居委会均已经出现强行政化倾向，而且由于两个社区基础薄弱、难以治理，局限了居委会动员居民参与社区治理的能力，弱化了居委会与居民之间的联系。整体而言，居委会呈现更多权力空间主体的特征，同时也是基层政府情理逻辑的主要体现者。

当然，基于居委会的特殊角色，笔者在今后的研究中会将权力空间 VS 权利空间的研究模式进一步动态化，比如在什么情况下居委会会完全进入权力空间或权利空间，居委会在不同空间中对其他行动主体的影响是什么，或者在权力空间和权利空间之间是否还存在一种过渡空间等，都是笔者今后深入分析的地方。

二、关于研究方法与案例选择

本研究选择了两个社区作为研究对象，但是并没有运用案例对比分析法，这种研究方法和案例选择是否合适呢？笔者在这里有几点说明：

之所以选择这两个社区，主要因为：①违建违占虽然在城市社区比较普遍，但并非出现在所有类型的社区中。笔者调研发现，带有转型、过渡、老旧等标签的社区是此类现象最常出现的社区，正如案例中的 H 社区和 J 社区。②这两个社区违规样本很多，既有相似，又有差异，很适合作为调研对象进行研究。

那么，为何笔者没有采用对比研究法呢？其实笔者曾经在行文之初是做的对比性假设，但是研究过程中发现，两个社区在违规空间种类、样态以及违规空间产生原因等方面有极大相似的地方，并不适合进行对比。笔者同时发现，研究需要两个社区作为共同的支撑案例，原因有两点：①J 社区是由单位社会转型而来的混合社区或后单位社区，能够代表 20 世纪 80 年代至 2000 年前建设的社区样态，而 H 社区则代表 2000 年后的社区样态，两者经历不同的社会转型时期，有助于挖掘社区违规空间生产及冲突的共性，这是单一社区研究做不到的；②两个社区由于社区基础、社区组织力量（业委会）和物业管理程度不同，有助于分析两个社区违规空间发展趋势和冲突走向的差异。

但行文至此，笔者能够明显感觉到本研究在案例选择方面的缺陷——案例不够丰富，具体指不同类型社区样本的缺乏。列斐伏尔在《空间的生产》一书中运用了不同国家与城市的案例群来批判资本主义都市空间的生产，论证之充分、剖析之彻底，都是本研究望尘莫及的。因此，在今后的研究中，笔者将继续关注这一难治理的“小问题”，继续对社区非正规空间进行解读，并挖掘出适合中国本土的空间生产与空间冲突治理理论。本研究所选案例社区的非正规空间发展仍处在变化之中，尤其是 J 社区，其发展在可预见的未来将会有很大变数，目前处于“风雨来临前的平静”中，笔者只能依据目前的状况进行冲突发展的推演，限制了对国家、市场和社会结构关系的深入探讨。笔者希望对更多地区、不同类型的社区及不同年龄阶段的人群进行田野调查和统计分析，丰富研究肌理；在此基础上进行理论探索和实证分析，进一步挖掘 20 世纪改革开放后社会转型中社区非正规空间生产的脉络，建构社区违规空间冲突及其治理的逻辑机制，为社区现代化建设和发展增益。

三、关于空间冲突治理与空间正义的实现

空间冲突是权力实践与权利诉求相交汇的场域或聚焦点，也是空间正义有待建构与完善的地方。既然权力—权利空间主体对社区空间价值的推崇各不相同，那么如何定义空间正义呢？又如何超越冲突，进行空间治理，走向空间融合呢？“如何实现空间正义”是城市社会学，尤其是新马克思主义学派学者一直探索的一个议题，也是我国城市进行和谐社区与宜居社区建设的题中之意。结合微观社区层面的违建违占现象，笔者认为需要注意以下几点：

首先，认清空间正义的起点，即空间是什么。案例中，非正规空间往往被简单地等同于空间失序而加以整治；而对于社区居民而言，非正规空间的内涵是丰富的，正规—非正规的对立不是重点，非正规性带来的社区活力才是。正如雅各布斯在《美国大城市的死与生》中对现代城市规划的批判一样，赋予城市“一个有序的令人赏心悦目的外部形象，而不知道它现在本身具有的功能，这样的做法是无效的”[❶]。毕竟如何实现空间有序化是个复杂的问题，有序只是事物的表面，而且基于交换价值的有序性会制造更多的麻烦。对H社区和J社区居民而言，整齐的绿地和树木、规整的道路和小巷等都是无用的，不是“权利贫困者”所需要的，当然不如自建的停车场、储藏屋、菜园、花园或“乱七八糟”的菜市场等来得实用。在某种程度上讲，不合理的空间使用规则或规划方式会严重影响日常生活空间的活性与生机。

其次，要思考空间正义与差异化诉求的关系。空间正义就是放任社区空间非正规化么？单方面地解除管控者VS被管控者的矛盾并不能化解违规者VS未违规者的冲突。尊重差异是必需的，但如果像激进的后结构主义那样，一味关注差异，把所有普遍性、同一性或秩序性全部抛弃，不是和“把孩子和洗澡水一并倒掉”同样荒唐么？[❷] 社会正义的观念不是一种乌托邦准则，而应能够在社会发展中发挥作用。因此，空间正义是交换价值与使用价值、权力—权利

❶ 简·雅各布斯. 美国大城市的死与生［M］. 金衡山，译. 南京：译林出版社，2006：13－14.

❷ 张佳. 大卫·哈维的空间正义思想探析［J］. 北京大学学报（哲学社会科学版），2015，52（1）：82－89.

空间、政治—经济—社会以及情理法相平衡的状态，是基于空间使用价值再造的一个过程，是对差异和空间使用者权利的尊重。规则或秩序应成为维护空间平衡与正义的强盾而存在。因此情理法如何达到平衡也必须予以考虑：情理逻辑的负外部性会损害法理空间的效度，而缺乏空间正义的法理规则也无法实现自身价值。

最后，关于进行空间治理、实现空间正义。笔者认为要借助业主间权利组织化行动（如业主自治小组行动），而非个体化的违建违占。我们在 H 社区也经常看到这种组织化的力量，比如业委会代表居民与社建委等进行协商、与违规者谈判、与物业联合将空间市场化等。客观而言，权利组织化与权力空间主体相结合时，空间边界也更趋于合理，社会生活的正义也得以彰显。不得忽视的是，街道和居委会等相关政府主体要及时引导业主权利组织化行动和公共事务的参与性治理。

总之，社区非正规空间冲突治理是建立在对社区空间理解基础上的系统性运作过程，是社区中复杂关系和多元利益群体相协调的过程。社区是个活的有机体，对其治理自然也是一个复杂的、富有生命的过程。而空间价值、正义，更确切地说是尊重和关怀差异性与权利则是这一生命机体的灵魂。

参考文献

一、中文文献

[1] 奥古斯丁. 忏悔录 [M]. 周士良，译. 北京：商务印书馆，1996.

[2] 卜长莉. 社区冲突与社区建设 [M]. 北京：社会科学文献出版社，2009.

[3] 蔡禾. 社区概论 [M]. 北京：高等教育出版社，2005.

[4] 柴彦威，刘天宝，塔娜，等. 中国城市单位制研究的一个新框架 [J]. 人文地理，2013 (4)：1-6.

[5] 常晶. 从硬权力走向“巧权力”：文化多样性背景下的国家建设 [J]. 当代世界与社会主义，2012 (5)：95-99.

[6] 陈杰. 经济新常态下的中国城镇化发展模式转型 [J]. 城市规划学刊，2016 (3)：30-35.

[7] 陈来仪，郑祥福. 对当代城市空间冲突的理性思考 [J]. 浙江社会科学，2015 (6)：76-81.

[8] 陈立兵. 弱势群体的自雇就业权利与提升城市治理水平——基于城市流动商贩治理问题的分析 [J]. 中国行政管理，2009 (12)：35-38.

[9] 陈明星，叶超. 健康城市化：新的发展理念及其政策含义 [J]. 人文地理，2011，26 (2)：56-61.

[10] 陈强. 权利个人主义与道德个人主义辨析——兼论当代中国的个人主义现状和趋势 [J]. 道德与文明，2014 (5)：34-40.

[11] 陈煊. 城市更新过程中地方政府、开发商、民众的角色关系研究——以武汉汉正街为例 [D]. 武汉：华中科技大学，2009.

[12] 陈煊，魏小春. 城市街道空间的非正规化演变——武汉市汉正街的个案（1988—2013年）[J]. 城市规划，2013，37 (4)：74-80.

[13] 陈映芳. “违规”的空间 [J]. 社会学研究，2013，28 (3)：162-182，244-245.

[14] 城镇企业下岗职工再就业状况调查课题组. 困境与出路——关于我国城镇企业下岗职工再就业状况调查 [J]. 社会学研究，1997 (6)：26-36.

[15] 大卫·哈维. 地租的艺术：全球化，垄断与文化的商品化［J］. 王志弘，译. 城市与设计学报，2003（15&16）：1－19.
[16] 大卫·哈维. 作为关键词的空间［J］. 付清松，译. 文化研究，2010（10）：45－67.
[17] 戴维·史密斯. 城市化、住宅及其发展过程［M］. 卢卫，杜小平，译. 天津：天津社会科学院出版社，2000.
[18] 戴维·斯沃茨. 文化与权力：布尔迪厄的社会学［M］. 陶东风，译. 上海：上海译文出版社，2012.
[19] 杜锦. 汉正街自建住区非正规化街道空间研究［D］. 武汉：华中科技大学，2011.
[20] 杜培培. 城市过渡型社区非正规空间的生产机制与治理反思［J］. 学习与实践，2021（06）：34－45.
[21] 杜培培，陈光裕. 空间重构视域下老单位社区变迁及其治理策略研究［J］. 学习与实践，2019（7）：108－117.
[22] 杜培培，李惠芬. 城市社区非正规经济空间生产的互构性分析——基于N市J社区违建商铺、流动摊贩的实证研究［J］. 城市发展研究，2017，24（6）：74－80.
[23] 杜培培，杨正联. 大卫·哈维在城市空间层面对新自由主义的批判——基于资本的向度［J］. 国外理论动态，2017（5）：24－30.
[24] 斐迪南·滕尼斯. 共同体与社会［M］. 林荣远，译. 北京：商务印书馆，1999.
[25] 费孝通. 乡土中国·生育制度·乡土重建［M］. 北京：商务印书馆，2011.
[26] 冯莉. 当代中国社会的个体化趋势及其政治意义［J］. 社会科学，2014（12）：20－27.
[27] 高春花. 居住空间正义缺失的表现、原因及解决路径——以爱德华·苏贾为例［J］. 伦理学研究，2015（1）：113－117.
[28] 龚天平，张军. 资本空间化与中国城乡空间关系重构——基于空间正义的视角［J］. 上海师范大学学报（哲学社会科学版），2017，46（2）：29－36.
[29] 郭秀锐，杨居荣，毛显强. 城市生态足迹计算与分析——以广州为例［J］. 地理研究，2003，22（5）：654－662.
[30] 郭于华，沈原. 居住的政治——B市业主维权与社区建设的实证研究［J］. 开放时代，2012（2）：85－103.
[31] 郭于华. “弱者的武器”与“隐藏的文本”——研究农民反抗的底层视角［J］. 读书，2002（7）：11－18.
[32] 郭于华. 转型社会学的新议程——孙立平“社会断裂三部曲”的社会学述评［J］. 社会学研究，2006（6）：195－211.
[33] 哈贝马斯. 在事实与规范之间：关于法律和民主治国的商谈理论［M］. 童世骏，译.

北京：生活·读书·新知三联书店，2003.

[34] 何包钢，吴进进. 社会矛盾与中国城市协商民主制度化的兴起［J］. 开放时代，2017（3）：101-124.

[35] 何丹，朱小平，钱志佳. 城市流动摊贩研究述评——兼论上海市摊贩的特征［J］. 城市问题，2013（3）：73-79.

[36] 何鹤鸣. 旧城更新的政治经济学解析——基于空间生产的批判视角［D］. 南京：南京大学，2013.

[37] 何鹤鸣. 增长的局限与城市化转型——空间生产视角下社会转型、资本与城市化的交织逻辑［C］. 2012 中国城市规划年会，2012.

[38] 何怀宏. 西方公民不服从的传统［M］. 长春：吉林人民出版社，2001.

[39] 何深静，于涛方，方澜. 城市更新中社会网络的保存和发展［J］. 人文地理，2001，16（6）：36-39.

[40] 何雪松. 社会理论的空间转向［J］. 社会杂志，2006，26（2）：34-48.

[41] 贺雪峰. 半熟人社会［J］. 开放时代，2002（1）：116-117.

[42] 贺雪峰. 未来农村社会形态："半熟人社会"［N］. 中国社会科学报（A08），2013-04-19.

[43] 黄耿志，薛德升. 中国城市非正规就业研究综述——兼论全球化背景下地理学视角的研究议题［J］. 热带地理，2009，29（4）：389-393.

[44] 黄耿志. 城市摊贩的社会经济根源与空间政治［M］. 北京：商务印书馆，2015.

[45] 黄杰. 家族·单位·社区［M］. 哈尔滨：黑龙江人民出版社，2013.

[46] 黄晓星. "上下分合轨迹"：社区空间的生产——关于南苑肿瘤医院的抗争故事［J］. 社会学研究，2012（1）：203-224，250.

[47] 黄亚平，陈静远. 近现代城市规划中的社会思想研究［J］. 城市规划学刊，2005（5）：27-33.

[48] 吉登斯. 现代性的后果［M］. 田禾，译. 南京：译林出版社，2006.

[49] 简·雅各布斯. 美国大城市的死与生［M］. 金衡山，译. 南京：译林出版社，2006.

[50] 解永庆，荆锋，杜澍. 基于社区视角的弱势群体生活质量研究［J］. 城市规划，2014，38（S2）：59-66.

[51] 卡尔·波兰尼. 大转型：我们时代的政治经济起源［M］. 冯钢，刘阳，译. 杭州：浙江人民出版社，2007.

[52] 雷晓明. 市民社会、社区发展与社会发展——兼评中国的社区理论研究［J］. 社会科学研究，2005（2）：97-103.

[53] 李富春. 关于发展国民经济的第一个五年计划的报告 [J]. 经济研究，1955 (3)：1-58.
[54] 李汉林. 转型社会中的整合与控制——关于中国单位制度变迁的思考 [J]. 吉林大学社会科学学报，2007 (4)：46-55.
[55] 李猛，周飞舟，李康. 单位：制度化组织的内部机制 [J] 中国社会科学季刊，1996 (16).
[56] 李猛. 常人方法学 40 年：1954—1994 [G] //社会学：理论与经验（第二辑）. 北京：社会科学文献出版社，2005.
[57] 李习凡，何雨. 基于情境范式的芝加哥学派犯罪社会学研究 [J]. 南京社会科学，2011 (7)：71-76.
[58] 李友梅. 城市基层社会的深层权力秩序 [J]. 江苏社会科学，2003 (6)：62-67.
[59] 李志明. 空间、权力与反抗：城中村违法建设的空间政治解析 [M]. 南京：东南大学出版社，2009.
[60] 刘大威. 城镇宜居住区整体营造理论与方法 [M]. 南京：东南大学出版社，2013.
[61] 刘怀玉. 西方学界关于列斐伏尔思想研究现状综述 [J]. 哲学动态，2003 (5)：23-26.
[62] 刘苏，张文新. 非正规部分空间属性对跨社区交往行动的建构研究 [J]. 西南大学学报（社会科学版），2012，38 (4)：45-52.
[63] 刘威. 街区邻里政治的动员路径与二重维度——以社区居委会为中心的分析 [J]. 浙江社会科学，2010 (4)：53-60.
[64] 刘易斯·科塞. 社会冲突的功能 [M]. 孙立平，等 译. 北京：华夏出版社，1989.
[65] 芦恒，蔡重阳. “单位人”再组织化：城市社区重建的治理创新——以长春市 C 社区为例 [J]. 新视野，2015 (6)：39-45.
[66] 芦恒. 后单位社会的“历史连续性”与基层社会的“优势治理”——基于东北棚户区改造后的思考 [J]. 山东社会科学，2016，6 (6)：51-56.
[67] 陆学艺. 当代中国社会阶层研究报告 [M]. 北京：社会科学文献出版社，2002.
[68] 路风. 单位：一种特殊的社会组织形式 [J]. 中国社会科学，1989 (1)：72-89.
[69] 罗筠. 机会空间、资源策动与城市流动摊贩的管理困境：政治过程的解释框架 [J]. 广东行政学院学报，2013，25 (4)：63-69.
[70] 吕永成. 善治取向下的村域公共治理模式研究——以中牟县村域公共治理模式为表述对象 [D]. 武汉：华中师范大学，2009.
[71] 中共中央马克思恩格斯列宁斯大林著作编译局. 马克思恩格斯全集（第 46 卷）[M]. 北京：人民出版社，2006.
[72] 马学广. “单位制”城市空间的社会生产研究 [J]. 经济地理，2010 (9)：50-55.

[73] 马学广. 城中村空间的社会生产与治理机制研究——以广州市海珠区为例 [J]. 城市发展研究, 2010, 17 (2): 126 - 133.

[74] 曼纽尔·卡斯特. 认同的力量 [M] 夏铸九, 黄丽玲, 等 译. 北京: 社会科学文献出版社, 2003.

[75] 缪毅容, 朱珉迕, 陆一波. 小区菜摊的困惑 [N]. 解放日报, 2012 - 02 - 20.

[76] 屈昌辉. 当前我国城市住宅小区车辆停放存在的问题及管理对策 [J]. 城市发展研究, 2015, 22 (3): 23 - 26.

[77] 桑德斯. 社区论 [M]. 徐震, 译. 台北: 黎明文化事业股份有限公司, 1982.

[78] 沈关宝. 社区研究的地位与领域 [J]. 社会, 2001 (3): 22 - 24.

[79] 宋林飞. 西方社会学理论 [M]. 南京: 南京大学出版社, 2000.

[80] 苏贾. 后现代地理学——重申批判社会理论中的空间 [M]. 王文斌, 译. 北京: 商务印书馆, 2004.

[81] 孙婧. 南京六合区首创流动摊贩"实名制", 城管不收任何费用 [N]. 南京日报, 2013 - 12 - 29.

[82] 孙立平, 郭于华. "软硬兼施": 正式权力非正式运作的过程分析——华北 B 镇收粮的个案研究 [G] //清华社会学评论 (第 1 辑). 厦门: 鹭江出版社, 2000.

[83] 孙立平, 王汉生, 王思斌, 等. 改革以来中国社会结构的变迁 [J]. 中国社会科学, 1994 (2): 47 - 62.

[84] 孙立平. 断裂: 20 世纪 90 年代以来的中国社会 [M]. 北京: 社会科学文献出版社, 2003.

[85] 孙其昂, 毕娟. 城市化进程中的社区发展——长三角社区发展的实践与思考 [J]. 学海, 2010 (6): 47 - 51.

[86] 孙其昂, 杜培培, 等. "规训—反规训" 空间的生产——N 市 H 社区公共空间违法侵占的实证研究 [J]. 城市发展研究, 2015, 22 (3): 39 - 43, 50.

[87] 塔娜, 柴彦威, 刘志林. 单位社区杂化过程与城市性的构建 [J]. 人文地理, 2012, 27 (3): 39 - 43.

[88] 田毅鹏, 汤道化. 转型期单位内部个人与组织关系的变迁及其影响 [J]. 吉林大学社会科学学报, 2012 (6): 5 - 12.

[89] 田毅鹏. "单位共同体" 的变迁与城市社区重建 [M]. 北京: 中央编译出版社, 2014.

[90] 涂尔干. 社会分工论 [M]. 渠东, 译. 北京: 生活·读书·新知三联书店, 2004.

[91] 托马斯, 兹纳涅茨基. 身处欧美的波兰农民: 一部移民史经典 [M]. 张友云, 译.

南京：译林出版社，2000.
[92] 汪民安. 空间生产的政治经济学 [J]. 国外理论动态，2006 (1)：46-52.
[93] 王丰龙，刘云刚. 空间的生产研究综述与展望 [J]. 人文地理，2011 (2)：19-25，36.
[94] 王晖，龙元. 第三世界城市非正规性研究与住房实践综述 [J]. 国际城市规划，2008，23 (6)：65-69.
[95] 王铭铭. 小地方与大社会——中国社会的社区观察 [J]. 社会学研究，1997 (1)：88-98.
[96] 王圣诵. "城中村" 土地开发、"村改居" 和社区民主治理中的农民权益保护研究 [J]. 法学论坛，2010 (6)：100-105.
[97] 王志弘. 多重的辩证：列斐伏尔空间生产概念三元组演绎与引申 [J]. 地理学报，2009 (55)：1-24.
[98] 列斐伏尔. 空间：社会产物与使用价值 [G] //包亚明. 现代性与空间的生产. 王志弘，译. 上海：上海教育出版社，2003.
[99] 王志弘. 流动地景与时空操演：台北捷运系统与新都市经验 [J]. 地理学报，2002 (31)：83-115.
[100] 文军. 个体化社会的来临与包容性社会政策的建构 [J]. 社会科学，2012 (1)：81-86.
[101] 翁定军. 超越正式与非正式的界限——当代组织社会学对组织的理解 [J]. 社会，2004 (2)：12-15.
[102] 翁定军. 冲突的策略：以 S 市三峡移民的生活适应为例 [J]. 社会，2005 (2)：112-136.
[103] 翁定军. 冲突的策略 [D]. 上海：上海大学，2005.
[104] 吴理财. 以民众参与破解选择性治理 [J]. 探索与争鸣，2009 (4)：29-30.
[105] 吴玲，施国庆. 我国社会性弱势群体发展的五大趋势 [J]. 南京社会科学，2005 (7)：64-69.
[106] 吴宁. 列斐伏尔的城市空间社会学理论及其中国意义 [J]. 社会，2008，28 (2)：112-127.
[107] 吴晓林，刘泽金，邓聪慧. 国内城市社区冲突研究十五年：回顾与反思 [J]. 天津行政学院学报，2015，17 (2)：90-99.
[108] 吴晓林. 中国城市社区的业主维权冲突及其治理：基于全国 9 大城市的调查研究 [J]. 中国行政管理，2016 (10)：128-134.
[109] 谢桂华. 市场转型与下岗工人 [J]. 社会学研究，2006 (1)：22-58.
[110] 徐岩，范娜娜，陈那波. 合法性承载：对运动式治理及其转变的新解释——以 A 市

18 年创卫历程为例 [J]. 公共行政评论, 2015 (2): 29 - 53, 186.
[111] 杨敏. 作为国家治理单元的社区——对城市社区建设运动过程中居民社区参与和社区认知的个案研究 [J]. 社会学研究, 2007, 22 (4): 137 - 164.
[112] 杨淑琴, 王柳丽. 国家权力的介入与社区概念嬗变——对中国城市社区建设实践的理论反思 [J]. 学术界, 2010 (6): 167 - 173.
[113] 杨淑琴. 社区冲突: 理论研究与案例分析 [M]. 上海: 三联出版社, 2014.
[114] 杨亚南. 街头行政场域中城市管理综合执法的研究——基于柔性执法的视角 [J]. 城市发展研究, 2014, 21 (8): 109 - 113.
[115] 杨宜音. "自己人": 信任建构过程的个案研究 [J]. 社会学研究, 1999 (2): 40 - 54.
[116] 姚华松. 空间生产、管制与反管制——基于广州四社区"摩的"司机的实证分析 [J]. 开放时代, 2012 (8): 118 - 129.
[117] 叶丹, 张京祥. 日常生活实践视角下的非正规空间生产研究——以宁波市孔浦街区为例 [J]. 人文地理, 2015, 30 (5): 57 - 64.
[118] 叶嘉安. 21 世纪城市形象的规划和管理 [J]. 城市规划, 2003, 27 (4): 20 - 22.
[119] 尹晓颖, 闫小培, 薛德升. 国外非正规部门研究进展 [J]. 地理科学进展, 2010, 29 (12): 1479 - 1489.
[120] 原珂. 城市社区冲突: 类型特征与治理策略 [J]. 河南师范大学学报 (哲学社会科学版), 2017, 44 (3): 82 - 87.
[121] 原珂. 中国城市社区冲突化解与治理机制探究 [J]. 行政论坛, 2017, 24 (2): 80 - 86.
[122] 原珂. 中国城市社区冲突及化解路径探析 [J]. 中国行政管理, 2015 (11): 125 - 130.
[123] 约翰·厄里. 关于时间与空间的社会学 [G] //布莱恩·特纳. 社会理论指南. 上海: 上海人民出版社, 2003: 505.
[124] 詹姆斯·C. 斯科特. 农民的道义经济学: 东南亚的反叛与生存 [M]. 程立显, 刘建, 等 译. 南京: 译林出版社, 2001.
[125] 张霁雪. 城乡接合部的社会样态与空间实践 [D]. 长春: 吉林大学, 2011.
[126] 张佳. 大卫·哈维的空间正义思想探析 [J]. 北京大学学报 (哲学社会科学版), 2015, 52 (1): 82 - 89.
[127] 张菊枝, 夏建中. 城市社区冲突: 西方的研究取向及其中国价值 [J]. 探索与争鸣, 2011 (12): 60 - 65.
[128] 张菊枝. 社区冲突的再生产: 中国城市治理的反思性研究 [D]. 北京: 中国人民大学, 2012.
[129] 张良. 现代化进程中的个体化与乡村社会重建 [J]. 浙江社会科学, 2013 (3): 4 -

10，155.
[130] 张媛媛，贺利军. 城市化过程中对失地农民就业问题的再思考 [J]. 社会科学家，2004（2）：111-114.
[131] 赵静，薛德升，闫小培. 国外非正规聚落研究进展及启示 [J]. 城市问题，2008（7）：86-91.
[132] 郑鄂. 建设"南京外滩"之我见 [J]. 改革与开放，1993（6）：17-18.
[133] 郑杭生，高霖宇. 提高社会管理科学化水平的社会学解读 [J]. 思想战线，2011，37（4）：1-5.
[134] 中国战略与管理研究会社会结构转型课题组. 中国社会结构转型的中近期趋势与隐患 [J]. 战略与管理，1998（5）：1-17.
[135] 中华人民共和国劳动和社会保障部. 中国劳动和社会保障年鉴 [M]. 北京：中国劳动社会保障出版社，2007.
[136] 周飞舟. 从汲取型政权到"悬浮型"政权——税费改革对国家与农民关系之影响 [J]. 社会学研究，2006（3）：1-38，243.
[137] 周飞舟. 锦标赛体制 [J]. 社会学研究，2009（3）：54-77.
[138] 周国华，彭佳捷. 空间冲突的演变特征及影响效应——以长株潭城市群为例 [J]. 地理科学进展，2012，31（6）：717-723.
[139] 周晓虹. 流动与城市体验对中国农民现代性的影响——北京"浙江村"与温州一个农村社区的考察 [J]. 社会学研究，1998（5）：3-5.
[140] 周雪光. 运动型治理机制：中国国家治理的制度逻辑再思考 [J]. 开放时代，2012（9）：104-125.
[141] 朱国华. 场域与实践：略论布迪厄的主要概念工具（下）[J]. 东南大学学报（哲学社会科学版），2004（2）：41-45，126.
[142] 朱喜钢，周强，金俭. 城市绅士化与城市更新——以南京为例 [J]. 城市发展研究，2004（4）：33-37.
[143] 朱晓明，樊燕超. 江苏统计年鉴（2011）[M]. 北京：中国统计出版社，2011.
[144] 庄友刚，解笑. 空间生产的市场化与当代城市发展批判 [J]. 社会科学，2017（8）：112-119.
[145] 左大培. 不许再卖——揭穿企业"改制"的神话 [M]. 北京：中国财政经济出版社，2006.

二、英文文献

[1] AGUILAR A, WARD. Globalization, regional development and mega – city expansion in Latin America: analyzing Mexico City's Peri – urban Hinterland [J]. Cities, 2003, 20 (1): 3 –21.

[2] ALSAYYAD, NEZAR. Urban informality: transnational perspectives from the Middle East, Latin America, and South Asia [M]. Lexington Books, 2004.

[3] CARO R. Power broker: Robert Moses and the fall of New York [M]. New York: Vintage, 1974.

[4] CASTELLS M. A sociology of power: my intellectual journey [J]. Sociology, 2016, 42 (42): 1 –19.

[5] CASTELLS M. The city and the grassroots: a cross – cultural theory of urban social movements [M]. Berkeley: University of California Press, 1983.

[6] CASTELLS M. The urban question: a marxist approach [M]. London: Edward Arnold, 1977.

[7] CASTELS MANUEL, PORTES. Alejandro, world underneath: the origins, dynamicsand effects of the informal economy [G] //ALEJAN DROPORTES, MANUEL CASTELS, LAUREN A BENTON. The informal economy: studies in advanced and les developed countries. Baltimore: John Hopkins University Press, 1989.

[8] CASTREE, NOEL, DEREK GREGORY. David Harvey: a critical reader [M]. John Wiley & Sons, 2008: 108.

[9] DAVID HARVEY. Monument and myth [J]. Annals of the Association of American Geographers, 1979a, 69 (3): 362 –381.

[10] DAVID HARVEY, BRAUN B. Justice, nature and the geography of difference [M]. Oxford: Blackwell, 1996.

[11] DAVID HARVEY. Social justice and the city [M]. University of Georgia Press, 2009.

[12] DAVID HARVEY. Space of hope [M]. Edinburgh: Edinburgh University Press, 2000.

[13] DAVID HARVEY. Spaces of capital: towards a critical geography [M]. Routledge, 2001.

[14] DAVID HARVEY. The ways of the world [M]. NY: Oxford University Press, 2016.

[15] DAVID HARVEY. From managerialism to entrepreneurialism: the transformation in urban governance in late capitalism [J]. Geografiska Annaler, 1989, 71 (1): 3 –17.

[16] DE CERTEAU M. The practice of everyday life [M]. Berkeley, CA: University of California Press, 1984.

[17] EDWARD SOJA. The Socio - spatial dialectic [J]. Annals of the Association of American Geographers, 2015, 70 (2): 207 - 225.

[18] FRITZSCHE P. Reading Berlin 1900 [M]. Harvard University Press, 1996.

[19] GOTTDIENER M. Marx for our time: Henri Lefebvre and the proction of space [J]. Sociological Theory, 1993, 11 (1): 129 - 134.

[20] GREGORY D. Geographical Imaginations [M]. Oxford: Blackwell, 1994.

[21] HAIDER. Place Wars: New realities of the 1990s [J]. Economic Development Quarterly: The Journal of American Economic Revitalizatio, 1992, 64 (2): 32 - 42.

[22] HENRY LEFEBVRE. The production of space [M]. Blackwell Ltd, 1991.

[23] JAMES COLEMAN. Community conflict [M]. Glencoe: The Free Press, 1957.

[24] JAMESON F. Postmodernism, or the cultural logic of late capitalism [M]. London: Verso, 1991.

[25] JOHNSTONE M. Urban housing and housing policy in Peninsular Malaysia [J]. International Journal of Urban and Regional Research, 2010, 4 (8): 497 - 529.

[26] KELLER SUZANNE. Community: pursuing the dream, living the reality [M]. Princeton: Princeton University Press, 2003.

[27] L J D WACQUANT. Three pernicious premises in the study of the American Ghetto [J]. International Journal of Urban and Regional Research, 1997, 21 (2): 341 - 353.

[28] LAQUIAN, APRODICIO A. Basic housing: policies for urban sites, services, and shelter in developing countries [R]. Ottawa: International Development Research Center, 1983.

[29] LEAF M. A tale of two villages: globalization and peri - urban changes in China and Vietnam [J]. Cities, 2002, 19 (1): 23 - 31.

[30] LEFEBVRE H, ENDERS M J. Reflections on the politics of space [J]. Antipode, 2010 (8).

[31] MICHEL FOUCAULT. The eye of power [G] //Power/knowledge: selected interviews and other writings (1972—1977). New York: Pantheon Books, 1977.

[32] MITCHELL D. The right to the city [M]. Chicago, IL: University of Chicago Press, 2003.

[33] MOLOTCH H. The city as a growth machine: toward a political economy of place [J]. The American Journal of Sociology, 1976, 82 (2): 309 - 332.

[34] PILE S. Mapping the subject: geographies of cultural and transformation [M]. London: Routledge, 1995.

[35] SMART A, TANG W - S. Illegal trajectories: illegal building in Mainland China and Hong Kong [G] //Restructuring the chinese city: changing society, economy and space. London: Routlege, 2005.

[36] HENDRICKS G L, MANGIN W. Peasants in cities: readings in the anthropology of urbanization [J]. International Migration Review, 1970, 6 (1): 104.

[37] TURNER JOHN F C. The squatter settlement: an architecture that works [J]. Architectural Digest, 1968a (38): 355 -360.

附　录

附录1　H社区访谈居民违建违占情况一览表

说明：

1. 为保护被访者，文中人名、地名都按专业要求进行技术处理；
2. 编号按访谈时间排序

序号	违规者	所在社区	编号	主要出现章节	访谈时间	非正规空间简要描述
1	丁先生	H	CHW01	C6－2	2014－10－05	图6－9；私占楼间空地，圈占菜园（约 $30m^2$）
2	邓女士	H	CHW02	C6－2	2014－10－12	图6－11；私占楼前空地，依靠一楼墙体用蓝色铁皮盖储藏屋（约 $6m^2$）
3	肖先生	H	CHW03	C6－1	2014－10－17	私划停车位、停出租车
4	周先生	H	CHW04	C6－2	2014－10－18	图6－10；私占楼间空地，建花园，有绿色铁网篱笆（约 $20m^2$）
5	马先生	H	CHW05	C3－2	2014－11－03	一楼开墙破洞违建商铺，烟酒店
6	何婶	H	CHW06	C5－3	2014－11－04	一楼开墙破洞违建商铺
7	金大叔	H	CHW07	C5－3	2014－11－06	一楼开墙破洞违建商铺
8	孙老汉	H	CHW08	C6－2	2014－11－07	北门附近；流动摊贩，修自行车
9	张老太	H	CHW09	C6－2	2014－11－07	北门附近；租违建商铺，开面馆
10	刘先生	H	CHW10	C5－2	2014－12－01	清除草地，自建车位
11	吴老汉	H	CHW11	C5－3	2014－12－03	私占地下室，居住（约 $20m^2$）

附录2 J社区访谈居民违建违占情况一览表

说明：

1. 为保护被访者，文中人名、地名都按专业要求进行技术处理；
2. 编号按访谈时间排序

序号	违规者	所在社区	编号	主要出现章节	访谈时间	非正规空间简要描述
1	马女士	J	LJW01	C6－2	2015－04－08	J120巷中部；开墙破洞，开违建商铺，分成两间，一间15m^2的自己开美容屋，一间3m^2的外租给邻里孙某卖书刊杂志
2	赵女士	J	LJW02	C6－2	2015－04－09	J120巷中部；流动摊贩，非本社区居民，卖菜为生
3	刘女士	J	LJW03	C5－3	2015－04－16	楼前私搭停车棚，停车储物多用，约4m^2
4	龚老汉	J	LJW04	C5－3	2015－04－18	租住违建简易屋，约6m^2，有一张旧单人床，一张小桌子，一个7英寸小电视机和一些破旧的厨具
5	赵师傅	J	LJW05	C6－2	2015－04－28	J120巷中部；混合摊位卖菜农，租了一个开墙破洞的违建商铺（约10m^2），同时利用门口的大三轮摆摊卖菜
6	孙大妈	J	LJW06	C6－2	2015－04－29	院落违建，居住（约20m^2）
7	贺大叔	J	LJW07	C3－2	2015－05－11	J_1巷与J120巷交界处；搭盖违建商铺，不足15m^2，烟酒店
8	张女士	J	LJW08	C5－2；C6－2	2015－05－20	J120巷南段；下岗工人；开墙破洞，开违建商铺卖衣服（约15m^2），还在墙边倚门出摊、摆挂衣物
9	姜婶	J	LJW09	C6－2	2015－05－21	J120巷南段；社区居民，摆设缝补摊位，摊位包括一台缝纫机、一个工具箱、一个放衣筐
10	张阿姨	J	LJW10	C6－2	2015－06－17	J120巷尾；社区居民，缝补摊位，也会做手工活，比如织毛衣、做鞋垫、做衣服等

续表

序号	违规者	所在社区	编号	主要出现章节	访谈时间	非正规空间简要描述
11	胡奶奶	J	LJW11	C5－2；C6－1	2015－06－19	J_1巷老菜市场东边尾部（图6－4）；流动摊位卖菜
12	童先生	J	LJW12	C6－1	2015－07－02	占用楼前空地，私装地锁
13	戴先生	J	LJW13	C6－1	2015－07－03	院落违建，两层简易木屋（居住、储物；约8m^2）；院内靠围墙盖阳光棚种菜（约3m^2）
14	孙阿姨	J	LJW14	C5－3	2015－07－13	院落围墙边私建菜园（约3m^2）

附录3 H社区普通居民（未违规）访谈人员基本情况一览表

说明：

1. 为保护被访者，文中人名、地名都按专业要求进行技术处理；
2. 编号按访谈时间排序

序号	普通居民	所在社区	编号	主要出现章节	访谈时间	访谈主题
1	郝先生	H	CHP01	C3－2	2014－10－06	社区生活与政府治理情况
2	卢女士	H	CHP02	C5－1	2014－10－08	社区治安情况
3	刘阿姨	H	CHP03	C3－2	2014－10－23	楼长的工作
4	李伯伯	H	CHP04	C3－1	2014－11－20	S2村村居生活与村落治理
5	林女士	H	CHP05	C3－1	2014－11－21	S1村村居生活与村落治理
6	王先生	H	CHP06	C3－2；C4－3	2014－11－22—2014－11－25；2014－12－02	H社区建设问题、物业管理情况与业委会的上访历程
7	袁奶奶	H	CHP07	C5－2/3	2014－12－03	对地方政府治理社区违建违占的评价
8	卞先生	H	CHP08	C5－2	2014－12－04	了解邻居违建情况
9	孙先生	H	CHP09	C5－3	2014－12－06	地下室抢占风波
10	金先生	H	CHP10	C3－1	2016－09－25	拆迁故事
11	林阿姨	H	CHP11	C3－2	2016－09－26	介绍邻里生活
12	李大叔	H	CHP12	C4－1	2016－09－27	自家拆迁的经历
13	陈女士	H	CHP13	C4－4	2016－10－11—2016－10－12	谈对社区违建看法，评价政府治理效果
14	孙大叔	H	CHP14	C4－2	2016－10－13—2016－10－14	拆迁的故事

附录4 J社区普通居民（未违规）访谈人员基本情况一览表

说明：

1. 为保护被访者，文中人名、地名都按专业要求进行技术处理；
2. 编号按访谈时间排序

序号	普通居民	所在社区	编号	主要出现章节	访谈时间	访谈主题
1	孟先生	J	LJP01	C3－1	2015－03－20	回迁故事
2	陈师傅	J	LJP02	C5－3	2015－03－21	科设厂倒闭、下岗的故事
3	郑大爷	J	LJP03	C6－3	2015－04－11	单位制改革与老单位片区变迁
4	李大爷	J	LJP04	C3－1	2015－04－12	工会家属院变迁与退休职工生活
5	程奶奶	J	LJP05	C4－2；C5－3	2015－05－07	社区变迁与违建现象
6	周奶奶	J	LJP06	C4－2	2015－05－09	老菜市场历史
7	白先生	E	LJP07	C6－2	2015－06－11	怎么看待J社区的非正规商业区
8	杨女士	J	LJP08	C4－1	2015－06－17	外来打工人员的租客生活

附录5 政府代表访谈人员基本情况一览表

说明：

1. 为保护被访者，文中人名、地名都按专业要求进行技术处理；

2. 编号按访谈时间排序

序号	所在单位	访谈对象	编号	主要出现章节	访谈时间	访谈主题
1	H社区居委会	张主任	GF01	C4－4；C5－2	2014－10－09	介绍特殊违建家庭情况
2	H社区居委会	凌女士	GF02	C4－4	2014－10－10	社区网格化管理与违建治理
3	J社区居委会	张社工	GF03	C3－3；C4－4；C6－2	2015－04－21	社区整体；情况居委会如何治理社区违建违占
4	J社区协管	李某	GF04	C5－2；C6－2	2015－06－23	日常管控策略与方式
5	R街道城管科	张科员	GF05	C4－2；C6－1	2015－07－10	关于老菜市场的停用；如何理解现阶段的整违政策
6	G区供电公司	孙女士	GF06	C6－2	2015－07－14	如何看待社区官方违建
7	R街道城管科	杨科长	GF07	C3－3；C4－3；C4－4；C6－2	2016－10－19	环境整治政策解读；城管系统考核体制；关于J120巷违建商铺的强拆事件